FIDIC 合同条件应用实务
（第二版）

田威 著

中国建筑工业出版社

图书在版编目(CIP)数据

FIDIC 合同条件应用实务/田威著. —2 版. —北京：中国建筑工业出版社，2008（2021.7 重印）
ISBN 978-7-112-10398-0

Ⅰ. F… Ⅱ. 田… Ⅲ. 土木工程-工程施工-合同-条件 Ⅳ. D913 TU723.1

中国版本图书馆 CIP 数据核字（2008）第 151790 号

FIDIC 合同条件应用实务
（第二版）
田威 著

*

中国建筑工业出版社出版、发行(北京西郊百万庄)
各地新华书店、建筑书店经销
北京天成排版公司制版
廊坊市海涛印刷有限公司印刷

*

开本：850×1168 毫米 1/32 印张：11¼ 插页：1 字数：330 千字
2009 年 1 月第二版 2021 年 7 月第十三次印刷
定价：32.00 元
ISBN 978-7-112-10398-0
（17322）

版权所有 翻印必究
如有印装质量问题，可寄本社退换
（邮政编码 100037）

本书是《FIDIC 合同条件实用技巧》的姊妹篇，其中对最新的 1999 年版 FIDIC 合同条件与以前版本作了比较说明，较为系统地介绍了有关 FIDIC 合同的操作问题，是作者多年来海外工程合同管理经验的总结和提炼。

* * *

责任编辑：马　红　刘爱灵
责任设计：赵明霞
责任校对：兰曼利　关　健

第二版序

实施"走出去"战略是我国对外开放新阶段的重要举措,而对外承包工程是我国企业"走出去"的重要内容。改革开放30年,中国企业积极参与国际工程领域的竞争与合作,国际竞争力不断提高,影响力日益增强,目前已成为国际工程市场上的一支重要力量。

国际咨询工程师联合会编写的FIDIC系列合同条件,以其逻辑性强、权利义务界限分明等优点,被世界银行、亚洲开发银行和非洲开发银行等国际金融组织以及许多国家所接受,广泛应用于国际工程项目中。因此,熟练掌握和应用FIDIC条款,对于我国企业提高项目管理水平和国际竞争力具有重要意义。

田威先生作为长期从事对外承包工程的企业家和专家,在2002年6月出版了《FIDIC合同条件应用实务》。该书总结了田威先生多年来应用FIDIC合同条件的丰富经验,颇具指导性,因此受到业内人士的广泛关注和好评，至今已经第五次重印。我也抽时间看了一下这本书，感到其中很多内容都是田威先生实践经验的分享，并且文中特别注意理论联系实际，这与他多年海外工程承包的第一线工作及积累的丰富经验不无关系。这次中国建筑工业出版社借第二版之机，又加入了田威先生最近发表的一些新文章以及其授课讲义PPT，相信能为从事国际工程承包项目的管理人员提供有益参考。

最后，祝田威先生事业再上新台阶，不断有更新、更好的著作出版。

2008年12月30日
（本序作者为商务部副部长）

序

随着我国加入世界贸易组织之后，工程建设施工及设计企业面临与国际接轨、参与国际竞争的新形势。在开展国际工程承包、国际项目咨询和监理等业务活动时，通常要采用国际咨询工程师联合会（Fédération Internationale des Ingénieurs-Conseils）制定并推荐使用的《土木工程施工合同条件》（简称 FIDIC 合同条件）处理所遇到的一些具体问题。在国际工程承包招标采购方面，FIDIC 合同条件是目前世界上运用最广泛、影响最大的国际通用合同之一，并且已成为国际土木建筑行业的具有国际权威的标准范本。

现任中国土木工程集团公司副总经理的田威先生，自 1984 年起就在世界银行和亚洲开发银行等国际金融组织的贷款项目中使用 FIDIC 合同条件，并且对于各项条款有着较深入的研究，至今仍在从事国际工程承包项目第一线的管理工作。田威先生从多年的海外实践中积累了丰富而宝贵的经验,曾任现场助理工程师、工程师、高级工程师、营业经理、项目经理、部门副经理和驻外公司的副总经理、总经理等,目前为英国土木工程测量师协会资深会员,还被聘为中国对外承包工程商会专家委员会国际工程专家。

自1999年11月开始,《国际经济合作》杂志举办了《田威讲FIDIC》的专栏讲座,历时两年多。讲座中通过深入浅出的语言讲解了相关条款,并尽量援引丰富例证,具体分析可能采取的应对策略和措施,受到广大读者的好评,普遍反映既易于理解又便于实务操作。此外,田威先生还经常应邀在一些研讨培训、专业协会和大专院校专题讲授FIDIC合同条件的实际应用。

FIDIC合同条件常用的有三个版本,一个是1977年的第三版,另一个是1988年的第四次修订版,再一个就是最近出版的1999年版第一版。在实际项目上选用哪个版本,并非简单地版本越新就越好,而要取决于各种因素。田威先生在其文章中从使用者的角度出发,就不同版本的异同和各自特点进行了比较分析,晓之以利弊权衡,对于充分理解合同条款和准确把握创造机会应该较为实用。

现在,这些文章经过《国际经济合作》杂志社林玫主编和钱志清编辑的精心整理,汇编成为一本较为系统的专著。对于加入世界贸易组织后的中国土木建筑企业和国际经济技术合作公司,国际工程承包市场的机遇与挑战并存。在从事涉外工程项目、参与市场竞争时,应该尽快适应并熟悉相关领域的国际通用规则,这方面该书具有非常现实的参考和实用价值,有助于合约管理与施工建设人员理解、掌握FIDIC合同条件,也可作为初涉这一行业的入门读物。

王兆成

2002年3月6日

(本序作者为铁道部副部长)

目 录

第二版序　　　　　　　　　　　　陈　健
序　　　　　　　　　　　　　　　王兆成

FIDIC 合同综述 ·················· 1
FIDIC 合同与 ICE 合同 ············ 16
FIDIC 合同的宗旨 ················ 24
咨询工程师的地位和作用 ·········· 41
业主的义务 ······················ 67
承包商的权力和义务 ·············· 71
当地代理人 ······················ 81
资质审查 ························ 83
B. Q. 单 ························ 88
FIDIC 合同是单价合同 ············ 90
投标技巧——不平衡报价 ·········· 93
费用分析与成本控制 ············· 100
Q. S. 的重要性 ·················· 109
创收的三大支柱 ················· 117
不可抗力 ······················· 119
工程变更令 ····················· 122

暂定金额与点工	129
不可预见费	131
价格调整	134
索赔与波纹理论	144
案例及索赔条款	157
保函	184
保险	190
工程分包	206
支付条款	212
延长工期	222
项目分段移交	229
汇兑风险	232
工程保留金	237
清关清税	239
文字交往为准	245
国际仲裁	253
计算机的应用	262
ISO 9000 质量保障体系	266
ISO 14000 环境管理体系	268

技术上变更原设计　用替代方案创效益 … 270
不健康标价竞标 …………………………… 276
国际工程项目合作面面观 ………………… 286
EPC——没有咨询工程师的合同管理 …… 297
"绿皮书"浅释 …………………………… 305
FIDIC合同条件应用实务(讲义提纲) …… 320
跋 …………………………………………… 347

FIDIC 合同综述

　　FIDIC 是国际咨询工程师联合会 Fédération Internationale des Ingénieurs-Conseils 的法文缩写，中文音译为"菲迪克"，有人称 FIDIC 编制的合同条件（以下称 FIDIC 合同）是国际工程承包的"圣经"。

　　FIDIC 的总部设在瑞士洛桑。它是世界各国工程咨询行业惟一的全球性民间组织，其主导成分是发达国家的相关协会。可以说，FIDIC 合同是集工业发达国家土木建筑业上百年的经验，把工程技术、法律、经济和管理等有机结合起来的一个合同条件，这个合同条件在国际工程承包中被采纳应用已有四十多年的历史。

　　如果大家想索取 FIDIC 合同的有关资料，可向以下地址联系：

FIDIC Secretariat
World Trade Center 2
Geneva Airport

29 Route de Pré-Bois，Cointrin
P. O. Box 311
CH-1215 Geneva 15
Switzerland
Tel：+41 22 799 49 00
Mobile：+41 79 298 96 66
Fax：+41 22 799 49 01
E-mail：fidic@fidic.org
WWW：www.FIDIC.org

FIDIC合同在国际工程承包中享有权威地位，受到国际承包商、国际金融组织和项目业主的普遍欢迎，被当作规范性文件而得到广泛应用。国际工程承包行业涉及到的FIDIC合同主要有四种：常见的是土木工程施工方面的，正式名称为《土木工程施工合同条件》(Conditions of Contract for Works of Civil Engineering Construction)，封皮是红色的，海外通常叫做"红皮书"；还有黄色封皮的，是机电工程方面的，正式名称为《机电工程合同条件》(Conditions of Contract for Electrical and Mechanical Works)，常叫"黄皮书"；再有就是白色封皮的，是设计咨询方面的，正式名称为《业主与咨询工程师服务协议模式》(Client/Consultant Model Service Agreement)，也叫"白皮书"，其付费标准通常按"人—日"、"人—周"或"人—月"计算；交钥匙项目专有一个"橙皮书"，正式名称为《设计、施工及交钥匙合同条件》(Conditions of Contract for Design-Build and Turnkey)，其主要特点就是参考"黄皮书"做些变通，规定从设计至施工完毕，所有责任全都集中到承包商身上，当然另一方面这也给承包商提供了更大的活动余地。此外，FIDIC在1999年又出版了适用于BOT类型项目的《设计、采购及施工合同条件》(Conditions of Contract for Engineering, Procurement and Construction)，常叫"银皮书"，也可作为"橙皮书"的一个替代范本。还有适用于标价相对较低的小型工程的简短合同条件

(The Short Form of Contract)，常叫"绿皮书"。可以说，这些FIDIC合同条件是把工程技术、法律、经济和管理科学等有机结合起来的一套规范性文件，业内人士鉴于书封皮的颜色特点，常将整个合同条件通称为"彩虹系列"。下面列出FIDIC合同各类文件的鱼骨图，可以看出相互间的层次关系。

在国际工程承包中一般用到的都是FIDIC合同"红皮书"，是土建工程的；但是搞机电设备供货，使用信用证付款方式的项目，一般多用FIDIC合同"黄皮书"。例如，笔者在海外参与过的一个亚洲开发银行贷款的输电线工程，用的就是FIDIC合同"黄皮书"，因为这个项目的供货成分大，若土建部分比重大，就要用红皮的了。FIDIC合同"红皮书"的特点是土建部分为单价合同，通过验工计价的方式支付工程款。而FIDIC合同"黄皮书"的付款方式大部分是采用信用证方式，这种合同的预付款比例较大。按国际惯例，FIDIC合同"红皮书"中条款规定，签约后业主应向承包商支付一笔预付款，用于项目的初期准备工作，而预付款的最大极限为15%，一般都在15%以下，然后再从将来的验工计价款中分次扣回。例如，可以在承包商验工计价款达到合同额的20%时开始逐次扣还预付款，每次占验工计价款的25%，直至扣完为止。而FIDIC合同"黄皮书"规定，材料在出示了装船证明或运抵现场验收后，承包商可以拿到80%左右的货款。FIDIC合同"红皮书"的条件几乎对各种土木工程均适用，例如房建、桥梁、公路、铁路、水利、港口等项目。由于篇幅限制，如果不做特别说明，下面所谈的都是目前广为使用的FIDIC合同"红皮书"。

许多国家和一些工程项目都有自己专门编制的合同条件，这些合同条件的条款名称、内容和FIDIC编制的合同条件大同小异，只是在处理问题的程序规定以及风险分担等方面各有不同。因而在掌握了FIDIC合同之后，可以之作为一把尺子来与工作中遇到的其他合同条件逐条对比、分析和研究，由此发现风险因素，积极制定相关措施，也可发现和创造索赔的机会。

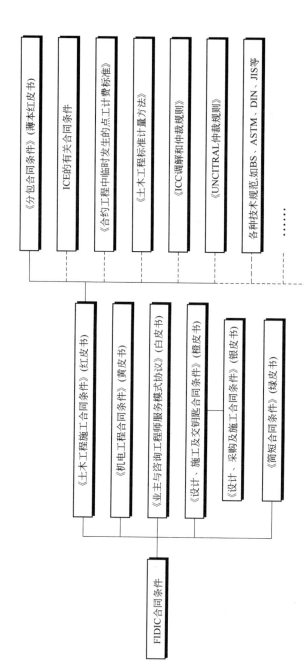

其中《分包合同条件》及虚线相连的ICE的有关合同条件、《合约工程中临时发生的点工计费标准》、《土木工程标准计量方法》、《UN-CITRAL促裁规则》等将在后面分别谈到。这里虚线用于表示不是FIDIC的原内容，但是可能涉及或参考的其他文件或标准。

因为FIDIC合同是国际上权威性的文件,在招标过程中,如果承包商认为招标文件中有些规定不合理或是不完善,可以用FIDIC合同作为"国际惯例",在合约谈判时要求对方相应地修改或补充某些条款。

当编制各种合同文件时,可以局部选择FIDIC合同条件中的某些部分、某些条款、某些思路、某些程序或某些规定,也可在项目实施过程中,借助某些思路和程序去处理遇到的实际问题。

总之,系统认真地学习FIDIC的各种合同条件,将会使每一位工程项目管理人员的水平都大大提高一步,使我们在工程项目管理的思路和做法上与国际接轨。

FIDIC合同的操作及标准十分接近西方模式,讲究高效透明,并且均以市场经济的思维方式为出发点。国际工程承包市场发育比较成熟,建筑法规比较健全,运作机制比较合理,尤其是海外项目有许多涉外因素,运作时比起国内同类合同要复杂得多。应注意通过实际工作,不断去"悟前人之所未悟"。

在海外参与市场竞争的中国施工企业,有时遇到或发生的争论与对抗,部分是由于中西思维方式的不同而引起的,有些是没能摆脱传统经营观念的束缚,对国际工程承包的买方市场认识不足,不习惯按国际惯例和通用文本处理问题,尤其是从主人翁的地位转变为受雇于人,思想上必须适应这一变化。要改变一些传统的思维方式,随行就市,树立服务观念,注意了解业主和咨询工程师的实际要求,切不可让计划经济的思路影响到项目的实际运作,从而才可能真正立于不败之地。而且随着国际交往的日益广泛和深入,双方所习用的思维方式将逐步达到和谐统一,这一历史性趋向已日见明朗。

因此,中国施工企业由单一的技术、进度、质量管理转向扩充到包括合同、成本、公关在内的综合运作,借鉴发达国家较成熟的工程承包理论和实践就更显得异常重要。例如,初到海外工作时项目人员常说的一句话是"你管我怎么干,我最后把活干好就是了",会随意修改合同中的要求,试图增加工作量,从而要求索赔，或减少工作量，从而节省开支，混淆了承包商与咨询工程师和业主的各自责任。对此要改变只看重结果，不注意实施过程这种国内习惯，而国际工程承包项目的差异在于有咨询工程师专职负责监管实施过程。另外，不注重施工中必要的资料积累也是一种常见的弊病，有时难以书面证实在一个单项工作中已经付出的劳动。比如，机械捣固是铁路项目的一项主要工作，在合同技术规范中写明对线路进行四遍捣固，每一遍捣固前都要对线路进行测量，从而确定本次捣固的起道量，有时咨询工程师根据合同技术规范的明文要求，提出查看局部竣工图(As-built Drawings)，而我们的施工人员竟拿不出图纸来。尽管确实付出了劳动，但无法证实这一事实，咨询工程师因而半信半疑，只会要求进行返工。

从国内普遍熟悉的概念来看，FIDIC合同所独有的特点是：

（1）引入介于业主与承包商之间的咨询工程师管理合同，从而加强了项目实施过程中的控制，同时咨询工程师还负责核批验工计价，指令工程变更及发出点工等，其工作原则是独立、公正和不偏不倚。

（2）FIDIC合同是由英国ICE合同演变派生出来的一个合同，因而带有很浓的英国色彩。最大的特点是工程量价B.Q.单，而且B.Q.单中所填报的单价在整个合同的执行过程中并不发生变化。项目是采用核验完工工程数量后，再乘以这些单价的方式，向承包商支付应得款项。

（3）投标报价时，承包商按B.Q.单计算得出的合同总价仅是一个参考数值。项目实施时，业主是按照据实测量得出的数额进行支付，这也就是为什么大家常听到的FIDIC合同是"复测合同"(Remeasurement Contract)之原因。

（4）业主在承包商选择其分包商的问题上有着很大的发言权，包括可以在投标前或签约后指定分包商，并有权在特殊情况下直接付款给分包商。

（5）对于可能出现的意外风险问题，原则上是由业主承担，其指导思想是承包商在报价时，不应该也不可能把无法预见的风险全都打入到标价中。

以上问题，在后面还会详细谈到。

必须承认，FIDIC合同的条款读起来，十分枯燥无味，有时可能感到很深奥、晦涩甚至难以理解。如果初次接触，更会感觉无从下手。即便我在国际工程承包的对外交往中有一段相当长的时期曾经每天使用FIDIC合同，但回国后有时拿起来专读它的条款，如果不联系实际情况和出现的具体问题，也常觉得没有太大意思。另外，使用FIDIC合同，最好要懂得英文，这对正确理解掌握合同条款非常重要。FIDIC合同的工作语言是英文，这在FIDIC合同第5.1(a)款和第15.2款中都有很明确的表述。

第5.1(a)款（语言和法律）

语言为（在特殊条款里填入适当的语言，通常为英语）。

第15.2款（承包商代表的语言能力）

承包商的授权代表应能流利地使用（在特殊条款里填入语言名称，通常也是英文）。如果咨询工程师认为承包商的授权代表不能流利地使用这种语言，则承包商应有一名胜任的译员随时在工程现场，以确保指示和信息的正确传达。

使用FIDIC编制的各种合同条件，一律是以正式的英文版文本为准。

在海外项目管理的实际工作中，不会英文而通过翻译就很难搞好具体业务。有很多东西同样一个词，英文和中文翻来翻去意思就变了，理解起来可能会遇到一些麻烦，有时还难免出现含糊或歧义，相互沟通时的感情色彩可能也会减弱。另外对于许多专业词汇，只靠查字典是得不到真谛的，甚至偏离可能会很大。例如，FIDIC合同第60款里涉及的Interim Statement，Interim Certificate和Interim Payment，中文可能都笼统地译为"中期付款"或"验工计价"。但是，在英文里 Statement 是指的承包商的申报行为，Certificate 是指的咨询工程师的核批行为，Payment 是指的业主的拨款行为，其实存在着很大差异。另外，除最终结算时那一次的验工计价可以称之为 Final 外，其他的付款都是 Interim，如果业主是按月支付，Interim 可能又会代之以 Monthly 这个词。因此，下面在谈到相关问题时，都尽量注明其英文说法，以便大家在实际对外交涉的工作中查找和引用。

要想用好 FIDIC 合同，最理想的人是既懂技术，又懂英文，同时还应懂一些法律知识，因为 FIDIC 合同本身就是一本施工法，它是签约双方为共同达到一定目的、建立相互间的法律关系而确定之文字协议。每一份工程合同都应清楚列明承包商的责任，并通过一系列条款构成对业主和承包商双方的有效制约。承包商需要了解相关内容，以便在施工过程中履行其责任，特别是注意及时回避风险。如果承包商缺乏明确的法律观念，往往会造成无法挽回的后果。

FIDIC 合同英文版本里的语言描述和表达方式还是比较简单易懂的，但其中许多英文的法律用语，却是相当讲究用词的正确与严谨，来不得半点含糊。有些用词甚至很难找到对应的中文直译，这就只有在实际运用中注意掌握。此外，业务人员还应有较宽的知识面，对于与国际工程承包有关的常识，如银行保函、保险、海关、税收、物资、运输和仲裁等，都要有足够的了解。如果知识面狭窄，就很难胜任第一线的工作。当然，上面涉及的专业知识有时可能会很深奥，这就要求必须学会善于向业内的专家里手及时请教。

FIDIC 合同常用到的有三个版本，一个是 1977 年的第三版，一个是 1988 年的第四次修订版，再一个就是最近出版的 1999 年版。但以往国内很多人写书介绍 FIDIC 合同时都是只谈 1988 年版，而很少涉及 1977 年版，可能受传统思维的影响和按照常理推断：新版的东西应该比旧版要好。其实，FIDIC 合同有别于日新月异发展中的科学技术，它只是一个约束施工经济行为的法律文件，并非什么"高精尖"的东西。在实际项目上选用哪个版本并不十分重要，往往是根据具体情况决定，而且使用者的立场和出发点在版本的选择时起着重要作用。关键是要掌握 FIDIC 合同的思维方式和处理问题的原则，这是解决实际问题时的精髓所在。

这里值得特别强调一下，如果只靠从书本上掌握到的知识去处理国际工程承包中出现的实际问题，对承包商来说，会相当片面甚至有时十分危险。因为当涉及实际的合约纠纷时，对字面含义的理解固然必不可少，但如何合理解释条款内容并仍兼顾原本用意更加重要。一定要结合整个合同及项目的具体情况，才能妥善处理复杂多变的各类问题。FIDIC 合同 1999 年版或 1988 年版与 1977 年版的差别主要在下列几大条款上，还有一些文字和条款顺序上的修改。

(1) 在 1988 年版的第 2.6 款中，明确规定咨询工程师有义务公正无偏地对待业主与承包商双方，并且这种公正性受到了仲裁条款的监督和保障。

第 2.6 款（咨询工程师要行为公正）

凡按照合同规定要求咨询工程师自行：
a. 表明他的决定、意见或同意，或
b. 表示他的满意或批准，或
c. 确定价值，或
d. 采取可能影响业主或承包商的权利和义务的行动时，他应在合同条款规定内，并兼顾所有条件的情况下，做出公正处理。任何此类决定、意见、赞同、表示满意或批准、确定的价值或采取的行动，均可按第 67 款的规定予以公开、复查或修正。

(2) 在 1999 年第 3 款中，说明了咨询工程师是受雇于业主，并与业主签订服务协议。但明确了其责任包括第 3.5 款、第 14.6 款和第 14.13 款中要求做出的"公平决定"。尽管合约的管理仍依赖于咨询工程师,但还是直接了当地定义了各方的权利和义务,而并非采用咨询工程师意见的形式。1999年版或1988年版均加入了限定咨询工程师行为的内容,规定咨询工程师在决定延长工期、调整或增加费用时,应与业主和承包商双方协商并征询意见,也就是"after due consultation with the Employer and the Contractor"字样的出现频率比1977年版明显增多。这样做的目的是要从理论上规范咨询工程师的公正性,而实际工作中又很难做到完全的不偏不倚。

(3) 在1988年版的第7.2款和第59.3款中,对承包商或其分包商的施工图设计问题做了更明确的补充。

第7.2款(由承包商设计的永久工程)

凡合同中明文规定应由承包商设计部分永久工程时,承包商应将下列文件提交咨询工程师批准:

a. 为使咨询工程师对该项设计的适用性和完备性感到满意所必需的图纸、规范、计算结果以及其他资料,以及

b. 使用和维修手册连同竣工后永久工程图纸,这些资料须足够地详细,以使业主能够对采用该设计的永久工程进行使用、维护、拆卸、重新装配和调整。在这类使用和维修手册连同竣工图纸尚未提交并获得咨询工程师批准之前,不能认为该工程已经竣工并可按第48款进行接收。

第59.3款(设计要求应明确规定)

如果要提供与任何暂定金额有关的服务,包括永久工程的任何部分或与永久工程配套的任何工程设备的设计或规范,则这种要求应在合同中明确予以规定,并应包括在任何指定的分包合同中。指定的分包合同应规定,提供上述服务的指定的分包商要保证并保障承包商免于承担由于上述事项以及任何由于指定的分包

商的违章或失职引起的和与之有关的一切索赔、诉讼、损害赔偿费、诉讼费、指控费和其他费用。

而在1999年版的第4.1款中,有着类似的规定:

a. 按照合同的规定以及工程师的指示(在合同规定范围内)进行设计、施工和修补缺陷。

b. 提供工程所需的工程设备、承包商的文件、人员、货物等以及其他物品和服务。

c. 承包商要对一切现场作业和施工方法的完备性、稳定性和安全性负责,并对承包商的文件、临时工程和按合同要求所做的设计负责,即使上述各项工作需由工程师批准,但如果出现错误也必须由承包商承担责任。

d. 如果合同中明确要求承包商设计部分永久工程,承包商要对这部分永久工程负全部责任,并使其完工后适用于合同中规定的工程项目的,而且承包商必须在竣工检验以前,按照规范的规定向工程师提交详细的竣工文件以及操作和维修手册。

(4) 1977年版第52款中对变更工作量的限定为±10%,1988年版在第52.3款中把变更工作量由±10%变为±15%,而1999年版又在第12.3款里改回到了±10%。

(5) 对于付款问题,1999年版第14款或1988年版里均有更详细的表述,而1977年版却以放到第二部分里去处理为编制合同的原则,这样业主的主动权相对较大,对承包商未必有利。

(6) 1988年版第67款在咨询工程师的准仲裁与最终国际仲裁之间加进了"友好解决"的过程,其内容具体体现在第67.2款中:

第67.2款(友好解决)

按第67.1款规定已经发出将把一件争端提交仲裁的通知后,争执双方应首先设法友好解决争端,否则不应对这一争端开始仲裁。如果争执双方没有另外的协议,仲裁可在将此争端提交仲裁的意向通知发出后第 56 天或在此之后开始,而不管是否已作过友好解决的尝试。

(7) 1999 年版中争端的解决方式发生了明显变化,由争端裁决委员会(Dispute Adjudication Board)来替代过去版本中依靠咨询工程师解决争端的作用,因为尽管合同条件要求咨询工程师公正处理各种问题,但由于咨询工程师是业主聘用的,不少咨询工程师实际上很难做到这一点,另外还要求在投标附录中规定的时间内共同任命争端裁决委员会的委员。

裁决委员会的委员将客观评估争端,并把结果知会双方。裁决委员会委员的报酬由双方平均分担。这样可做到省时、省力、省费用。如果对此事先没有准备,届时就会相当被动。当一方拒绝执行争端裁决委员会的意见时,另一方可要求进行仲裁。

FIDIC 合同 1999 年版里引入了用争端裁决委员会的方式解决争端,该委员会将作为独立的第三方,因此要求承包商建立一个专家库,并且与这些专家原则上不应有业务往来。尤其当承包商对自己的索赔获胜机会把握不大时,更倾向于通过争端裁决委员会加以解决,而并非付诸仲裁。这种方式首先是很快捷,其次是费用低。1988 年版的仲裁条款强调友好解决,而 1977 年版则突出仲裁要有很明确的时间概念。如果项目在实施过程中发生争端并需要付诸仲裁,这对承包商就相当有利。尽管 1988 年版的 FIDIC 合同第 67 款在谈仲裁时是出于很好的理念和期望,但真正操作起来可能仍然比较困难,尤其对承包商而言更是如此。1977 年版很简单,争端的双方中任何一方给咨询工程师发出仲裁通知书,90 天内他必须给出一个仲裁判断,这叫准仲裁(Quasi-arbitration),在 FIDIC 合同第 67 款里的正式用词叫做"咨询工程师的书面决定"(Notice of the Engineer's Decision)。如果有一方对此不满,马上就可以提出打国际仲裁,这种时限在客观上对承包商并非坏事。而 1988 年版,是双方中任何一方在发出准仲裁通知书之后 84 天,尽管对咨询工程师的书面决定不满意,也不能直接打国际仲裁,而是异议方还必须再给对方发函,表示希望通过友好协商解决问题,并且要至少再等56天。如果真正要打仲裁,一定是大家已就经济摩擦协商了很长时间,索赔商谈观点各异,但进展又相当艰难,矛盾激化至无法再通过友好协商解决的程度了。作为承包商,如果还要等140天或更长的时间才能解决问题,而这140天对承包商来说就构成很大风险,会造成不小的经济负担。因为按照FIDIC合同第67款的规定,仲裁期间承包商也不能停工,如果停工则视为承包商违约,就要按第63款进行处理,这对承包商相当不利。第67.3款最后一段是这样说的:在工程竣工之前或之后均可诉诸仲裁,但在工程进行过程中,业主、咨询工程师及承包商各自的义务不得以仲裁正在进行为由而加以改变。

(8) 如果业主拖延付款,1988年版的第69.4款或1999年版第16.1款均赋予承包商暂时停工,或放慢施工进度的选择权利。

第69.4款(承包商暂停工作的权利)

在不影响承包商根据第60.10款享有利息和根据第69.1款终止合同的权利的情况下,在业主有权根据合同进行任何扣除时,如业主在第60.10款规定的应付款时间期满后28天之内,未能按咨询工程师的任何证书向承包商支付应支付的款额,承包商可在提前28天通知业主并将一份副本呈交咨询工程师的情况下,暂停工作或减缓工作速度。

如承包商根据本款规定暂停工作或减缓工作速度并由之造成延误或招致费用,咨询工程师应在与业主和承包商适当协商之后决定:

a. 根据第44款规定,承包商有权获得任何延长的工期;以及

b. 应在合同价格中增加此类费用总额。

并应相应地通知承包商,将一份副本抄报业主。

(9) 关于索赔条款,1999年版里的第20.1款或1988年版里

专门列出的第 53 款,把索赔过程写得一清二楚。如果过去没有搞过索赔工作,只要懂英文,就可以照着这个程序去做。它明确写明承包商在进行索赔时,几天之内必须要做什么,几天之内又该做什么,对初入这个领域的人来说,应该是有帮助的。而 1977 年版里只是在第 52 款的第 5 分项谈到索赔,并且是很短的一段,还是作为工程变更令的一部分内容列出来的。

此外,值得特别一提的是在 1999 年版中的第 20.1(4)款里写明,咨询工程师对承包商的索赔不能再像以往版本中那样不置可否,并加入了具体的时限规定:

第 20.1(4)款(咨询工程师的反应)

收到承包商的索赔报告及其证明报告后的 42 天(或在由咨询工程师建议且经承包商批准的时间段)内,咨询工程师应做出批准或不批准的决定,也可要求承包商提交进一步的详细报告,但一定要在这段时间内就处理索赔的原则做出反应。

FIDIC 合同的最大特点是:程序公开、公平竞争、机会均等,这是它的合理部分,对任何人都不持偏见,至少出发点是这样。这种开放、公平及高透明度的工作原则亦符合世界贸易组织政府采购协议的原则,所以 FIDIC 合同才在国际工程承包中得到了广泛的应用。

从理论上讲,FIDIC 合同对承包商、对业主、对咨询工程师都是平等的,谁也不能凌驾于谁之上。因此,作为承包商,应尽量选用 FIDIC 合同,这样才能更好地保护自己的经济利益及合法权利。但是,FIDIC 合同又坚持要形成买方市场,主张在"买"(业主)"卖"(承包商)双方的交往中,利用经济制约手段,维系对买方的有利条件,具体表现在其中一些条款只对承包商单方面有约束作用。由于业主是最终签发支票偿付工程计价款的人,永远处于主导地位,因此从某种意义上说,对于承包商就没有绝对的平等而言,这在全球都一样。

通过实际工作，我们作承包商的都有一个共同的看法："上帝"是业主，老二是咨询工程师(也可以说是业主的"大管家")，老三是承包商(没办法才打工当承包商)。相信当过承包商的对此都深有体会。因为项目是业主投资的，这就决定了签约时形式上的相对平等而实际上的绝对不平等关系。此外，土木建筑业是门槛低的行业，承包商无需很多资金就能从事项目施工，因此是供大于求，这就是市场经济的特色。项目赚钱确实很艰难，一定要树立很强的市场观念，充分意识到市场这个无形杠杆时刻都在起着重要的调节作用。如果承包商干了活，业主却不及时付款，拖欠上几个月，利息因素就足以把创造的效益又全吃回去。作为承包商，应该注意掌握"量入为出"的谨慎理财原则，同时尽量尊重业主，并以积极的方式施加影响，力争获得其理解、接受乃至支持。此外，拖欠工程款也与当地的经济发展状况及法制的建立健全有关。承包商注意融洽各方关系并增进友谊，可以说是明智之举，也是一个项目成功创利的关键所在。否则，就会麻烦无穷。

FIDIC 合同与 ICE 合同

除 FIDIC 合同外,现在世界上使用范围较广的还有 ICE 编制的合同条件(以下称 ICE 合同)。ICE 是英国土木工程师协会 The Institution of Civil Engineers 的英文缩写。实际上,ICE 合同是 FIDIC 合同的鼻祖,FIDIC 合同是从 ICE 合同演变来的,香港土建工程其实也是采用 ICE 合同的变形,或者可以说是 ICE 合同的当地化。

如果我们追述一下历史,FIDIC 合同与 ICE 合同之间的关系应该是这样的:FIDIC 合同第一版是在 1957 年成型,1969 年出第二版,1977 年出第三版,1988 年出第四版,1999 年又出最新版;ICE 合同是 1945 年出第一版,1955 年形成第四版,1973 年出现普遍接受的第五版 ICE 合同文本。而 FIDIC 合同的第三版就是以此为参考范本,臻至完善。可见,FIDIC 合同的历史是踩着 ICE 合同的脚印走出来的,因此,FIDIC 和 ICE 所制订的通用标准合同条件格式在国际上均得到了广泛应用和普遍认可。

需要说明的是，1999年版的FIDIC合同"新红皮书"开始明显跳出了ICE合同的框架，而此前FIDIC合同"红皮书"是脱胎自ICE合同，因此在许多地方，甚至包括条款号都与ICE合同雷同。FIDIC合同"新红皮书"借鉴了"橙皮书"的格式，分为20条，并且与"工程设备与设计的建造合同条件"，"设计、采购及施工合同条件"的大部分条款标题一致，条款内容上（甚至整段文字）能一致的都尽量一致。因此，这次出版时书上注明为1999年第一版，以示和过去版本的不同。

如果大家对ICE合同有兴趣，可向以下地址索取有关资料：

    The Institution of Civil Engineers
    One Great George Street
    Westminster
    London SW1P3AA
    United Kingdom
    Telex：935637 ICEAS E
    Tel：+44-20-7222 7722
    Fax：+44-20-7222 7500
    WWW：http://www.ice.org.uk

要想在国际市场做工程承包，包括在国内搞世界银行、亚洲开发银行等外资贷款的项目，对FIDIC和ICE这两种合同条件都必须了解。值得一提的是，FIDIC合同是较厚的一本书，内容很多，不可能全部背住，但若想运用自如，就应该尽量把其中的关键性条款记下来。笔者并非主张对每个字都死记硬背，不过对于合同的总体内容、有关的主要概念、条款的相互关系，怎样实际操作和运用等，必须做到融会贯通，绝不能停留在一知半解上。因为这些在项目的实施过程中，几乎每天都要用到。在FIDIC合同中的一个条款，往往可能既有技术问题，又有法律问题，还有经济问题，甚至可能涉及多方面的综合问题。

在国际工程承包项目的标书里，"业主"的英文表达方式通常有三种：Employer，Client 或 Owner，另外还有一个很少见的用词叫 Promoter。ICE 合同及 FIDIC 合同里采用的都是 Employer 一词。需要特别说明的是，尽管 ICE 合同与 FIDIC 合同许多条款号相近或雷同，但两者有着本质上的区别：ICE 合同是亲业主的，英文称之为 pro-Employer，它侧重于维护甲方业主的利益。FIDIC 合同是亲承包商的，英文称之为 pro-Contractor，它维护乙方承包商的利益更多些。

例如，FIDIC 合同里第 11 款明确了提供工程地质资料是业主的责任，而 ICE 合同则把责任全推给承包商。又如，FIDIC 合同比 ICE 合同多列出其特有的第 69 款，这项条款给承包商提供了一个很好的选择，其中，第 69.1(a)款对业主不按第 60 款及时支付工程验工计价款有相当严格的法律制约力。FIDIC 合同第 12 款在很大程度上又把"不可预见的""实际障碍"扩大到可能包括恶劣天气(Inclement Weather)的范围，并且第 11 款中也有类似的说法。最有实际意义的是 FIDIC 合同第 20.2 款和第 20.4(h)款中明确规定，业主有义务赔偿承包商因受"自然力"而蒙受的损失。同样，在处理与之相关的第 65.5 款所列特殊风险时，业主还要对项目所在国以外发生的连带风险承担经济责任。另外，FIDIC 合同对工程变更令限定了±10%(1977 年版和 1999 年版)或±15%(1988 年版)的幅度，当然给出这种限幅对业主和承包商都是既有利也有弊。

司马迁在《货殖列传》中说："天下熙熙，皆为利来；天下攘攘，皆为利往。"说明自古以来，人对利益的依附性，利益对人的束缚性。在商业经营中，君子不言利绝不可能，在国际工程承包的交往和具体操作上，业主与承包商不讲经济关系也不现实。签约双方以自身利益为出发点，尽量从商业角度在法律上争取维护应有的正当权益，这是可以理解的，正所谓："君子爱财，取之有道。"

经常还会遇到这种情况：承包商总是尽量向业主推荐使用 FIDIC 合同成交，而作为业主或当承包商向外分包时，则极力主张采用ICE合同。

"从业主处多拿钱，向分包商少付钱"。这是总承包商的工作宗旨，一个有经验的承包商会在合情、合理、合法的条件下努力做到这一点。笔者在香港经手有个一亿多港元的工程，就是采用FIDIC合同为母本，与业主商谈签约。香港的分包制度比较普遍和成熟，我们把这个项目转包出去时，分包合同则完全使用ICE合同。作为承包商，要善于维护自己的利益，对业主应争取使用FIDIC合同，而对分包商却要尽量采用ICE合同模式或ICE的分包合同，并不主动推荐FIDIC版本的分包合同（英文正式名称为 FIDIC Conditions of Subcontract for Works of Civil Engineering Construction 1994，也叫"薄本红皮书"），这是值得注意的。国际工程承包市场是典型的买方市场，买方市场中的现实情况就是如此，因为一切都以维护出资人或付款人的利益为最终目的。

英联邦的法律属英国普通法体系，目前这些国家和地区的工程承包多采用ICE合同，或在此基础上做些变通。

谈到普通法体系，再补充讲些使用FIDIC合同或ICE合同时必备的法律常识。由于FIDIC合同源于ICE合同，所以受英国法律体系的影响较大，带有相当浓厚的英国色彩。因此，FIDIC合同和ICE合同都属于普通法（Common Law）体系，是判例法，英文也叫Case Law，属由案例汇成的不成文法，英美及英联邦国家现行的是普通法，因此对生效的典型判例非常重视。

而中国法律属于大陆法（Continental Law）体系，是成文法，并非以案例为依据，而是按立法去执行。即凡事都要有明确的书面规定和条文，下分为民法、刑法和商法等，强调照章办事，葡萄牙（澳门）、意大利、荷兰等国以及整个拉丁美洲均适用大陆法。使用大陆法国家的承包商普遍对FIDIC合同的运作方式及法律基础（Jurisdictions）需要一段适应过程。

在普通法的国家里合同是第一位的，因此从法律角度出发，要特别关心合同的具体落实措施。而对于大陆法的国家，承包商还必须熟悉其背景法律，这些法律可能对母合同有另外的约束。

普通法是遵循先例为准的原则,有些类似人们讲的前车之鉴,简单地说,就是强调前边的案例,有了它后边的案子就照着判。其特点是没有条文规定,并且商法完善。以抵押贷款的拖欠为例,若借款人到时还不了钱,而过去也有过用抵押物还债的先例,则就可以判定放款人没收借款人的抵押物作为偿还。但是,由此可能导致不公现象,于是又引出衡平法(Rules of Equity)。例如,借款人用一栋50万元的房子作为抵押物,向银行借款20万元,为期一年。当初借钱时借款人以为有把握到时可以还钱,因而也没过多地考虑房子的市值问题。然而一年后发生意外,借款人确实无力偿还银行贷款,银行这时就把房子没收了。但借款人觉得自己吃了亏,认为这样用整栋房子去抵账欠公平。因为即便支付3万元的年息,银行还应至少再退回他27万元才算合理,并因此付诸法律行动。最终法院判决把房子拍卖,卖得的40万元现金,还给银行23万无,剩余的17万元归借款人。这就形成了衡平法,而且该案例就法定地成为下次用普通法判案的先例依据。

因为FIDIC合同和ICE合同都属于普通法体系,所以过去发生过的案例对考虑问题相当重要,可以说这些案例本身的集合就是法律。尤其是当发生争执或仲裁时,只要以前有一个类似的案例,那么胜诉的把握就较大,否则会很难说。当然,在普通法的条件下,每一个案件的情况都不尽相同,所以上次的解释,这次可能又略有变化。而且,由于各人对条文字眼的理解存有差异,其他人亦会就同一案例的字眼做出另类解释。对此承包商必须要有充分认识。

另外,由于FIDIC合同是国际合同,因此其适用法律(Applicable Law)也不容忽视,这在FIDIC合同第5.1(b)款的特殊条件里有明确规定。

第5.1款(语言和法律)

  b. 法律为在(填入国家名称,通常为项目实施所在国)生效

的法律。

特别是当矛盾激化到付诸仲裁时，合同所依据的适用法律就显得格外重要了。例如，许多业主会把一些本应由业主承担的风险在合同里转嫁给了承包商，同时又规定项目所在国的法律对解释合同有优先权。而在大陆法体系的国家，即便根据 FIDIC 合同第 69 款，承包商有充分理由及有效权利与业主终止合同，但当地法院可能视双方合同为政府托管合同，这种终止必须要先获其批准才能生效。此时适用法律的重要性就上升到与 FIDIC 合同并驾齐驱的地位，甚至还要高。

ICE 合同的适用法律无疑是普通法，尽管 FIDIC 合同原则上承袭了普通法作为其主体法律框架，但因为它是国际性的合同，故对具体项目 FIDIC 合同要在特殊条款中注明：适用法律也许是项目所在国的法律；也许是编制标书的咨询工程师所在国的法律；如果是出口信贷项目，还可能是供货商所在国的法律。

从理论上讲，签约双方都有权选定项目合同的适用法律。但是，在国际工程承包中，由于业主处于买方地位，常见的是业主所在国的法律为最终的适用法律，因而这也可能是影响项目结局的关键，亦即国家大法可以"覆盖"合同法规，就是人们常说的"大道理管小道理"。不过，这样有时就会出现项目适用法律与 FIDIC 合同的普通法框架相矛盾的情况，甚至可能出现法律真空，签约时对此应该特别小心，并要注意咨询当地律师的专业法律意见。

例如，FIDIC 合同第 47 款中所谈"延期赔偿费"（Liquidated Damages）就是沿用了源于普遍法体系下的 ICE 合同的法律术语，专门处理承包商不能按合同规定如期完工的情况。

第 47 款（延期赔偿费）

如果承包商没能按第 48 款规定的工程竣工期限完成整个工程，或未能在第 43 款规定的相应时间内完成任何区段（如果有区段），则承包商应向业主支付标书附件中写明的相应金额（此金额是承包商为这种过失应支付的惟一款项)作为该项违约的损害赔偿费。而不是作为自相应的竣工期限起至整个工程或相应区段的移交证书之日止之间的每日或不足一日的罚款,但上述延期赔偿费应限制在投标书附件中注明的适当的限额内。在不排斥采用其他赔偿方法的前提下,业主可从应支付或将支付给承包商的任何款项中扣除该项延期赔偿费。此延期赔偿费的支付或扣除不应解除承包商对完成该项工程的义务或合同规定的承包商的任何其他义务和责任。

不过,这种费用并不带有惩罚性,只是一种延期损害赔偿,其本质是用金钱赔偿因一方违约而给另一方造成的损失。其他法律体系里可能没有 Liquidated Damages 的等同词,比如中文里有时就把它译为"罚款",但它在英文字面上又与 Penalties 或 Fines 的意思不一样,从而可能导致不懂英文的人在概念理解上产生误差。在普通法里,业主只有就拖延工期造成的实际损失拿回经济补偿的权利,因此 Liguidated Damages 并不是 Penalties 或 Fines。如果业主在使用第 47 款时带有对承主商的惩罚心态,甚至以图盈利,这就是错误的了,因为普通法不接受强制惩罚承包商。有经验的承包商反倒可以抓住业主在实际使用该款时把 Liquidated Damages 变成了 Penalties 或 Fines 的漏洞,变被动为主动,要求业主在仲裁时证明他确因承包商拖延工期而蒙受了所罚金额的实际损失,这对业主就会十分困难。

FIDIC 合同第 26 款更强化了承包商必须守法经营的概念,规定不单只是遵守项目所在国生效的法律,还要遵守项目任何可能延伸到的地区之法律,这种要求就绝不仅限于合同第 5.1(b)款规定的适用法律范围了。当项目出现分包或供货在多个国家进行的情况时,承包商对这些国家的相关法律法规也都必须严格执行。

第 26 款(遵守法令、规章)

承包商应在一切方面,包括发出所有的通知和交纳所有的费用，均应遵守下列规定：

　　a. 与该工程的施工、竣工以及修补其任何缺陷有关的任何国家的或州的法规、法令或其他法律，或任何规章，或任何地方或其他正式合法当局的实施细则；以及

　　b. 其财产或权利受到或可能受到该工程以任何方式影响的公共团体和公司的规章制度。

　　承包商应保证业主免于承担由于违反上述任何此类规定的任何罚款和责任。但业主应负责获得工程进行所需要的任何规划、区域划分或其他类似的批准，并应根据第22.3款的规定对承包商给予保障。

　　经营之道在于诚，盈利之道在于信。原则上讲，FIDIC合同是其第5.1(b)款中规定的适用法律之子集，因此，承包商在履行合同规定义务的同时，还要受制于该条款的适用法律，而这种制约可以超出合同本身的时限。也就是说，即便过了项目保修期，承包商仍有可能还要面对承担当地法律义务的风险。例如，关于设计责任的时限问题，对潜在缺陷及造成的损失，普通法认为如无特别说明，责任期应从一年到永久，当然还与发现毛病的时间有关。但是，大陆法体系的国家对建筑物的质量保修普遍认为常规应为十年左右（通常叫做 Decimal Liability，其中 Decimal 从英文字面上就是十年的意思），而且往往不能妥协让步。

FIDIC 合同的宗旨

搞国际工程承包的人应该牢记 FIDIC 合同的宗旨："承包商工作得到报酬，业主付款获得工程。"（The Contractor gets paid for the work he performs and the Employer gets the work he is paying for.）这其实也反映了业主与承包商分别作为签约的两个当事人，在合同关系上是处于平等的法律地位这样一个原则。双方进行的是等价交换，一方不能无偿强占另一方的利益或服务。实际上就是人们常讲的"公平诚信，等价交换"的原则。

业主要求物有所值无可非议，承包商索取应得报酬也是天经地义。根据 FIDIC 合同第 60 款和第 69 款，承包商拿不到工程款，可以随时停止合同的执行。如果一个工程中有大量的到期未付款，干了半天活，却欠一大笔钱，承包商就应该把工程停下来。"虱子多了不怕咬，欠账多了不怕讨"的说法是有一定道理的。业主欠账的金额在一个合理的范围内，承包商还可以想办法追讨回来。但如果欠得太多,数额巨大,以至超过了业主的偿付能力,那么,就会出现逃账现象,甚至不会还钱了!所以,"承包商工作得到报酬"听起来似乎很简单,但作为一名承包商,应该随时牢记这项原则,并以此指导自己的日常运作,向业主和咨询工程师及时催要工程款。这在 FIDIC 合同第 69 款中也有明确规定,打到哪里都可以理直气壮。拿不到付款就停工、撤走,最终还是业主害怕。如果承包商傻乎乎地给业主垫钱干活,没有不吃亏亏的。

在 1999 年版中新加入了第 2.4 款,明确规定:

第 2.4 款(业主的资金安排)

按合同向承包商支付工程款是业主最主要的义务。业主应在收到承包商的请求后的 28 天内提出合理的证据,表明业主已做好了资金安排,有能力按合同要求支付合同价格的款额。如果业主打算对其资金安排作实质性变动,则要向承包商发出详细通知。

如果业主不执行这一条,承包商可暂停施工或降低工作速度,这也是保障承包商利益的重要措施。

此外,1999 年版在特殊条款里加入了一段"承包商带资承包的范例条款",规定业主应向承包商提供"支付保函"(Payment Guarantee),并附有这一保函的格式,以经济形式向承包商提供了担保,有利于承包商从付款上防范资金风险。

业主付多少钱,承包商就干多少活,也就是要做到"价责对等"。这一点对中国的海外承包公司是相当有用的,存在着一个转变观念的问题。例如,业主标书里清楚写明要修 800 米的篱笆围墙,承包商施工时就不要自以为篱笆围墙防不了小偷,而脱离标书的要求去建砖墙。当验工计价时若要求按砖墙付钱,业主就会坚持按合同的规定办,做成砖墙是承包商的好心,人家只会说声谢谢,钱还是要按篱笆墙支付,承包商只能认赔。

这里想特别提一下，国内施工质量常见恶劣报道，主要是极个别的承包商因受到利益驱动，只考虑眼前成效或近期利润，采用偷工减料的方法或不按技术规范施工。究其原因，还是由于对承包商缺乏切实可行的经济制约手段，如住宅卫生间及屋面工程采用24小时泡水试漏就很难实际执行。但是在海外施工，要想赢得业主的信任和好评，靠的是以诚相待，优质优价，货真价实，而偷工减料是绝对不可取的，连这个念头都不要有，也应该是最起码的职业道德。

毋庸讳言，谁做生意都是为了赚钱，也想多赚钱，但应赚之有道，赚昧心的钱，肯定不能长久，并且终将受到惩罚。在国际工程承包项目上，偷工减料最终不但难以降低成本，反而会引来许多麻烦，轻则在施工过程中造成返工，重则导致履约保函遭没收、保留金被扣、延期罚款、赔偿项目损失，甚至名誉扫地等，有些解决起来甚至比项目本身的问题还要复杂和棘手。海外工程通常有一年保修期，像桥墩、输电线塔架等，有时可能高达十年甚至二十年，或更长的时间。在保修期内，业主扣压着承包商最高可以达到10%的保留金，至少也要有2.5%的现金。工程干不好，业主是要找承包商算账的，并且会想尽办法挑毛病，不是电插销有毛病，就是墙抹得不平整，等等。盖房子毕竟不是建宫殿，施工也不会毫无缺陷可挑，挑毛病肯定有，业主发现了就收承包商的履约保函并扣保留金。

然而，另一方面值得注意的是也没必要超质量施工，要改变和扭转那种在计划经济体制下为争名誉、抢工期而不计成本地上设备、拼人力、投资金、提质量的粗放型管理方式。按照FIDIC合同，如果承包商打的混凝土比合同中要求的强度等级高，业主只会按原低强度等级的混凝土价格支付；业主要求三合板的桌子，承包商给做成纯木的，最后还是只会给三合板的桌子钱。许多人误认为质量就是高水准，而减少施工成本就会导致质量欠佳，其实是忽视了质量与成本间的密切联系。

在FIDIC合同的管理中，质量的真正定义应为"按照规范施工"，也就是说在明确了合适的技术规范后，承包商要不折不扣地按设计规定施工，同时应该注意成本核算。国际工程承包中通常采用的多是欧美日等国家的技术规范。例如，在合约的技术规范里会这样写明："高强钢筋应去除内应力并符合 ASTM A722 或同等规范之要求。"（ASTM 是 American Society for Testing Materials "美国材料试验协会"的缩写）。

但实际工作中，经常发生的是施工人员在每个阶段往往喜欢添油加醋，忽视了与之发生的成本变化。这种质量上的"改良"最终无疑将会遭到经济上的报应，因为业主雇佣的咨询工程师对规范及所需产品都了如指掌，并将根据合同条件规定和相关技术要求，在施工过程中认真检查每一类原料、每一件设备、每一道工序和每一个单项工程(特别是隐蔽部位)，严格控制只按合同中 B.Q. 单的规定价格付款。如有问题，下一道工序不准施工，并且每一道工序都应有可靠的、经检验的施工现场记录。因此，承包商从开工之日就要建立质量/成本目标，仔细斟酌投入，严格照章办事，在确保规范要求质量的前提下，注重财务核算，努力降低费用。

FIDIC 合同通常规定，试验费用和工作应由承包商承担，但要报咨询工程师核批。因此，在规范中对进行试验的项目、内容和操作等都有明确的规定，并对试验室的仪器设备提出技术要求，甚至包括试验室人员的业务水准，使得承包商在报价时就考虑这笔费用。咨询工程师通常对试验设备相当重视，在检查试验设备后如认为不满意，就可能不准承包商开工。我国使用的试验设备与西方国家的设备并不完全一样，例如，碎石筛分器的筛孔，中国规范是圆孔，而英国 BS 规范却是方孔。承包商要对试验设备的适用与否全面负责，并不得就由此造成的损失进行索赔。因此，承包商千万不能想当然地去购买试验设备，一定要看项目标书中有关规范的具体要求。

项目实施过程中的安全问题十分重要，承包商在工地的安全座右铭是："不伤自己，不伤他人，不被他人所伤。"要经常进行职业安全教育，注意在施工现场缔造一个安全祥和的工作环境，防止或减少工伤意外的发生。承包商在申请同意开工之前，必须先向业主或咨询工程师呈交一份"安全监督计划书"，并提供必要的技术保障。如果出现安全事故，FIDIC合同对承包商没有任何保护，只有严加惩罚，包括所有的连带责任，这是应该引起高度重视的。FIDIC合同第8.2款和第19款对此都有规定。

第8.2款（现场作业和施工方法）

承包商应对所有现场作业和施工方法的完备、稳定和安全负全部责任。但除本文下述规定或可能另有协议者外，承包商对不是由他编制的永久工程的设计或规范或者任何临时工程的设计或规范不应承担责任。凡是合同中明确规定由承包商设计的部分永久工程，尽管有咨询工程师的任何批准，承包商对该部分工程负全部责任。

第19.1款（安全、保卫和环境保护）

在工程施工、竣工及修补其任何缺陷的整个过程中，承包商应当：

a. 高度重视所有受权驻在现场的人员的安全，并保持现场（在其管理的整个范围内）和工程（包括所有尚未竣工的和尚未由业主占用的工程）的井然有序，以免发生人身事故；

b. 为保护工程，或为了公众的安全和方便，或为了其他原因，在确有必要的时间和地点，或在咨询工程师或任何有关当局提出要求时，自费提供并保持一切照明、防护、围栏、警告信号和看守。

第19.2款（业主的责任）

根据第31条规定，如果业主用自己的工作人员在现场工作，在这方面他应当：

　　a. 对所有授权在现场的人员的安全负全面责任；以及

　　b. 保持现场的井然有序，以防对这些人员造成危险。

　　如果根据第31条的规定，业主在现场还雇用其他承包商时，业主应同样地要求这些承包商在安全和避免危险方面负同样责任。

　　在海外施工一定要做到：注重项目进度，强化质量意识，狠抓安全至上，突出成本控制，创立市场信誉。作为承包商，履约就必须得到应有的支付；而作为业主，付款后要拿到应得的工程，双方都不可以任何借口违背协议。实际上，国际工程承包的履约就是制约与反制约这对矛盾的贯穿始终。业主通过编制严密的合约文件，希望对承包商的制约达到无所不包，承包商基本上是处于受管制的一方。但是，有经验的承包商却并非对此就完全束手无策，在接受那些合约限制的同时，通过全面消化条款内容，抓住每一个可利用的细节，区分其合同责任和工作范围，从而努力改善自己的受雇地位，并积极谋求经济效益。

　　合同中通常都有默示的含义和内容(implied terms)，即在签约后，双方必须遵守并履行合同中各自的义务，相互合作，以确保对方能够执行合同。如果有一方不提供应有的合作，违反了合同义务，导致合同无法执行下去，则受阻一方有权终止履约，至少可以暂停履约，直至另一方开始恢复合作，这种原则叫做"前提条件抗辩"(Condition Precedent Defense)。例如，一个1亿多美元的项目合同中规定，承包商办理保险可从业主处获得124万美元的保险费付款，但该承包商在向业主呈交了保险单后，只拿到30万美元付款，业主拒付余款的理由是认为保险单不完全符合其要求。业主支付保险费是承包商保险生效的前提条件，应该说，不管什么理由，业主未能按时全部支付承包商的保险费属于合同违约，致使承包商无法指示保险公司令保险单即时生效。就算承包商提交的保险单尚未达到合同要求，业主此后一直并没就此起诉承包商违约，也没按合同规定及时采取措施保护自身利益,比如另外开出一张自认为满意的保险单。因此,当发生风险事件而需要提取保险,但又由于当初保险单的缺陷得不到支付时,业主不能因其当初失误所致(即没有投保)而指责承包商违约,当然也就无权要求承包商就未再投保而承担赔偿责任。这些在后面讲到保险问题时还将做出详细分析。

人们平时所讲的 FIDIC 合同,都是在谈签约合同中的一般条款(General Conditions of Contract),或叫做通用规则,并不是合同的全部。FIDIC 合同的标准版本里,把一般条款称为第一部分(Part Ⅰ),把特殊条款称为第二部分(Part Ⅱ),两个部分合起来就构成了合同条件,这样有利于编制项目标书并方便管理合同。在合同条件中,第二部分是管着第一部分的。

"合同条件"在 FIDIC 合同里所用的英文为 Conditions of Contract,其他标书里也有称作 Terms and Conditions of Contract,两种叫法所指相同。合同条件是合同的重要组成部分,它论述在合同执行过程中,合同双方的权利、义务和职责,以及在遇到各类问题时各方应遵守的原则和采取的措施等。有效的合同条件应是既倡导签约各方合作完成项目,又对各方的职责和义务有明确的规定和要求,在业主与承包商之间合理分配风险,处理各种问题的程序严谨,易于操作。

合同内容应包括合约、中标通知书、投标者须知、投标文件、特殊条款、一般条款、技术规范、图纸、B.Q. 单及各种附件等,这在 FIDIC 合同特殊条款的第 5.2 款里有明确说明。如果是世界银行、亚洲开发银行或其他国际金融组织的贷款项目,FIDIC 合同第 5.2 款所列的优先顺序又必须全部在贷款指南的制约之下,这个大制约是不言而喻的,无需在合同条款中另作说明。

FIDIC 合同第 5.2 款实际上又涉及歧义现象的处理原则,因为合同中完全没有歧义几乎是不可能的,但对规定含糊和字句不明的条款要严加注意,并应该力争尽量缩小歧义的程度,这也是顺利执行合同的重要条件。下面想深入讲一下。

第5.2款（合同文件的优先次序）

构成合同的几个文件将被认为是互为说明的，但在出现含糊或歧义时，则应由咨询工程师对此做出解释或校正，咨询工程师并应就此向承包商发布有关指示，在此情况下，除合同另有规定外，构成合同的文件的优先次序应如下：

（1）合同协议书（如已完成）；
（2）中标通知书；
（3）投标书；
（4）本合同条件第二部分；
（5）本合同条件第一部分；
（6）规范；
（7）图纸；以及
（8）标价的工程数量B.Q.7单。

例如，笔者参与实施的一个海外房建项目，工程量价B.Q.单中规定应使用白水泥实施洗手间的马赛克勾缝，但在技术规范中写明这项工作使用普通硅酸盐水泥，图纸上也标注着使用普遍硅酸盐水泥。施工过程中，业主与承包商在使用何种水泥进行勾缝的问题上发生争执。业主认为使用白水泥勾缝满足美观要求，因此承包商应使用合同工程量价B.Q.单中的单价做这项工作；而承包商考虑到项目成本，并根据合同第5.2款，指明技术规范和图纸均制约着工程数量单中的描述，因此应该按照优先次序的规定要求施工：使用普通硅酸盐水泥是属于正常履约。最后咨询工程师裁决，适用合同第5.2款，承包商可以使用普通硅酸盐水泥实施马赛克的勾缝，如果业主执意使用白水泥勾缝，则咨询工程师就必须发出合同第51.2款的工程变更令，让承包商重新报价并追加费用。结果，业主为了节约开支，只得接受承包商使用普通硅酸盐水泥施工马赛克。承包商从这项工作中节省了近10万美元的开支。

施工合同的一个原则叫做"逆编写者释义(Contra Proferentum Rule)",就是说如果有歧义出现,要按照对编写者不利的情况去解释,而具体项目上使用的 FIDIC 合同之编写者通常不会是承包商。这在某种程序上可以保证承包商的利益。当合同某个条款或字句不能释明歧义或含义不清时,不明之处首先应由合同起草方负责做出合情合理的澄清。如果合同是咨询工程师或业主起草的,并且签约双方为歧义现象发生争端,咨询工程师的职能之一应该是妥善解释任何明显的模糊或歧义,但应特别注意避免对承包商如何去进行有关的工作而发号施令。当承包商对这种解释无法接受并把争端提交仲裁后,则不明之处的解释原则上最终对咨询工程师和业主不利。

任何一个实际项目,都不会全文原封不动地照搬 FIDIC 合同。通常是根据具体情况,修改补充相关条款,这些都体现在合同的特殊条款(Special Conditions of Contract)里。对于 FIDIC 合同中标准的 72 个条款,实际项目中有时可能修改达到二三十个。这些修改大多由业主或咨询工程师所做,其目的是更好地保护业主的经济利益,把各种可能的风险转嫁到承包商身上。因此,承包商对此要特别小心,包括在修改后可能引起的歧义现象。

如果承包商熟悉 FIDIC 合同,实际工作中就不用去看一般条款,因为都是固定的标准化东西,标书里是 FIDIC 合同"红皮书"的复印件;有些甚至更简单,写明要看合同内容,就是看合同的特殊条款。特殊条款的条款号与一般条款的条款号有对应关系,是有关一般条款的修订补充和对本项目的特殊规定,具体条件都在特殊条款中。例如,在投标过程中承包商想知道,项目的计价是用美元还是当地货币,兑换汇率、付款期限、物价上涨等因素都是怎样规定的,这些东西去查 FIDIC 合同"红皮书"的条款没有用,因为它只是一个原则,具体操作时,都要看特殊条款。再有仲裁是在巴黎、斯德哥尔摩,还是项目所在国?也都全部在特殊条款中写明,或是参照特殊条款中采用的仲裁规则之规定。

FIDIC合同的标准版本中，一般条款只有72个条款，但往往在特殊条款中可以看到第73款、第74款、第75款和第76款，甚至更多，这些都是对一般条款中没涉及的问题做的补充，通常叫做选择性条款（Optional Clause）。比方说特殊条款中的第73款，可能就是补列的一个税务条款：例如，世界银行、亚洲开发银行等国际金融组织都不允许用其贷款支付项目所在国的海关税等税金，而公司所得税和个人所得税则应由受益人按照当地法律自己负责交纳；或第74款，可能就是廉政和防止贿赂条款，即明示承包商不能同业主或咨询工程师进行台下交易，一旦发现，视为承包商严重违约，按FIDIC合同第63款处罚。长远而言，这有助于企业建立自律的商业道德并增强竞争力，使公司有更佳的商誉，职员有良好的操守。理论上是这样，但国有特色，市场各异，在一些法律法规不太健全或形同虚设的地方实际上很难做到。

承包商在实际使用FIDIC合同时，应该注意其条款的针对性，不宜只是泛泛地说"根据合同"而应该如何如何，这种原则性的提法缺乏说服力，国际上没人可以接受。在施工过程中，需要认真钻研合同条款的内容，同时要结合事实背景，引据具体条款，明确指摘与问题有关的条款号，并应尽量引述条款中原文的说法，有时还需采用条款相互间的交叉解释，才能令人心悦诚服。因此，自始至终地坚持认真研究合同条款对承包商相当重要。可以说，合同是整个工程的起点，项目的经济效益来源于合同文本的字里行间，合同条款的灵活运用就能创造各种盈利机会。所以承包商在大型项目上都配有专职的合约经理（Contract Manager）或商务经理（Commercial Manager），甚至组成专门班子，网罗一些专业人才（而不是临时拼凑人马），负责处理具体的合同条款联系现场实际及相关谈判，也就是在海外常听到的Combination of Legal Clause and Factual Background，尽量做到有理有据，并且不失时机地进行跟踪和交涉。

还有一个问题，就是要充分认识到合同的严肃性。合同是对当事人双方的法律制约，是执行和实施项目的法律依据，宁愿不签,也别胡签。一定要摸透情况,谨慎从事。中国公司在签订国际工程承包合同时,常见的通病是诚实有余,或过分相信和依赖对方,要么就是受到语言障碍或时间紧迫的限制,尚没完全理解和吃透某些合同条款的确切含义,就接受了合同条件并草率签约。因为合同中承包商作为签约的一方,同意在一段规定的时间内,以一个固定的价格,按照相互约定的标准,提供其专业服务、材料设备等,并完成一个具体的项目;而业主作为签约的另一方,就是按照合同约定,为所获得的项目支付承诺的费用。一旦签约,各方关系和行为准则都要以合同文件为依据,承包商这时会处在了一个任务艰巨而又面对许多潜在风险的市场环境之中,同时还必须认真履约,就是赔死也得干。

中国于1986年12月正式加入了1958年在纽约通过的《承认及执行外国仲裁裁决公约》(Convention on the Recognition and Enforcement of Foreign Arbitral Awards),而且世界上主要的贸易国家都参加了该公约,目前已有七十多个缔约国,有关详情可查阅网址:http://www.un.or.at/uncitral。这一公约为执行外国仲裁裁决提供了保证和便利,使得在一个国家领土上作成的仲裁裁决,可以在另一个国家请求承认和执行,并保证了实施公约的国家相互透过简易程序,彼此执行仲裁裁决,因而在全球范围内得到了广泛的接受和实施。每一个缔约国应该承认仲裁裁决具有约束力,并且依照裁决被请求承认或执行地的程序规则予以直接强制执行,除非在执行裁决时与所在国的公共秩序相抵触。如果签约后承包商又不干了,业主首先就会没收履约保函以及攥在手中的各类银行保函,拒付FIDIC合同第60款项下的所有应付款,并可以按照FIDIC合同第67款提交国际仲裁,要求承包商赔偿由此引发的全部经济损失。仲裁之后中国政府要做出适当安排并强制执行,因为是《1958年纽约公约》(1958 New York Convention)缔约成员国的承包商。

关于承认外国仲裁机构判决的规则,普通法采用国际公认的原则。就是被请求承认和执行判决的所在国法院只对原来作出的

仲裁判决进行形式审查,不涉及原来判决的是非曲直。所谓形式审查一般是指以下内容:

(1) 所用仲裁规则和判决是否属于《1958年纽约公约》的范畴;

(2) 判决债务人是否已经收到起诉通知,并有充分的时间为自己辩护;

(3) 该判决是否是一项可以执行的有效判决;

(4) 债权人或申请执行人是否以欺诈方式取得判决;

(5) 承认该判决是否违反被请求承认和执行地的公共秩序。

FIDIC合同是经济合同,经济合同的特点就是签约双方都有着一定的经济目的。当事人双方按合同规定相互享有权利,又都负有义务,各自要为所得到的利益偿付相应代价,是按等价交换原则(Making payment for goods received)建立的权利与义务对等的法律关系。这不同于当事人一方只享权利不尽义务,另一方只尽义务不享权利的单向合同,也不同于当事人一方享有权利而不付代价的无偿合同。订立经济合同是一种法律行为,使当事人之间产生权利义务关系,并且得到法律保障,不履行义务必须要承担由此引发的法律责任和法律后果。

有的公司不具备干好项目的实际能力,却盲目签了合同,结果造成履约混乱,最终还要蒙受不应有的经济损失。因此,力所不及切不可为!签合同要特别慎重,因为签约双方都有法律责任、义务和权利(Legal Responsibilities, Obligations and Entitlements)。好的合同可签,不好的合同千万不能签。承包商必须清楚对业主所承担的责任,同时这种责任是得到严格的第三方经济担保制度保障的,而合同赋予他的权利却显得相形见绌。要稳健经营,宁愿养精蓄锐等待机会,也不去签一个不好的项目,弄得筋疲力尽,到头来还是个赔钱的买卖,与其这样还不如存钱吃利息,对此我们是有教训的。

当业主与承包商的矛盾发展到不可调和时,双方经常引用的就是FIDIC合同第63款与第69款,一个是承包商违约,另一个是业主违约。业主总想引用第63款，承包商却总想引用第69款，尤其是当承包商感到已签合同于己不利，想解除合同中的义务时，就会想办法把第69款与第66款兼而并用，设法中止合同。因此，第63款与第69款是相互对立的两个条款，双方在引用时都要特别小心。下面列出两个条款，以供对比：

第63.1款（承包商的违约）

如果承包商依法被判定不能偿付他到期应付的债务，或者自动或者非自动宣告破产、停业清理或解体（为合并或重建而进行的自愿清理除外），或已失去偿付能力，或与其债权人做出安排，或做出对债权人的转让，或同意在其债权人的监督委员会监督之下执行合同，或者如果由一个破产案产业管理人、遗产管理人、财产受托管理人或资产清算人被指定监督他的财产的任何实质部分，或是如果根据与债务的重新组合、安排和重新调整有关的任何法律或法规，开始对承包商起诉或通过与解体或清偿有关的决议，或是如果采取任何步骤控制承包商资产主要部分的抵押权益，或是如果对承包商或其财产采取的任何行动或发生的任何事件，根据任何适用的法律，具有与前述的行动或事件实际上相似的效果，或是如果承包商已违反了第3.1款，或其货物被扣押，或是如果咨询工程师向业主证明，并将一份副本抄送承包商，他认为承包商：

a. 已否认合同有效；或

b. 无正当理由而未能

（i）按第41.1款开工，或

（ii）按第46.1款收到通知之后28天内继续进行工程或工程之任何区段的施工；或

c. 未能在收到通知和指示后28天内履行按第37.4款颁发的通知或按第39.1款颁发的指示；或

d. 无视咨询工程师事先的书面警告，反而固执地或公然地

忽视履行合同所规定的义务；或

  e. 已违反第 4.1 款。

  则业主在向承包商发出通知的 14 天后，可以进驻现场和工程，并在不解除承包商按合同规定的任何义务与责任或影响合同赋予业主或咨询工程师的各种权利和权限的情况下，终止对承包商的雇用。业主可自己完成该工程，或雇用其他任何承包商去完成该工程。业主或其他上述承包商在他或他们认为合适时，为完成该工程可使用他们认为合适的那部分承包商的设备、临时工程和材料。

第 63.2 款（终止日的估价）

  在业主进行任何此类进驻和终止后，咨询工程师应尽快单方面地或通过与各方协商和协商后，或在他认为适宜进行或实施调查或查询之后，确定和决定，并应证明：

  a. 在上述进驻与终止合同之时，承包商就其按合同规定实际完成的工作，已经合理地得到或理应收入的款额（如有的话）；以及

  b. 上述未曾使用或部分使用了的任何材料、任何承包商的设备及任何临时工程的价值。

第 63.3 款（终止后的付款）

  如果业主按本条款规定终止对承包商的雇用，则在缺陷责任期期满以前，以及期满以后，在咨询工程师查清施工、竣工及修补任何缺陷的费用，竣工拖延的损害赔偿费（如有的话）以及由业主支付的所有其他费用，并对上述款额开具证书以前，业主没有义务向承包商支付合同规定的任何进一步的款项（包括损害赔偿费）。以后，承包商仅有权得到由咨询工程师证明承包商合格完工时原应支付给他的并扣除了上述款项后的此类款额（如果有的

话)。如果该项款额超过承包商合格完工时原应支付给他的款额,则根据要求,承包商应将此超出部分付给业主。并应被视为承包商欠业主而应付的债务。

第63.4款(协议利益的转让)

在第63.1款中所述的此类进驻与终止后14天内,如果咨询工程师发出指示而且法律允许,承包商应将其为该合同目的可能签订的、有关提供任何货物或材料或服务或有关实施任何工作的协议的权益转让给业主。

第69.1款(业主的违约)

如果业主发生以下事件时:

a. 在第60.10款中规定的应付款时间期满之后28天之内,未能按咨询工程师的任何证书向承包商支付(如除业主根据合同有权扣除的数额后)应支付的款额;或

b. 干涉、阻挠或拒绝为颁发任何上述证书所需要的批准;或

c. 破产,或作为一家公司宣告停业清理,但此清理不是出于重建或合并计划的目的;或

d. 通知承包商,由于不可预见的原因,由于经济混乱,使他不可能继续履行其合同义务。

则承包商在通知业主,并将一份副本呈交咨询工程师的情况下,有权根据合同终止其受雇。这一终止在发生通知后14天生效。

第69.2款(承包商设备的撤离)

在第69.1款所说的14天通知期满之时,承包商将不受第

54.1款的约束,应尽快从现场撤离所有其带至工地的设备。

第69.3款(终止时的付款)

如果发生上述终止,业主在付款方面对承包商承担的义务与第65款规定的如果合同终止时所应承担的义务相同。但是,除了第65.8款所规定的付款之外,业主还应支付承包商由于该终止引起的或与之有关的或由其后果造成的任何对承包商的损失或损害所发生的金额。

第69.4款(承包商暂停工作的权利)

在不影响承包商根据第60.10款享有利息和根据第69.1款终止合同的权利的应付款时间期满后28天之内,未能按咨询工程师的任何证书向承包商支付应支付的款额,承包商可在提前28天通知业主并将一份副本呈交咨询工程师的情况下,暂停工作或减缓工作速度。

如承包商根据本款规定暂停工作或减缓工作速度并由之造成延误或招致费用,咨询工程师应在与业主和承包商适当协商后决定:

a. 根据第44款规定,承包商有权获得任何延长的工期;以及

b. 应在合同价格中增加此类费用总额。

并应相应地通知承包商,将一份副本呈交业主。

第69.5款(复工)

当承包商根据第69.4款发出通知,暂停工作或减缓工作速度,而业主随即支付了包括第60.10款规定的利息在内的应支付的款项,如尚未发出终止通知,那么承包商根据第69.1款所享

受的权利即告失效，并且承包商应尽快恢复正常施工。

例如，承包商在项目的履约过程中存有许多违约行为，业主完全可以按照第63款与其终止合同，但业主一直并没有这样做。可是，后来业主在支付工程款时超出了第60款规定的日期后仍未付款，承包商从而引用第69款和第60款，要求因此与业主终止合同。承包商此前在履约过程中的问题是否影响到他们这次终止合同的权力呢？答案是承包商在过往的违约及失误并不影响他们现在根据第69款和第60款的规定而与业主终止合同，即便这些违约行为可以划归到第63款细目里的任一类型。在承包商引用第69款提出终止合同以前，业主并没引用第63款并终止雇佣承包商，也许业主此时正因承包商的违约而受益或在其他方面仍有利可图。因此，谁最先引用对方的违约条款，谁的要求就有法律效力，而不受其本身过往失误的影响。

1999年版对业主违约作了更严格的规定。当业主不执行合同时，承包商可有权暂停工作。例如，当咨询工程师不按规定核批支付证书，或业主不提供资金安排证据，或业主不按规定日期支付工程款时，承包商可提前21天通知业主，暂停工作或降低工作速度。承包商并有权索赔由此引起的工期延误、费用支出和利润损失。

另外，1999年版比以往版本中又增加了三种业主违约的情况：在采取暂停措施并向业主发出警告后42天内承包商仍未收到业主资金安排的证据；咨询工程师收到验工计价申报和证明材料56天内未核批支付证书；业主未按"合同协议书"及"转让"的规定执行。

咨询工程师的地位和作用

FIDIC合同实际上是想建立一个以咨询工程师为中心的专家管理体系，咨询工程师在国际工程承包中扮演着相当重要的角色。业主的职业背景可能千差万别，不会都是建筑施工、土木工程和项目管理的内行，因此通常是找这方面富有经验的咨询工程师替他完成招标文件、评估投标报价、进行日常管理等，通过支出为数不多的咨询费，得以确保金额相对较大的全部项目投资能够经济有效和安全运用。

在业主与承包商双方的合同中间引入咨询工程师是沿用了英国ICE合同的管理方式，因此中国公司在初期进入国际工程承包市场后，许多对此难以适应，普遍感到咨询工程师的权力太多太大，因此通常都有一个磨合过程。

国内目前推广的建设监理制与FIDIC合同中咨询工程师的作用有差异，因为篇幅关系，这里不准备就此展开多谈。

为了保持管理的连续性和防止效率低下，在国际工程承包项目中，业主选择设计者时，原则是与施工监理综合考虑，尽量找同一咨询公司负责设计和施工监理，一贯到底，避免因换人而花费大量时间和精力去重新介绍及了解情况，同时杜绝日后出现设计与监理相互推诿责任的现象。因此，咨询公司如在设计方案上令业主满意甚至做出成绩，并能降低项目成本，对于获得后续的施工监理应是非常有利的。而且连续雇佣也是国际工程承包中的惯例，是提高整体信用的重要手段，各类国际机构对此都十分熟悉。世界银行1987年印发的相关指南中对此也有明确阐述："在某些情况下，固定或连续雇佣同一家公司可能会很有好处。如果某家公司已经完成某项目的投资前期研究，并在技术上有能力承担各种项目文件的编写工作，则连续雇佣该公司的好处就在于基本技术方法和投资决策所依据的项目成本估算能保持前后一致，若改聘另外一家公司完成详细设计，该公司通常都会再进行深入的复审，甚至要重复进行另一家已做过的初步设计和成本估算工作。""一般建议工程项目的实施和监理工作应由完成项目前期工作的同一家咨询公司承担。"其他国际机构也持同样的态度，例如，亚洲开发银行及其借款国关于聘请咨询公司的指南中亦指出："一般情况下，详细的工程设计和项目实施应由同一公司承担。"

FIDIC合同在第2款里对咨询工程师的责任和义务有着明确的表述，并规定了其权限范围。咨询工程师与承包商并没有直接的合约关系，但在施工及合同管理中，与承包商的接触最多，时间也最长，更是承包商感到最难对付的人。其职责范围和工作内容，具体都在业主与承包商签订的合同中写明。

在合同签订后，业主会把咨询工程师的联系人通知给承包商，然后咨询工程师再任命其工地代表，也就是FIDIC合同第2.2款中的"咨询工程师代表"，同时要书面告知承包商，明确授权工地代表的职责和权力范围，以便能使现场工作顺利进行。因此，在项目实施过程中，承包商项目经理的日常工作就是直接与咨询工程师的工地代表不断进行对话和交往，包括反复的口头协商及书面往来。

第2.1款（咨询工程师的职责和权力）

a. 咨询工程师应履行合同规定的职责。

b. 咨询工程师可行使合同中规定的或者合同中必然隐含的权力。但是，如果根据业主任命咨询工程师的条件，要求咨询工程师在行使上述权力之前，需得到业主的具体批准，则此类要求的细节应在本合同条件第二部分中予以表明。否则，就应视为咨询工程师在行使任何此类权力时均已事先经业主批准。

c. 除在合同中明确规定外，咨询工程师无权解除合同规定的承包商的任何义务。

第2.2款（咨询工程师代表）

咨询工程师代表应由咨询工程师任命并对咨询工程师负责，应该履行和行使由咨询工程师根据第2.3款可能授予他的职责和权力。

第2.3款（咨询工程师的权力委托）

咨询工程师可以一次又一次地将赋予他自己的职责和权力委托给咨询工程师代表并可随时撤回这种委托。任何此类委托或撤回均应采取书面形式，并且在其副本送达业主和承包商之前，不应发生效力。

由咨询工程师代表按此委托向承包商发出的任何信函均与咨询工程师发出的信函具有同等效力。但：

a. 因为咨询工程师失误，未曾对任何工作、材料或工程设备发出否定意见，不应影响咨询工程师对该工作、材料或工程设

备提出否定意见,并发出进行改正的指示的权力;

b. 如果承包商对咨询工程师代表的任何信函有任何质疑,他可将该问题提交给咨询工程师,咨询工程师应对此信函的内容进行确认、否定或更改。

第2.4款(任命助理)

咨询工程师或咨询工程师代表可任命任意数量的助理工程师代表履行第2.2款规定的职责,咨询工程师或咨询工程师代表应将此类人员的姓名、职责和权力范围通知承包商。上述助理无权对承包商发布任何指示,除非此类指示对他们行使助理的职责和确保他们根据合同规定对材料、工程设备或工艺质量进行验收是必不可少的,任何助理为此目的的发出的任何指示均应视为咨询工程师代表发出的指示。

从理论上讲,咨询工程师是一个中间人,见FIDIC合同第2.6款;又是一个设计者,见第6款、第7款和第51款;又是一个施工监理,见第7.2款、第37~39款、第49款和第50款;又是一个准仲裁员,见第67款;更是业主的代理人(但与业主不能有任何依附或从属关系),见第4款、第48款、第52款、第60款、第62款和特殊条件第2.7款。以下把这些条款罗列出来,联系起来阅读,就能加深对上述观点的理解。

第6.1款(图纸和文件的保管和提供)

图纸应由咨询工程师单独保管,但应免费提供给承包商两套复制件。承包商需要更多复制件时,其费用自行负担。除非为执行合同绝对需要,承包商在未经咨询工程师同意的情况下,不得将业主或咨询工程师提供的图纸、规范和其他文件用于第三方或转送给第三方。在颁发缺陷责任证书时,承包商应将根据合同提供的全部图纸、规范和其他文件退还给咨询工程师。

承包商应将其按照第 7 款规定提供的并经咨询工程师批准的全部图纸、规范和其他文件的四套复印件提交给工程师，同时对于不能以照相复制成相同规格的任何资料亦应提交一套可复制的副本。此外，承包商应按咨询工程师的书面要求提供更多的上述图纸、规范和其他文件的复印件供业主使用，其费用由业主支付。

第 6.2 款（现场要保留的一套图纸）

上述提供给承包商的或由承包商提供的图纸的一套复印件应由承包商保留在现场，该套图纸应可随时提供给咨询工程师和任何由咨询工程师书面授权的其他人员检查和使用。

第 6.3 款（工程进展中断）

如果咨询工程师未在一合理时间内发出进一步的图纸和指示，就很可能造成工程计划和施工的延误或中断，这时，承包商应向咨询工程师提交通知书，并将一份副本呈交业主。该通知书应包括所需的图纸或指示，需要的原因和时间，以及如果延误会使工程误期或中断等详细说明。

第 6.4 款（图纸误期和误期的费用）

在任何情况下，如因咨询工程师未曾或不能在一合理时间内发出承包商按第 6.3 款发出的通知书中已说明了的任何图纸或指示，而使承包商蒙受误期和（或）招致费用的增加时，则咨询工程师在与业主和承包商作必要的协商后，应做出以下决定：

a. 根据第 44 款规定，给予承包商延长工期的权利，以及

b. 需增加到合同价格上去的此类费用的数额，应相应地通知承包商，并将一份副本呈交业主。

第6.5款(承包商未能提交图纸)

如果咨询工程师未曾或不能发出任何图纸或指示的全部或部分原因是由于承包商未曾按照合同的要求提交图纸、规范或其他文件,则咨询工程师在根据第6.4款规定做出决定时,应将承包商的这一失误考虑在内。

第7.1款(补充图纸和指示)

为使工程合理而正确地施工和竣工,以及为修补其中的任何缺陷,咨询工程师应有权不断向承包商发出此类补充图纸和指示。承包商应贯彻执行并受其约束。

第7.2款(由承包商设计的永久工程)

凡合同中明文规定应由承包商设计部分永久工程时,承包商应将下列文件提交咨询工程师批准:

a. 为使咨询工程师对该项设计的适用性和完备性感到满意所必需的图纸、规范、计算结果以及其他资料;

b. 使用和维修手册连同竣工后永久工程图纸,这些资料须足够地详细,以使业主能够对采用该设计的永久工程进行使用、维护、拆卸、重新装配和调整。在这类使用和维修手册连同竣工图纸尚未提交并获得咨询工程师批准之前,不能认为该工程已经竣工并可按第48款进行接收。

第7.3款(批准不影响责任)

咨询工程师根据第7.2款进行的批准,不应解除合同中规定的承包商的任何责任。

第36.1款（材料、工程设备和工艺的质量）

一切材料、工程设备和工艺均应：

a. 为合同中所规定的相应的品级，并符合咨询工程师的指示要求；以及

b. 随时按咨询工程师可能提出的要求，在制造、装配或准备地点，或在现场，或在合同可能规定的其他地点或若干地点，或在上述所有地点或其中任何地点进行检验。

承包商应为检查、测量和检验任何材料或工程设备提供通常需要的协助、劳务、电力、燃料、备用品、装置和仪器，并应在用于工程之前，按咨询工程师的选择和要求，提交有关材料样品，以供检验。

第36.2款（样品费用）

如果样品的提供在合同中已明确地指明或规定，则全部样品应由承包商自费提供。

第36.3款（检验费用）

若检验属下列情况，则承包商应负担任何此类检验费用。

a. 在合同中已明确指明或规定的；或者

b. 在合同中做出足够详细的说明，使承包商能在其投标中标价或便于标价的（仅限于一项荷载试验或一项旨在确定已完成的或部分完成的工程设计是否合理地达到预定目的的试验）。

第36.4款（未规定的检验费用）

如果咨询工程师要求的任何检验属于下列情况：

a. 合同中未曾指明或规定者,或者

b. (在上述各种情况下)没有作出专门说明者,或者

c. (虽已指明或规定)但咨询工程师要求的检验是在现场以外的任何地点,或者在被检验的材料或工程设备的制造、装配或准备地点以外的任何地点进行者;

如果检验表明材料、工程设备或操作工艺没有按照合同规定使咨询工程师满意,则其检验费用应由承包商负担。但若属任何其他情况,则应按第36.5款规定处理。

第36.5款(咨询工程师关于未规定的检验的决定)

凡符合第36.4款规定者,本款即适用,咨询工程师应在与业主和承包商协商之后,做出决定:

a. 根据第44款规定,承包商有权获得任何延长的工期;以及

b. 应在合同价格中增加的有关费用总额。

并应相应地通知承包商,同时将一份副本呈交业主。

第37.1款(操作检查)

咨询工程师及其任何授权人员在一切合理的时间内应能进入现场及进入正在为工程制造、装配或准备材料或工程设备的所有车间和场所,承包商应为这种进入提供一切便利并协助取得进入上述场所的权力。

第37.2款(检查和检验)

咨询工程师有权对按合同规定供应的材料和工程设备在其制造、装配或准备过程中进行检验。如果材料和工程设备的制造、装配或准备的车间或场所不属于承包商,则承包商应取得为咨询工程师在这些车间或场所进行此类检查或检验的许可。此类检查

或检验不应解除合同规定的承包商的任何义务。

第37.3款(检查和检验的日期)

承包商应同咨询工程师商定对按合同规定的任何材料和工程设备进行检查或检验的时间和地点。咨询工程师应将其进行检查或参加检验的意向提前24小时通知承包商。如果咨询工程师或其正式授权代表未在商定的检验时间参加检验,除咨询工程师另有指示外,承包商可进行此项检验数据的正式核实的副本送交咨询工程师。如果工程师未曾参加该项检验,咨询工程师应对检验数据的准确性给予认可。

第37.4款(拒收)

如果在按第37.3款商定的时间和地点,供检查和检验的材料或工程设备未准备好,或者按本条款规定所作的检查或检验结果,咨询工程师确认材料或工程设备是有缺陷的或者是不符合合同规定的,则咨询工程师可拒收这些材料或工程设备,并应立即通知承包商。该通知书应写明咨询工程师拒收的原因。承包商应即刻纠正所述缺陷或者保证被拒收的材料或工程设备符合合同规定。如果咨询工程师提出要求,应对被拒收的材料或工程设备按相同的条款和条件进行检验或重复检验。咨询工程师应在与业主和承包商协商之后,确定出业主为进行该项重复检验所需要的全部费用,且由业主从承包商处收回,亦可由业主从任何应支付或将支付承包商的款项中扣除,咨询工程师应相应地通知承包商,并将一份副本抄报业主。

第37.5款(独立检查)

咨询工程师可将材料或工程设备的检查和检验委托给一名独

立的检查员进行。根据第2.4款规定，任何此类委托应是有效的，并应把为上述目的委托的独立检查员看做是咨询工程师的一名助理。咨询工程师应将这种任命(在14天前)通知承包商。

第38.1款(工程覆盖前的检查)

没有咨询工程师的批准，工程的任何部分均不得覆盖或使之无法查看。承包商应保证咨询工程师有充分的机会，对将上盖或无法查看的工程的任何部分进行检查或测量，以及对工程的任何部分将置于其上的基础进行检查。无论何时，当工程的任何部分或基础已经或即将做好检查准备时，承包商应通知咨询工程师，除非咨询工程师认为检查并无必要，并相应地通知承包商外，咨询工程师应参加工程的此类部分的检查和测量或此类基础的检查，且不得无故拖延。

第38.2款(剥露各开孔)

承包商应按咨询工程师可能随时发出的指示，移去工程的任何部分的覆盖物，或在其内或贯穿其中开孔，并应将该部分恢复原状和使之完好。如果任何这部分根据第38.1款的要求已经覆盖或掩蔽，并经查明其施工符合合同要求，则咨询工程师应在及时与业主和承包商协商之后，确定承包商由于该项剥露、在其内或贯穿其中开孔、恢复原状和使之完好所开支的费用总额，并应将此总额增加在合同价格中，咨询工程师应将此情况相应地通知承包商，同时将一份副本呈交业主。任何其他情况下的一切费用均应由承包商承担。

第39.1款(不合格的工程材料或工程或工程设备的拆运)

咨询工程师有权随时对下述事项发出指示：

a. 在指示规定的时间内一次或分几次将咨询工程师认为不符合合同规定的任何材料或工程设备从现场运走；
　　b. 用合格适用的材料或工程设备取代；以及
　　c. 尽管先前已对其进行过任何检验或临时付款，但对咨询工程师认为在以下方面不符合合同规定的任何工程，均应拆除并适当地重新施工：
　　（ⅰ）材料、工程设备或工艺；或
　　（ⅱ）由承包商设计或承包商对其负有责任的设计。

第39.2款（承包商不遵守指示）

　　如果承包商一方在指示规定的时间内，或者（若指示中没有规定时间）在合理的时间内未执行上述指示时，则业主应有权雇用他人执行该项指示，并向其支付有关费用。咨询工程师应在与业主和承包商及时协商之后，确定由此造成的或伴随产生的全部费用，并应由业主从承包商处收回，亦可由业主从任何应支付或将支付给承包商的任何款项中扣除，咨询工程师应相应地通知承包商，并将一份副本抄报业主。

第48.1款（临时验交证书）

　　当全部工程基本完工并圆满通过合同规定的任何竣工检验时，承包商可将此结果通知咨询工程师，并将一份副本呈交业主，同时附上一份在缺陷责任期内会尽快及时地完成任何未完工作的书面保证。此项通知书和书面保证应视为承包商要求咨询工程师颁发临时验交证书的申请。咨询工程师应于上述通知书发出之日起的21天内，或者发给承包商一份临时验交证书，说明咨询工程师认为根据合同要求工程已基本完工的日期，同时将一份副本抄报业主；或者给承包商书面指示，以咨询工程师的意见详细说明在发给该证书之前，承包商尚需完成的全部工作。咨询工程师还应向承包商指出工程中影响基本竣工的任何缺陷，这些缺陷可能会在这里所说的给出书面指示之后和工程竣工之前出现。承包商在完成预定工程和修补好所指出的任何缺陷，并使工程师满意后，有权在21天内收到上述临时验交证书。

第48.2款（区段或部分的移交）

同样，根据第48.1款规定的程序，承包商可以要求咨询工程师，而咨询工程师也应就下列各项签发临时验交证书：

a. 投标书附件中规定有不同竣工时间的任何区段；或

b. 已经竣工且咨询工程师认为满意并且已被业主所占有或使用的永久工程的任何主要部分（合同另有规定者除外）；或

c. 在竣工之前已由业主选择占有或使用的永久工程的任何部分（此类提前占有或使用在合同中未曾规定，或者承包商并未同意作为一种临时措施）。

第48.3款（部分工程基本竣工）

如果永久工程的任何部分已基本竣工，并圆满地通过了合同规定的任何竣工检验，那么在全部工程竣工之前，咨询工程师可就该永久工程的一部分颁发临时验交证书，而且一经发给此类证书，即应视为承包商已承担在缺陷责任期内及时迅速地完成该部分永久工程的任何未完成的工作。

第48.4款（地表需要恢复原状）

在全部工程竣工之前发给的关于永久工程任何区段或部分的临时验交证书，不应认为是证明任何需要恢复原状的场地或地表面的工作已经完成，除非该临时验交证书对此有明确的说明。

第48.5款（妨碍检验）

如果由于由业主或咨询工程师以及业主雇用的其他承包商负责的原因，使承包商不能进行竣工检验，则应认为业主已在本该进行但因上述原因未曾进行竣工检验的日期接收了工程。咨询工程师应随即签发临时验交证书。但如果工程基本上不符合合同要求，则不能认为工程已被接收。如根据本款工程已被接收，承包商仍应在缺陷责任期内进行竣工检验。咨询工程师应要求各项检验在通知承包商后14天内进行。承包商在缺陷责任期内为实施竣工检验所支出的额外费用，应增列于合同价格之中。

第49.1款（缺陷责任期）：

在本合同条件中，"缺陷责任期"一词应指投标书附件中指定的缺陷责任期，并从下列时间算起：

a. 从咨询工程师根据第48款证明的工程竣工的日期；或者

b. 在咨询工程师根据第48款签发了一份以上证书的情况下，各个被证明的日期。

对与缺陷责任期有关的"工程"一词也应作相应理解。

第49.2款（完成剩余工作和修补缺陷）

为了在缺陷责任期满后立即或一旦可行就按合同要求的条件（合理的磨损除外）并以使咨询工程师满意的状态将工程移交给业主，承包商应：

a. 在移交证书注明的日期之后，切实尽快地完成在当时尚未完成的工作（如有的话）；以及

b. 按咨询工程师或以咨询工程师名义在缺陷责任期满之前进行检查后，指示承包商修补、重建和补救缺陷、收缩或其他毛

病时，承包商应在缺陷责任期内或期满后的 14 天内实施咨询工程师可能指示的上述所有工作。

第 49.3 款（修补缺陷的费用）

如果咨询工程师认为第 49.2(b) 款所述工作的必要性是由于下列情况引起的，则所有此类工作应由承包商以自己的费用进行：
 a. 所用材料、设备或工艺不符合合同要求；或者
 b. 当由承包商负责设计的部分永久工程出现了任何失误；或者
 c. 由于承包商的疏忽或者未能按合同规定履行承包商方面的明确的或隐含的任何义务。

如果咨询工程师认为上述工作的必要性是由于任何其他原因造成的，则咨询工程师应根据第 52 款规定确定在合同价格中增加一笔款额，并相应地通知承包商，同时将一份副本抄报业主。

第 49.4 款（承包商未执行指示）

当承包商未能在合理的时间内执行这些指示时，业主有权雇用他人从事该工作，并付给报酬。如果咨询工程师认为该项工作按合同规定应由承包商自费进行，则在与业主和承包商适当协商之后，咨询工程师应确定所有由此造成或伴随产生的费用，此费用应由业主向承包商索取，并可由业主从其应支付或将支付给承包商的款项中扣除，咨询工程师应相应地通知承包商，同时将一份副本抄送业主。

第 49.5 款（缺陷责任期的延长）

本款中的规定适用于由承包商为修补缺陷及损害而进行的所有工程设备的更换或更新，就像在更换与更新完成之日这些更换与更新已被接受一样，工程缺陷责任期应延长一段时间，其时间

长短应与工程因缺陷或损坏原因而不能付诸使用的时期相等。如果只是部分工程受到了影响，则缺陷责任期应只对这部分进行延长。在上述两种情况下，缺陷责任期均不应超过从移交之日算起的 2 年时间。

当发生第 40 款所述的工程设备方面的进展暂时中断时，本款所规定的承包商的义务则不适用于任何发生于竣工时间（中标函发签之日确定的）后三年以上时间发生的缺陷。

第 49.5 款（疏浚工程完工后不补救缺陷）

尽管有第 49.2 款的规定，承包商对在移交证书中规定的日期之后所发生的关于疏浚工作的缺陷、收缩或其他不合格之处，都不负有承担修补的责任。

第 50.1 款（承包商进行调查）

如果在缺陷责任期满之前的任何时间，工程出现任何缺陷、收缩或其他不合格之处，咨询工程师可指示承包商在咨询工程师的指导下，调查上述情况的原因，并将副本呈交业主。除非按合同规定，上述缺陷、收缩或其他不合格之处应属承包商的责任，否则咨询工程师应在与业主和承包商适当协商之后，确定承包商由于上述调查所支出的费用总额，并应将其增加到合同价格中，咨询工程师相应地通知承包商，并将一份副本呈交业主。如上述缺陷、收缩或其他不合格之处是承包商的责任，则上述有关调查工作的费用应由承包商承担。在上种情况下，承包商应按第 49 款规定自费修补上述缺陷、收缩或其他不合格之处。

第 50.2 款（对疏浚工程的调查费用不负责任）

尽管有第 50.1 款的规定，承包商不承担在移交证书中规定的日期之后调查关于疏浚工程方面的任何缺陷、收缩或者其他不合格之处时所需的费用。

第51.1款（变更）

如果咨询工程师认为有必要对工程或其中任何部分的形式、质量或数量做出任何变更，为此目的或出于任何其他理由，咨询工程师认为上述变更适当时，他应有权指示承包商进行而承包商也应进行下述任何工作：

a. 增加或减少合同中所包括的任何工作的数量；

b. 省略任何这类工作（但被省略的工作由业主或其他承包商实施者除外）；

c. 改变任何这类工作的性质或质量或类型；

d. 改变工程任何部分的标高、基线、位置和尺寸；

e. 实施工程竣工所必需的任何种类的附加工作；

f. 改变工程任何部分的任何规定的施工顺序或时间安排。

上述变更不应以任何方式使合同作废或失效，但对所有上述变更的影响（如有的话）应按第52款估价。凡是由于承包商的违约或毁约或他对此负有责任，使咨询工程师有必要发出指示变更工程，则任何由此类违约造成的附加费用应由承包商承担。

第62.1款（缺陷责任证书）

在咨询工程师颁发缺陷责任证书并送交业主，同时将一份副本送交承包商，申明承包商已尽其义务完成其施工和竣工，并修补其中缺陷，达到使咨询工程师满意的日期之前，不应认为该合同已经结束。缺陷责任证书应由咨询工程师在缺陷责任期终止之后28天内颁发，或者，如果不同的缺陷责任期适用于永久工程的不同区段或部分时，则在最后一个缺陷责任期终止或根据第49款和第50款，在任何被指示进行的工程已完成并达到咨询工程师满意之后尽快签发。但颁发缺陷责任证书不应作为将第60.3款规定的第二部分保留金支付给承包商的先决条件。

第62.2款（未履行的义务）

尽管颁发了缺陷责任证书，但承包商和业主仍应对在缺陷责任证书颁发前按合同规定应予履行，而在缺陷责任证书颁发时尚未履行的义务承担责任。为了确定任何此类义务的性质和范围，合同应被认为对合同双方仍然有效。

特殊条件第2款

业主一般在合同特殊条款中加入如下限定，从而限制咨询工程师手中的权力：

"对于给承包商增加额外费用、核定索赔金额、确认延长工期等将导致工程追加开支的决定，咨询工程师必须事先报经业主批准"。

咨询工程师是独立于业主和承包商以外的第三方，应该具有独立的思想并不受外来干扰（Independent of mind and without undue influence），所做的各项指示应该既不偏袒业主，也不歧视承包商，他在两者之间起着过滤器和筛子的作用。例如，当业主不能在 FIDIC 合同第 60 款规定的时间内支付承包商的工程款时，咨询工程师应主动致函业主（并抄送一份给承包商），指出这是明显的违约行为。但若遇到业主拖欠或延误付款的情况，而承包商要求咨询工程师书面提醒业主时，如果其答复却是"不可以。我为什么要这样做?!"，他就明显地违背了合同第 2.6 款里所确定的公正性原则。也有人比喻，咨询工程师与业主和承包商的关系有些类似婚姻关系，即签订合同后，大家都要遵守咨询工程师做出的指示，就算这些指示有问题，只要还能承受、没有走到婚姻破裂的程度，就要听从并且执行。当然，如果实在忍受不了,闹到离婚的地步,就只好提交国际仲裁了。在仲裁过程中,咨询工程师将被迫对其指示做出解释,其过往所有的决定都有可能在仲裁时受到质疑、审查甚至修改。这种无形压力也会迫使咨询工程师在重大决断时相对比较理性。

在FIDIC合同中,解决争端的最终办法就是仲裁,而第67款中写得很清楚,承包商不能跨越咨询工程师直接要求仲裁。一旦走到仲裁的地步,就有些类似赌博,谁都没有把握说一定会赢,因为影响仲裁结果的因素太多:以往的案例、提供的证据、仲裁员的态度、咨询工程师的意见、对项目情况的说明是否很有逻辑和道理,等等。因此,咨询工程师的准仲裁对于一个承包商,或者更广泛地说对合同双方的经济利益是相当关键的。

FIDIC合同的框架关系是业主、咨询工程师与承包商之间的"三位一体",英文叫The trinity of the Employer, the Consulting Engineer and the Contractor,三方既相互制约又相互协作,也可以形象地说成是一种三角关系。但现实生活中这种关系并非是等边三角形,咨询工程师在这个三角关系中靠业主一侧更近些,很难做到绝对的独立无偏,如下图,因为国际工程承包的市场毕竟还是买方市场,项目开发最终是业主出资。1999年版"新红皮书"在第3.1(a)款里也第一次从合约的角度明确了这样一个客观现实:咨询工程师被认为是为业主工作的(The Engineer is deemed to act for the Employer),而不只是停留在过去版本中仅从理论上讲的The Engineer to act impartially。这一点从

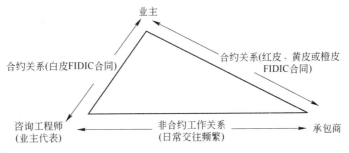

FIDIC 合同"橙皮书"中亦看得更明显，咨询工程师的职能改由业主代表直接替代。

当然，相对于某个具体项目而言，可以说业主、咨询工程师与承包商是合而为一，分而为三，互相依存，彼此制约，一者受损，累及其余。有人说，咨询工程师也是"商务工程师"（Business Engineer），笔者认为这种说法不无道理。可以说，专业技术工程师与商务合约工程师两者合二为一就是咨询工程师：商务合约工程师以其成功的商务运作及合约管理支持专业技术工程师在工程上的创新和工作，进行项目的经济分析，保证服务的整个效益，强化合约的管理监控，减轻意外风险并回避不利条件，协调和发展与客户的关系。

咨询工程师属于高层次的技术管理人才，几乎是做的无本生意，并且这种工作的技术附加值相当可观，中国公司应该注意开拓国际市场上设计咨询方面的业务。例如，FIDIC 合同第 7.2 款规定，土建项目中永久工程的施工图要由承包商做——这与国内项目承包商所获标书文件就已有较详尽齐全的建筑、结构和水电安装等图纸的通常作法存在着很大差异。笔者参与过一个世界银行贷款的项目，英国咨询工程师的年薪是八万多美元，他主要的工作是什么呢？从施工到画图，具体的活全部由我们完成，他只是在施工图上签个字，或给承包商一封确认信就完事了。而按照 FIDIC 合同第 8.2 款和第 7.3 款，这种确认也不能解除承包商应承担的任何责任。但是，咨询工程师对关键问题心中十分有数，会经常依据 FIDIC 合同第 13 款和第 49.4 款提前来函，指示承包商在规定时间内完成应干的工作。

第 13.1 款（应遵照合同工作）

除法律上或实际上不可能做到者外，承包商应严格按照合同进行工程施工和竣工，并修补其任何缺陷，以达到咨询工程师满意的程度。在涉及或关系到该项工程的任何事项上，无论这些事项在合同中写明与否,承包商都要严格遵守与执行咨询工程师的指示。承包商应当只从咨询工程师处取得指示,或根据第2款的规定,从咨询工程师代表处取得指示。

尽管FIDIC合同"红皮书"中第7.3款限定承包商作为施工者也要对设计负责,但这种责任主要是对施工图纸而言。对于永久性工程,如果设计是由咨询工程师提供,则承包商的责任通常限于按照设计施工。实际上,咨询工程师提供的设计常常不够详细,以至于大部分的深化设计需要由承包商作出选择和判断。普遍的做法是,如果承包商负责进行深化设计工作,他有责任确保其设计与原设计目的相符。例如,在公路项目上,要求承包商进行道路沥青混凝土面层的配比设计应属于合理的范围,因为这种设计的参数取决于承包商控制下的骨料种类、级配、形状及破碎针状指数等,以及沥青特性和所选用的施工设备和方法。但是,如果要求承包商进行建筑物中的机电设备配置设计就显然不合理了,因为这些是在总体设计的建筑图及结构图中就应该选好定位并给出尺寸的事情,因此应由咨询工程师负责。另外,从1999年版的FIDIC合同"新红皮书"标题 Conditions of Contract for Construction(for Building and Engineering Works Designed by the Employer)上,也更有助于说明这一点:承包商的合约义务只是负责按业主交给的设计进行施工(Construction),而业主是通过FIDIC合同"白皮书"委托咨询工程师进行项目的设计。

FIDIC合同"白皮书"中对咨询工程师同样有严格的设计责任要求,其中第19款规定业主可以要求咨询工程师提供设计事故赔偿保险,也称为职业过失责任保险(Professional Indemnity Insurance)。例如,对于一个1000万美元的设计项目,可能出现一次设计错误,保险公司就要代咨询工程师赔偿7000万美元的情形。在普通法里,法律责任亦带有一些民事责任,但并非必然如此。不能推定设计方违反法律责任,业主或第三方就有权对其提起违约之讼。

第5款(认真地尽职和行使职权)

(Ⅰ)咨询工程师在根据本协议书履行其义务时,应运用合理的技能,谨慎而勤奋地工作。

第16.1款(咨询工程师的责任)

如果确认咨询工程师违反了第5款第(Ⅰ)条,则他应仅对由本协议书引起的或与之有关的事宜负责向业主赔偿。

第19款(对责任的保险与保障)

业主可以书面形式要求咨询工程师:
(Ⅰ)对第16.1款规定的咨询工程师之责任进行保险;
(Ⅱ)在业主第一次邀请咨询工程师为服务提交建议书之日进行保险的基础上,对第16.1款规定的咨询工程师的责任追加保险额;
(Ⅲ)对公共的第三方责任进行保险;
(Ⅳ)在业主第一次邀请咨询工程师为其服务提交建议书之日进行保险的基础上,对公共的或第三方责任追加保险额;
(Ⅴ)进行其他各项保险。
如果这样要求的话,咨询工程师应做出一切合理的努力,在业主可接受的条件下,由承保人办理此类保险或追加保险额。
此类保险的费用或追加保险额的费用由业主负担。
由于咨询工程师在项目上扮演着设计者和监理者的双重角色,他要对其设计中出现的重大问题承担责任。而设计并不仅限于制作建筑及工程图纸或进行结构方面的计算。设计范围极广,甚至包括了选用何种材料以及为达到某个目的所采取的工艺。可以说,设计的实质就是选择:选择足以满足工程要求的适当的材料或工艺。在对材料或工艺做出选择时，咨询工程师要承担相应的责任。因此，咨询公司在尽量利用 FIDIC 合同"红皮书"中相关条款把设计风险，尤其是施工图纸的风险转嫁给承包商的同时，通常情况下，他都会对其设计公司投有设计专业保险，而且往往不是一笔小数目。这种保险包括对其公司本身及人员、设计和监理等多方面的保险。例如，一家咨询公司在其设计的楼宇中，由于地基承载力选择失误，同时在悬臂梁结构中钢筋配置不够，建筑物在建成后出现了质量问题，必须返工重盖。业主认为已经为项目的设计工作付完钱，而问题又出在设计上，咨询工程师应该为此承担责任。最后，咨询工程师通过其保险公司赔偿了业主 100 多万美元的损失费。

当然，保险有时也未必能够十分有效地补偿设计风险造成的巨额损失。因此，对于工程可能发生的潜在缺陷和质量问题，咨询工程师与承包商既要共同承担责任，又要分别承担责任 (Joint and several liability of the Engineer and the Contractor)，实际上是一种连带责任。这种法律责任保障了业主有权可以首先向承包商或咨询工程师中的任何一方追讨损失。至于谁对事故真正负责、为什么负责以及各占多少比例等，属于他们自己要去划分和解决的问题，避免了业主可能为此而去面对冗长及昂贵的法律诉讼。

以上因素使得承包商在与咨询工程师就图纸问题发生争议时也有一定的筹码。承包商是应该负责出施工图，但在施工前应获咨询工程师的批准。咨询工程师要复核图纸，包括是否合适、设计质量如何等，然后才能批复。

按合同规定，咨询工程师有义务批复设计原则及施工详图。一旦批准，他就不能无故任意修改，同时也就无法解除上面所讲到的 Joint and several liability 了，因为出事后他很难再推脱责任。在某些国家和地区，设计方还负有遵守当地建筑法规条例之要求的责任。虽然设计责任主要由合同加以规定，但如果因设计疏忽导致他人伤亡或财产损失，设计方仍要承担责任。应该指出，尽管人身伤亡和造成第三方财产损失的责任重大，不过其重大程度在纯"经济损失"方面却相对有限。承包商对此要十分清楚，而且可以据理力争的理由是咨询工程师的批复实际上就构成了一种合约关系，如果出现问题，在法律上属于不可抗力范畴，为此业主应向承包商支付额外费用补偿。

FIDIC合同在B.Q.单中通常有一项叫做咨询工程师费用(The Engineer's Preliminaries)的内容，其中规定承包商要为咨询工程师在现场提供优厚的工作和生活条件，例如，交通车辆、燃油消耗、现场助手、办公用品、用水用电、电话传真等，并负担相关的费用(事先列入标价中)，以保证工程进展正常。这些物品及车辆等(除消耗掉的以外)在项目完工后，产权归承包商所有。

国际工程设计咨询费大约占项目投资的10%左右，该百分比与合约的金额是反比关系，比国内目前常见的1%～4%要高得多。可以说，国际工程咨询业务的市场容量巨大，有着很大的发展和可开拓空间。

在FIDIC合同"黄皮书"的设计施工合同下，承包商显然承担全部及主要的设计责任，不仅包括建筑师或咨询工程师必须尽到的合理职业(Professional)与慎重(Care)义务，还包括与其在合同下的总体施工责任相一致的适用性责任。如果承包商另外聘请建筑师或其他咨询工程师进行设计却不对其设定一种类似的合同责任，则他们的责任通常将仅限于在工作中尽合理职业及慎重义务。一旦设计与设计目的并不适宜，而业主因此向承包商索赔，如果设计方在设计时履行了这些义务，则承包商可能无法将业主的索赔推给设计方。

在国际工程承包中，特殊工程的分包商常常自行完成设计工作，即使总包合同仅是施工合同亦如此。如果分包商的设计中存在着缺陷，且总包合同明确规定总承包商应就分包商的设计向业主负责，通常的做法是业主向总承包商提出索赔，总承包商再向分包商追索索赔。根据合同关系的原则，业主并不对分包商直接追索，除非事前已获得分包商明确向他作出的保证。

如果总包合同中并没有明确规定总承包商就分包商的设计向业主负责，则总承包商的设计责任就不太清晰了。许多案例表明，总承包商无论如何应对业主负责，实际上是要维持一个"责任链"。

笔者在海外项目的实践中感到，中国工程师的专业水平、技术能力和现场经验比外国人要强，但如果作为国际咨询工程师，欠缺的是经济、商务、法律、海外经验、FIDIC合同的系统知识和综合协调管理能力，也就是说过于技术化。

另外，许多人还存在着语言障碍的问题。例如，笔者就见到有人在复函表示不同意咨询工程师来函中的观点时这样写："Your letter cannot be acknowledged"，而其中acknowledged的用词就有问题。不管来函的内容如何，事实上是已经acknowledged（收到了）来信，却仍在说拒不收信，正确的用词应该是acceptable（赞同）。我们早期的教育制度过分强调专业化，提倡在专业领域中具有高技术水准，学校也不太重视口语练习；而英美国家在培养人才时一般鼓励一专多能，尽管每样知识并不深入，但掌握得相对较宽广，从而可以适应市场择业的现实。

FIDIC合同属于市场经济的管理模式，对咨询工程师的要求十分之高，除对咨询公司的实力、经验等有着相当高的要求外，对其参与项目的雇员也相当严格。咨询工程师的能力各不相同，判断水平也因人因事而异，尤其是施工现场的矛盾很多，咨询工程师这时的协调作用就特显重要，目的是确保项目可以顺利实施。

由于对咨询工程师的整体素质要求高，所以咨询工程师主要是通过实际工作而不是学校培养产生的，没有一所大学能够直接培训出合格的咨询工程师来。只要加强综合能力方面的培养和锻炼，提高有关人员的整体素质，努力造就尽可能多的复合型人才，使得技术管理知识结构尽快适应海外项目的实际需要，中国的工程师在国际工程设计咨询市场上应该有一定的竞争力，并会有比较广阔的发展前景。

在海外从事设计咨询方面的业务就要用到FIDIC合同"白皮书",其中明确了业主在选择咨询工程师时主要是考虑技术能力的胜任程度、合约管理的水平高低、海外项目的经验资历、从事业务的独立性、占有资料的可用性、取费标准的合理性以及执业操守的诚信可靠等。业主在选定咨询工程师后,会参照FIDIC合同"白皮书"与其签订雇佣协议,原则上是要求咨询工程师按照业主的旨意行事。咨询工程师将根据业主的指示和特殊需要,做出整体设计并准备相关的招标文件。继而经过评标、定标、授标和签署正式合同等一系列过程,然后就是开工和施工监理。

尽管依照FIDIC合同"白皮书",咨询工程师有义务遵从业主的指示,但FIDIC合同"红皮书"又要求其职业道德应是在施工监理中,独立和不偏不倚地对待承包商,并能公平合理地解决承包商按合同条款提出的正当要求,否则最终就会引发争端。这时承包商可以根据FIDIC合同第67款付诸仲裁,进而纠正咨询工程师原有的错误决定,同时也要为此付出代价。因此,当业主迫使咨询工程师按其指示回复承包商的相关要求时,咨询工程师只得按协议规定照办,但应该注意说明这是在遵从业主的指示办事,并不是其本意,是非与否可留待以后仲裁时再去判定。

如果业主是一个房地产发展商,由于房地产开发是工程承包的"前伸后延"("前伸"包括经济评估、购地分契、策划设计等,"后延"包括银行贷款、市场推销、物业管理等),因此业主对建筑管理较为熟悉并且积累有一定的实际经验,所以就可能会不断向咨询工程师发出各种指示,从而达到更好地控制项目品质、工程造价和按期完工的目的。

但是,业主过多地介入现场管理,甚至于成为日常工作的主要指挥者,就难免形成职责不清、组织混乱的局面,这与FIDIC合同强调通过咨询工程师管理合同的初衷是相违背的。应该注意根据合同条款,尽量排除业主过多干扰正常履约的影响因素。

参加FIDIC组织必须是私人的设计咨询公司,不得是国营或半国营的设计监理公司。因为 FIDIC 坚持咨询工程师要有绝对的独立性，必须与承包商或供货商截然分开，不可以与其母公司或姊妹公司有任何关系，并且严禁同体咨询监理，目的是防止合约执行过程中可能出现行政干扰或商业利益的瓜葛。为了避免利益冲突，在使用 FIDIC 合同或 ICE 合同的项目上，业主不会接受一家综合性公司既投设计咨询标又投承包施工标，或者说不能双重投标，两者只能选其一。当然，交钥匙和带资承包 BOT（是英文 Build，Operate 和 Transfer 三个字头的缩写，中文译作"建造、运营及转让"）项目可以例外。这些与中国公司提倡的"集团化"观点是有矛盾的。

业主的义务

业主(也就是项目)是推动工程承包业发展的发动机。可以说,市场的需求是第一位的。FIDIC合同1988年版中比1977年版突出了业主的作用,特别是在管理合同方面尤其如此,强调更多的直接介入,而1999年版中更首次明确业主享有与承包商相同的向对方索赔的权利,这也为业主进行反索赔提供了合约依据。此外,1999年版或1988年版里增加了咨询工程师在做出许多决定前要认真与业主和承包商进行协商的限定,英文的两种说法是"duly consult with"或"with due consultation"。形式上来讲,是要求与业主和承包商双方协商,实际上是要先获得业主的批准,这样项目在实施过程中有许多事情就要受制于业主的态度,以致拖慢了工作节奏,不过从中也十分清楚地看出咨询工程师是业主的代理人这一角色。咨询工程师很可能会因自己的利害关系而做出不公平的决定,这也是承包商时常会受到不公对待的客观原因。

FIDIC 合同中在大量的条款里出现有 "After due consultation with the Employer and the Contractor" 这类限定性词句,可以说几乎贯穿于整个合同的始终。

而在实际工作中,因咨询工程师是由业主雇佣并支付酬劳,与承包商的协商是比较少见的,但要与业主进行协商确是一个很实在的限定,这也是买方市场中无法回避的现实。当然合同里并没就协商的具体形式和内容再做更细的规定。这一条使得承包商在一些官僚主义严重的国家和地区承揽工程项目时,可能要面对更大的风险。因为这句话里 "due" 的解释很模糊,许多英文字典里的解释是 "rightful, proper, adequate"(正当的,适当的,合适的),而这些又与相关的法律环境有着直接的关系。可能有些国家的法律规定,咨询工程师无权代表政府做出追加费用的决定,这样咨询工程师在征询项目业主的意见时,就要经过漫长的政府部门批准手续,导致因一方的拖延而造成另一方的被动或损失,这对承包商就欠公平。

当然,"due" 还有另一层积极的含义,就是给咨询工程师一定的权力,可以自由决定在一方不予配合的情况下,是否还有必要进行这种协商。

如果协商拖延旷日持久,则承包商必将面对第 46 款所涉及的许多实际问题,并且会导致经济损失,甚至出现违约。如果一方拒绝进行协商,则咨询工程师可以自行及时做出其合理决策,从而避免可能由此造成双方的损失。

第 46 款(施工进度)

在承包商无任何理由要求延长工期的情况下,如咨询工程师认为工程或其任何区段在任何时候的施工进度太慢,不符合竣工期限要求,则咨询工程师应将此情况通知承包商,承包商即应在咨询工程师的同意下,采取必要的步骤,加快工程进度,以使其符合竣工期限要求。承包商无权要求采取这些步骤支付附加费用。如果由于执行咨询工程师按本条规定发出的任何通知，承包商认为有必要在夜间或当地公认的休息日进行任何工作，则承包商有权提交咨询工程师对此给予准许。如果承包商根据本条规定的承包商义务所采取的任何步骤，使业主开支了附加监理费，则咨询工程师应在与业主和承包商适当协商之后，确定该项费用款额，并应由承包商偿还给业主，亦可由业主从任何应支付或将支付给承包商的任何款项中扣除，咨询工程师应相应地通知承包商，并将一份副本呈交业主。

1999年版或1988年版规定，咨询工程师必须把许多文件抄送给业主，这也是在1977年版里少有的要求。因此，咨询工程师在具体管理合同的过程中，难免不受到主要来自业主方面的外来因素之影响和干扰，而业主最关心的当然是如何确保其利益受到妥善保护。

但是，总体来说，业主在合同中的主要义务应该有：

（1）任命一个公正和有职业道德的咨询工程师，负责管理合同的日常运用。

1999年版中规定：如果业主要对咨询工程师的权力加以进一步限制，甚至撤换咨询工程师时，必须得到承包商的同意。咨询工程师的公正性是承包商在投标时必须考虑的风险因素，所以这也限制了业主在这方面的任意性。

（2）按时向承包商提供勘测设计和正常施工所必需的全部基础资料，同时要对其质量负起全部责任，并应提供必要的工作和生活条件。

（3）把项目用地移交给承包商，也就是FIDIC合同第42.1款中所谈的Possession of Site。但是，承包商却经常抓住英文"Site"的定义而向业主提出索赔诉求，因为该词在合同里出现的频率相当高，许多事情都与它密切相关。

由于工程项目的特点是占地范围很大，有些区段与邻近用户界限模糊，业主未必在开工时已经全部做好了征地工作，以致造成承包商据此有机可乘。通常对 Site 的范围划定可从 FIDIC 合同第 1.1(f)(vii) 款去寻源，有时会体现在技术规范或图纸里，包括承包商的料场都可能会划归到 Site 的范围之内。第 11 款也明确指出 Site 的问题。又如，技术规范里可能明确规定公路沿线 Right of Way 是指公路中线两侧 15 米内的范围，这就是 Site，因为是用于施工，业主不交给承包商就无法施工。

(4) 不得干扰或阻碍项目的正常施工

FIDIC 合同第 26 款中写明，"业主应负责获得工程进行所需的任何规划、区域划分或其他类似的批准，并应根据第 22.3 款的规定对承包商给予保障"。业主在办理这种事项时，还应保证时间上没有拖延，为承包商能够履行合约义务提供确实的保障，否则承包商可以按合同第 14 款和第 44 款，要求顺延工期和经济补偿。

承包商按第 14 款呈交的进度计划安排对业主是一个反制约，业主要确保承包商在实施计划前就获得必要的批准。

如果业主或咨询工程师干扰了承包商按第 14 款计划工程的正常施工，就要赔偿因此造成的损失。例如，业主通过咨询工程师发出合同以外的工作指令，造成工作量的增减，就属于一种干扰，因此应该延期并补偿承包商。

(5) 指定分包商

如果被业主指定的分包商干扰或阻碍了承包商的正常施工，业主原则上应承担相当责任并赔偿损失。

(6) 按时足额拨付工程进度款

业主在合同中应尽的最大义务就是支付，这也是 FIDIC 合同第 60 款对业主的基本要求。对于承包商来说，关键问题是要及时。

此外，就是经济补偿的付款，这些在 FIDIC 合同第 6.4 款、第 12.2 款、第 27.1 款、第 36.5 款、第 38.2 款、第 40.2 款、第 42.2 款、第 50.1 款、第 52 款、第 59.4 款、第 63.3 款、第 65 款、第 66 款、第 69 款、第 70 款和第 71 款里有规定。

承包商的权力和义务

从时间上划分,承包商的权力和义务包含三个阶段:

(1) 投标阶段

FIDIC 合同第 11.1 款和第 12.1 款对承包商的义务做出了逆向的追溯性规定。

第 11.1 款(现场视察)

在承包商提交投标书之前,业主应向承包商提供由业主或业主代表根据有关该项工程的勘察所取得的水文及地表以下的资料,但是承包商应对他自己对上述资料的解释负责。

应当认为承包商在提交投标书之前,已对现场和其周围环境及与之有关的可用资料进行视察和检查,并对以下几点在费用和时间方面的可行性感到满意:

a. 现场的形状和性质,其中包括地表以下的条件;

b. 水文的和气候的条件；

c. 为工程施工和竣工以及修补其任何缺陷所需的工作和材料的范围和性质；以及

d. 进入现场的手段以及承包商可能需要的食宿条件；

并且，一般应认为承包商已取得有关上述可能对其投标书产生影响或发生作用的风险、意外事件及所有其他情况的全部必要资料。

应当认为承包商的投标书是以业主提供的可供利用的资料和承包商自己进行的上述视察和检查为依据的。

第 12.1 款（投标书的完备性）

应当认为承包商对自己的投标书以及工程量表中开列的各项费率和价格的正确性与完备性是满意的，除非合同中另有规定，所有这些应包括了他根据合同应当承担的全部义务（包括有关物资、材料、工程设备或服务的提供或者为意外事件准备的临时金额）以及该工程的正确实施、竣工和修补其任何缺陷所必需的全部有关事宜。

承包商在投标前就应对现场进行认真考察，研究与工地和项目有关的资料，从业主处获得相关地质资料，达到自我满足。但这种自我满足并不意味着承担现场考察的全部责任，限定条件是要在时间和费用上合情合理。

承包商的投标应基于业主提供的数据及其自己现场考察后所做出的客观判断，因此他必须使其报价能够满足履约时发生的费用，包括必要的维护保修。如果中标后，承包商推说投标时一无所知，对现场情况并不了解，都是无济于事的。

同样在 FIDIC 合同第 25 款里，也规定了承包商要与业主就项目的保险内容达成一致。

第25.1款（保险证据和条款）

业主根据第21款和第23款办理的保险单应与标书中所述总条件一致，业主应在承包商提出要求时，将此类保险单的副本提供给承包商。

第25.2款（保险的完备性）

业主应把工程施工的性质、范围或进度计划方面的变化情况通知承保人，并保证按合同条款在整个期间内有完备的保险，在需要时，业主应向承包商出示生效的保险单及本期保险费的支付收据。

在征得承包商的同意之前，业主不得对各项保险作任何变动。

第25.3款（对业主未办保险的补救办法）

如果业主未能实施第25.1款提及的任何保险并保持其有效，则承包商可实施任何上述保险并使其有效，并支付为此目的可能需要的任何保险费，并在任何应付或将付给承包商的款项中增加上述支付的费用，或视为到期债款向业主收回上述费用。

第25.4款（遵守保险单的条件）

如果承包商或业主未能遵守根据合同生效的保险单规定的条件，则责任方应保障另一方免受因此类失误而造成的一切损失和索赔。

第25.1款中所要求达成的"一致"应在业主发出中标通知书(Letter of Acceptance)之前就形成。当然，这种"一致"也只能是大致的相同，不可能完全一样。

另外，业主发出中标通知书后，如改变主意不再让承包商干，就要赔偿其损失，因为承包商已经据此展开工作，发生了实际的费用支出，尽管中标通知书还不能算是一个完整的合同(A Full Contract)，但其中毕竟写明了业主的开工意向。

可以说，发出中标通知书后，业主与承包商之间就构成了法律关系，双方必须开始履行合同。

例如，在一个国家的某公路项目，承包商已经获得中标通知书，然而业主由于受到邻国的政治和外交压力，在签订正式合同前突然变卦，改授给邻国政府指定的另外一家承包商。尽管这时原已获中标通知书的承包商施工设备和人员尚未抵达现场，但根据合同第5.2款，中标通知书在优先次序中排在第二位，全部合同文件均须服从于该通知书。

中标通知书发出后就具有法律效力，对业主和承包商均有约束力，并且这种约束应受到法律的保护，它标志着招标工作已经全部结束，获得中标通知书的投标人将以承包商的身份出现，必须履约并开始转入施工准备阶段。这时承包商一定要按照合同规定进行动员，伴随着的就是发生各类费用，否则将会面临业主可能采取的一系列制裁和惩罚行动，蒙受合同第47款的延期赔偿费，甚至构成合同第63款的承包商违约。那家已获中标通知书的承包商就此向业主索赔施工准备动员费，期求得到公正解决，最终成功地拿回200万美元的经济赔偿。

(2) 施工阶段

FIDIC合同第1.1(b)(vi)款明确定义：中标通知书是业主正式确认接受承包商的投标，发出后就使得业主与承包商之间的关系进入法律范畴，因此中标通知书不宜滥用，尤其是总承包商不能草率地对分包商发出类似文件，如意向书(Letter of Intent)等。有些国家的法律规定，发出中标通知书之日就是双方构成合同关系之时。咨询工程师应在FIDIC合同第41.1款特殊条件规定的时间内向承包商发出开工令(Notice to Commence)，合同第1.1c(i)款和第43.1款规定承包商接到这个开工令的那天就是开始计算工期的日子,工期时间通常列明在投标函附件里。

第 1.1 款(定义)

(b)(vi)"中标通知书"指业主对投标书的正式接受。
(c)(i)"开工日期"指承包商接到咨询工程师根据第 41 款发出开工令的日期。

第 41.1 款(工程的开工)

承包商在接到咨询工程师有关开工的指令后,应在合理可能的情况下尽快开工。该指令应在中标函颁发日期之后,于投标书附件中规定的期限内发出。此后,承包商应迅速且毫不拖延地开始该工程施工。

第 43.1 款(竣工时间)

在投标书附件中规定的某一具体时间内竣工的整个过程及任何区段(如果适用的话),应按照第 48 款的规定,在投标书附件中为整个工程或任何区段规定的(视情况而定)从开工之日算起的期限内竣工;或在第 44 款可能允许的延长工期内竣工。

中标通知书与开工令之间的时间差对于承包商来说相当重要,FIDIC 合同通常给出的是 30 天至 60 天,应该说相对还比较合理和实际。

承包商一定要特别抓住这段时间,落实动员准备工作,与供货商或分包商商签相关合同,办理履约保函、预付款保函等银行担保以及保险手续,准备合同第 14 款必须呈交的进度计划、现金流量安排(Cash Flow Estimate)等。

FIDIC 合同第 3 款和第 8.1 款列明了承包商在合同中应承担的义务,其中涉及分包、质量、进度、安全、管理、甚至环保等多方面的协调配合，任何一个方面出现问题，都会造成工程延误，导致被罚，从而出现经济损失。

因此，承包商一定要注意统筹兼顾，进行严格的管理，对各方面加强监控。

第3款(合同转让)

未经业主事先同意(尽管有第1.5款的规定，这种同意也应由业主自行决定)，承包商不得将合同或合同的任何部分，或合同中或合同名下的任何好处或利益进行转让，但下列情况除外：

a. 按合同规定应支付或将支付的以承包商的银行为受款人的费用，或者

b. 把承包商从任何责任方那里获得免除其责任的权利转让给承包商的保险人(当让保险人已清偿了承包商的亏损或债务时)。

第8.1款(承包商的一般责任)

承包商应按照合同的各项规定，以应有的精心和努力(在合同规定的范围内)对工程进行设计、施工和竣工，并修补其任何缺陷。承包商应为该工程的设计、施工和竣工以及为修补其任何缺陷而提供所需的不管是临时性还是永久性的全部的工程监督、劳务、材料、工程设备、承包商所用设备以及其他物品，只要提供上述物品的必要性在合同内已有规定或可以从合同中合理地推论得出。

下图按时间顺序列出承包商的相关义务。

1999年版中加入了承包商编报进度报告的内容，而这项工作原来是由咨询工程师负责的。向咨询工程师提交月进度报告，此报告应随期中支付报告的申请一起提交。

在工程施工期间，承包商应每个月向咨询工程师提交月进度报告。此报告应随期中支付报表一并呈交。

条款号	业主	咨询工程师	承包商	从发出招标邀请函到最终验收证书的区间	时间表
	●	●	○	招标及发出标书文件	
11.1			●	— 考察现场	投标阶段
11.1			●	— 研究信息	
11.1			●	— 自己对项目的内容及性质感到满意	
11.1			○	— 提供数据	
11.1			●	— 对业主提供的数据做出解释	
11.1			●	— 根据数据进行编标	
12.1			●	— 对编标的单价及总价核实并达至满意	
70.1			●	— 对标书特殊条款中可能导致费用增减的因素进行考虑	
				呈交标书、评标及定标	
25.1	○●		○●	— 同意保险的条件	
1.1(b)(vi)	●		○	中标通知书	
10.1	○		●	— 按规定,提供履约函保	28天 特殊条件第14.1款
57.2		○	●	— 提交包干项目的分项表	28天 特殊条件第14.3款
14.1		○	●	— 提交进度计划	见投标书附件
14.3		○	●	— 提交详细的现金流量分析(按季度进行)	
41.1		●	○	开工令	通过邮寄、电报、电传或传真直接送达
25.1	○		●	— 在现场开工前,提供已进行了保险的证据	
1.1(c)(i)				开工日(即收到开工令的日期)	项目工期在投标书附件里有规定
41.1			●	— 收到开工令后,应在合理可能的情况下尽快开工	84天
42.1	●		○	— 现场占有权及通道权	
2.2		●		— 咨询工程师代表要有授权	
21	○		●	— 提交保险单证	
25.1	○		●	— 提交保险单证	
8.1			●	— 按照合同规定进行设计并且施工,直至竣工移交	
48.1			●	— 进行竣工检验	
48.1	○	○	●	— 提交竣工报告并做出书面担保,确认在保修期内对可能发现的缺陷进行及时维修	21天
48.1	○	●	○	临时验交证书 —在临时验交证书里写明的日期,就是咨询工程师认为符合合同规定的工程完工日期	

77

条款号	业主	咨询工程师	承包商	从发出招标邀请函到最终验收证书的区间	时间表
48.1	○	●	○	临时验交证书 —— 在临时验交证书里写明的日期，就是咨询工程师认为符合合同规定的工程完工日期	84天 / 时间在投标书附件第49.1款处有规定
33.1			●	—— 清理现场	
60.3(a)		●		—— 以现金形式发放保留金的一半给承包商	
60.5		○	●	—— 提交竣工报表	
49.1				保修期结束	14天
49.2			●	—— 完成剩余工作及修补缺陷	28天
60.3(b)		●		—— 发放最后的一半保留金给承包商	
62.1	○	●		保修期证书	14天
10.2	●			—— 将履约保函退还承包商（业主通常要在保修期完成后）	56天
60.6		○	●	—— 提交最终验工计价草单	咨询工程师与承包商达成一致
60.6			●	提交最终验工计价清单	提交文件后
60.7	○	○	●	—— 书面确认收到与合同有关的全部和最终应得付款，至此承包商根据合同进行索赔的权力也就随之终止	28天
60.8	○	●	○	最终验收证书	

● 主动
○ 被动

月进度报告包括的内容很全面，主要有：1)进度的图表和详细说明(包括设计、承包商的文件、货物采购及设备调试等)；2)照片；3)工程设备制造、加工进度和其他情况；4)承包商的人员和设备数量；5)质量保证文件、材料检验结果；6)双方索赔通知；7)安全情况；8)实际进度与计划进度对比。

这份月进度报告对承包商各方面的管理工作提出了更高的要求，既有利于承包商每月认真检查、小结自己的工作，也有利于业主和咨询工程师了解并检查承包商的工作。

在 FIDIC 合同条件中赋予承包商一定的权力去争取应得利益，而这些应得利益大都是通过咨询工程师的决定而实现的，因而与咨询工程师建立良好的合作关系，对于承包商顺利完成合约，并取得预期的经济效益有着重要意义。另外，由于业主是出资方，承包商与业主的关系同样非常重要，如果承包商与之合作不协调，肯定会对工程产生负面影响，导致拖慢工程进度，各种索偿要求也难落在实处。

(3) 竣工以后

承包商在完成施工以后，按 FIDIC 合同第 48.1 款可申请移交证书。

第 48.1 款（移交证书）

当全部工程基本完工并圆满通过合同规定的任何竣工检验时，承包商可将此结果通知咨询工程师，并将一份副本呈交业主，同时附上一份在缺陷责任期内以应有速度及时地完成任何未完工作的书面保证。此项通知书和书面保证应视为承包商要求咨询工程师颁发移交证书的申请。咨询工程师应于上述通知书发出之日起的 21 天内，或者发给承包商一份移交证书，说明咨询工程师认为根据合同要求工程已基本完工的日期，同时将一份副本抄报业主；或者给承包商书面指示，以咨询工程师的意见详细说明在发给该证书之前，承包商尚需完成的全部工作。咨询工程师还应向承包商指出工程中影响基本竣工的任何缺陷，这些缺陷可能会在这里所说的给出书面指示之后和工程竣工之前出现。承包商在完成预定工程和修补好所指出的任何缺陷，并使咨询工程师满意后，有权在 21 天内收到上述移交证书。

承包商并且有义务继续按第 49 款负责项目保修期的维护，另外还要完成第 33 款和第 50.1 款里规定的任务。在拿到第 62.1 款规定的最终移交证书前，承包商应着力做好余款的清算准备工作，包括核算最终验工计价单及提供相关证据等。

1999 年版对工程的检验和保修提出了更高的要求：

(1) 规定承包商必需提前通知竣工检验日期的要求，无论业主方还是承包商,无故延误检验均需承担责任。

(2)如果工程未能通过竣工检验,咨询工程师可要求重新检验或拒收,如重新检验仍未通过时,咨询工程师有权指示再进行一次重新的竣工检验,或拒收,或在扣除一部分合同款额后接收工程。

(3)如果由于工程或工程设备的缺陷不能按预定目的使用,则业主有权要求延长缺陷通知期(即缺陷责任期),但延长不能超过二年。

(4)如果承包商未能按要求修补缺陷,则业主可雇用他人进行此项工作,但由承包商支付费用,或减扣合同价款;如果此缺陷导致工程无法使用时,业主有权终止该部分合同,甚至有权收回所支付的相关工程款以及其他费用。

(5)业主也可同意对有缺陷的工程设备移出现场修理,但承包商应增加履约保函金额或提供其他担保。

这些虽主要是在写检验和保修,实质上还是对承包商的施工质量提出了更高的要求,以确保业主的权益。

当地代理人

FIDIC 合同中并没就当地代理人的问题做出明确的条款规定，但由于采用 FIDIC 合同的多为国际工程承包项目，涉及许多跨国因素和当地环境，而承包商到海外招揽及实施项目时，要想了解和掌握这些复杂情况，需要一定的时间和代价。因此，获得当地友人的支持和协助必不可少，包括解决项目所在国的政治、经济、社会、法律、商务、金融、外汇、税务和海关等方面的难题。通常的做法就是优化选择当地代理人，这项工作对国际承包商至关重要。

实际上，许多使用 FIDIC 合同的项目在《投标者须知》里都写明，承包商要随投标文件呈交其当地代理协议书的副本，以便业主掌握相关情况并及时取得联系。有些代理人可能要求承包商缩小公开报给业主的代理佣金（Commission）额度，但这在账面上会导致承包商项目成本支出的减少，造成差额实付佣金无处合法列销，对承包商日后的当地完税工作势必形成负面影响。承包商应从保护自身经济利益的角度出发,对此做好妥善处理。

在代理协议书中承包商的地位为 Principal(主公),代理人为 Agent(经办),构成了一个典型的买方市场关系,承包商可以有多种自由选择的机会。承包商应该明白,代理人疏通关系的工作对于拿标只是起到辅助作用,关键还要取决于自身标书的质量、标价的竞争性和公司整体综合实力等方面的因素。

签订代理协议书时,要注意以下几点:

(1) 尽量不授权搞独家代理,从而掌握主动权。

(2) 代理协议书一定要有时效限制,否则随着时间的推移,情况发生变化,承包商作为 Principal 反倒可能被动,相当于当初签订了一张无限期的卖身契。例如,个别代理人由于实力有限,也许不能有效地帮助承包商开拓业务,拖了很久以后,承包商只得另请高明,最终因其他友人的协助而获标,这时原代理人一定会据此无时间界定的代理协议书向承包商再要一份佣金。

(3) 工程合约金额较大的项目原则上应按绝对固定数定死佣金,否则若按合约的百分数计算并支付佣金,绝对值会很大。

(4) 代理费如按百分数计,应该特别说明合约金额要采用扣除了标书 B.Q. 单中暂定金额等项下的金额为基数,因为这些金额是虚的,承包商在施工过程中未必能拿到业主的付款。

(5) 应尽量避免一次付清佣金,要分期从承包商验工计价中按比例支付,以保证代理人积极配合工作的连续性。另外,有些初到海外的承包商在承揽项目时,由于缺乏经验和拿标心切,时有上当受骗的个案发生。一定要掌握并在实际工作中落实好三条原则:"不骗人,不被骗,互惠互利"。

(6) 为证明当地代理人的自信心、合作诚意以及运作能力,杜绝代理人存有"空手套白狼"的心态,承包商应把某些初期费用,如购买标书、现场考查费、标前会议支出、合约文件准备开销等让代理人承担,同时利用这种经济杠杆,确保使得代理人为收回其前期所做投入而努力配合承包商拿标及履约,至少要让双方分担项目在中标前各自发生的相关费用。

资质审查

　　FIDIC合同主张在公平、公正和透明的条件下竞投土木建筑及公共采购项目，同时规定必须公开招标，并制定有一整套成熟的招标程序，鼓励对每个项目的承包商都要进行资质审查(Qualification)，而资质审查过程与公开招标的程序相类似。资质审查及招标的公告通常会透过多种公众媒介传达给投标者，例如，刊登在当地的报章和期刊上，如有需要也会在海外报章和杂志上刊登，或上互联网络。因此，资质审查跟投标同样重要，直接关系到是否有机会承揽项目。要想到国际市场上做工程承包，首先必须过资审关。

　　对承包商的资质审查可分为资格预审(Pre-qualification)和资格后审(Post-qualification)两种形式：土建工程的资质审查多是预审；后审的情况也是经常遇到的，大多用于交钥匙工程，供货合同用后审的较为常见。后审就是在报价的同时，按招标文件的规定和要求,在投标书中附带提交资信证明、工程经历、财务状况和管理人员履历等资审资料,以供业主和咨询工程师审查。

无论是资质预审还是后审,能否通过资审关是投标人成功获得项目的先决条件,也可以说是海外工程承包业务的基础工作之一,其重要性不可忽视。资质预审如通不过,即意味着丧失了承揽该项目的机会;资质后审如通不过,不仅意味着丧失了承揽项目的机会,还意味着为此进行投标报价所花费的大量人力和物力也全部付之东流。

目前国际承包市场竞争激烈,由于竞争者不容易或不便在对手的报价上做文章,因而在许多情况下,资审成为地下游戏中打败竞争对手的手段之一,尤其是在资质后审中更是如此,并且时有得手者。所以,资审工作做得好,他人就难以编造理由排挤掉竞争对手。承包商应力求在资审时不出意外和麻烦。

资审是通过回答现成的标准问题调查表格(Questionaires)而完成的,其中提供有相当明确的指引,承包商必须严格按文件的要求,书面回应和阐释相关内容,以便业主清楚了解其长处及特点,从而使评审小组能够给出最佳评分,并要在截止日期前把文件交回业主。

业主在资质审查和后审时,通常会尽量采取比较客观的评审标准,一般都是用打分的评估办法。常见的是按百分制进行定向评分,即事先定出相对的评审比重,以判定诸如专业技术知识、财务实力(包括过去三至五年的资产负债表等)、人员水平(包括主要骨干或管理层的履历)、海外工程经历(包括过去五至十年已完成的或在建的项目)以及可调用的机械设备情况等非价格因素,剔掉不合格者。如需证实时会进行必要的查询证实,有时也通知承包商补充材料、证明文件和做出澄清。在上述形式和内容均审查完毕后,再根据综合结果做出最后决策。

无论是代表一家公司还是由数家公司组成的合包集团(Consortium)或联营体(Joint Venture),所呈交的资审文件不但需详列可以提供的资源,也要说明如何以最经济有效的方法运用这些资源。因此，业主在评定申请者得分的高低时，是基于他们在组织和管理项目的具体方案中所显示的长处及短处。

编制资审文件时常有一种误解，认为其他工作可能多是偏重于搞形式或走过场，而评审时主要是视乎有关公司以往的经验而定。当然，经验固然很重要，并能展示一般能力，然而不可忽视的是：资审文件中所建议的施工组织方案、承包商所拥有的资源、项目的建议完工日期，以及计划运作详情等也都相当关键。承包商如果可以在资审文件中做出清晰的系统介绍，说明自身的资格、实力和经历，同时有效地反映出充分与周全的调配计划，就能增加其可信程度并大大提高所获评分。业主会详细记录资审评定过程及其依据，以便在融资者提出质疑或处理失误时有案可查。

资审工作应有长期在第一线从事经营、商务和项目管理的人员参与，关键技巧之一是如何把呈报给业主的文件编制得完美无缺，富有针对性，并能自圆其说，避免破绽，使得他人无懈可击。同时，资审文件的装订要整齐美观，力争做工精细，图文并茂，资料充分，内容详实，不仅满足甚至还要超过资审要求，尤其是大项目的资审文件更是如此。因此，平时要注意广泛搜集有关的资审资料，做好长期积累并对这些资料进行大量的文字处理和翻译审校工作，建立和健全档案，此可谓"用一瓢而备一桶"。平时准备得好，资料全面，急用时才能做到反应迅速，准备高效，及时完成资审工作并确保资审文件的质量。应定期或不定期地、有针对性地纠正资审工作中发生的问题，不断改进资审文件的质量。

承包商应注意借鉴业主在资审后得出的结论，在同一项目上尽量避免与未通过资审的承包商再合作，从而防范可能发生的潜在风险。因为没能通过资审一定是有原因的，业主在审核分析了承包商交回的调查表格后，做出这种决定必有其道理。

有些公司在投标过程中存在着一种见标就投、有标就报资审的现象，耗费了大量不必要的人力和财力，我觉得这是应该避免的。在商业经营上有个"二八"法则,海外也叫 Pareto Analysis,讲的是一个企业有 100 份产品,其中 80% 是由企业中 20% 的人员卖出去的,总经理就应该抓住这 20%,他们全是企业的骨干。作为承包商,投标也是如此。因为投标报价成本不低,有时还要面对很大风险。过去有的公司见到标就去投,结果投了不少,一个也不中,光买标书也没少花钱。标书是很贵的,少的几十、几百美元,多则几千美元。如果项目好,分析以后认为自己确有优势,就是 5000 美元也要买,并应集中全力去投;如果项目不好,就是十个美元也不买。如果这个标不是自己的优势,那就不要去作无用功,应该重点突破,做好事前的分析工作。

一个企业的领导要能抓住主要矛盾,分清轻重缓急,做到当断则断,要么 Yes,要么 No,不行就是不行,没必要再去花费无谓的精力和金钱,还搭上了宝贵的时间,并且必须学会礼貌而快速地说"No"。海外常听到这种说法:"Don't say Yes when you want to say No",就是这个道理。通过资审后,承包商有权可以不投标。但通过了资审,又畏缩不干了,这也会影响与合作伙伴的关系,造成一些负面影响。与其这样,不如从开始就考虑周全,或婉言谢绝。总之,要量力而行,宁可放弃,也别贸然去干。另外还应该防止主观武断,避免情绪化的决策。例如,世界银行、亚洲开发银行等国际金融组织的项目对当地承包商都有 7.5% 的优惠,目的是为当地承包商提供优先承建工程的机会。实际操作是在评标时,对海外承包商的原标价再加价 7.5%,并以此为基础与当地承包商的标价进行比较。这样即便大家报价相同,当地承包商也比海外承包商便宜 7.5%,这属于一种自然降价。参与这种项目的竞争,如果当地承包商实力较强,海外承包商又没有绝对优势,那么只是这 7.5%,就竞争不过人家。有些项目也可能写明,如果海外承包商与当地承包商组成联营体一同竞标,就有权享受这 7.5% 的优惠,从而促进新管理技术的转移,这就给海外承包商提供了选择机会。

一般来说,经过资格预审的初步筛选后,招标工作包括以下多个环节：业主刊登广告，邀请有意竞标者提交投标意向确认并竞投合约；资审入围且有兴趣投标的公司呈交填妥的标书文件；通过对获推荐的投标公司反复进行比选，最后批出合约。不难看出，招投标的过程是十分严格的。能否在投标中取胜，除了企业的实力、是否有当地工作经验、企业财务情况是否健康、安全设施和管理系统是否完善等企业自身的"硬件"外，及时掌握市场情况，编制合理且有竞争力的标书也至关重要。而在编制合理的标书中，定出具有竞争力的投标价格是一个非常重要的环节。要实现这一目标，惟有加强市场调查研究，做到知己知彼。

另外，对于一些规模较大和内容较复杂的项目，业主往往把整个工程分成技术标（Technical Package）和商务标（Financial Package）两个阶段进行招标，也就是先让承包商报出施工方案及技术建议，经过筛选淘汰后，再让择定的承包商报出对应标价及商务条件，过程比较漫长。

尽管业主授标的一般原则为"价低者得"，但现实是几乎所有的招标文件中又都有"业主有权不接受最低标并无需就此做出任何解释"之类的表述。因此，中标者有时未必是标价最低的，标价太低反倒可能产生一些节外生枝的负作用，业主会据此认为承包商缺乏经验和实力，也许在中标后要采取偷工减料的办法，或者会钻空子纠缠于索赔事件上，难以专心把项目干好，最终使得业主处于被动。

承包商应该学会怎样编标报价，坚持"市场为导向，效益为中心"的原则，善于掌握时机，抓准重点，积极开拓，稳妥进取，以确保在复杂、激烈的商业竞争中能够最终获胜。要避免出现"情况不明决心大，心中无数点子多"，尤其要杜绝以自杀性标价竞争项目的现象。必须脚踏实地，绝不能存有任何侥幸心理。同时，更要注意总结经验，汲取教训，不断提高自身的整体素质。

B.Q. 单

B.Q. 单的英文全称为 Bill of Quantities，也有人简称 BOQ，中文译作"工程量价单"或"工程量价表"，还有的标书里叫 Price Sheet("量价单"或"量价表")，在合同中通常是独立的一本册子，它是投标报价时计算标价的主要基础，也是承包商通过咨询工程师与业主核算工程付款的重要依据。

1999 年版的第 1.5(h) 款英文里用 Schedules 代替了 B.Q. 单的表达方式，应理解为其适用范围更广了，可以包括到 B.Q. 单、数据、表格及费率或单价表。

B.Q. 单在结构形式上通常分作若干个子项，以便使用者能够分类查找。以房建项目为例，这类子项一般是按工序划分，可能包括清理现场、土方开挖、混凝土工序、砌砖工序、沥青工序、封顶工序、木工工序、勾缝工序、钢结构、给排水管道、抹灰工序、水电、油漆、内装修和围墙，等等。

每个B.Q.单的表格都是由若干项竖列构成，最左边的一列是项目序号，第二列是对需要填报单价的单项工程的技术性描述，第三列是该单项工程的规定数量（实际上是咨询工程师的估算数量），第四列是该项工程的规定数量（发标时是空白的，应由承包商自己在投标时逐项计算并填上），最右边的竖列是用第三列数量乘以第四列单价得出的小计价格（发标时也是空白的，要由承包商在投标时自己计算并填报）。最右边一列的数字之和列在每页B.Q.单的下端，将各项下端的结果累计相加，即可得出承包商项目投标的报价总额。

FIDIC合同的最大特点是单价合同，正因为这个特点，才产生出许多索赔的技巧。简单地说，单价合同就是投标时要把B.Q.单里每个单项工程的单价定死，而验工计价是看承包商完成工作量的多少，工程数量是在变动的，第55款对此有十分清楚的说明。B.Q.单所提供的工程数量随咨询工程师的设计和测算深度不同而精粗有异，而且肯定与施工实际发生的情况存在差距，这是现实，因而就给承包商提供了创利的机会。

FIDIC合同的签约总价只是在比较标价时可供参考用的合计金额，在签约之后，现场的实际工作量要么大于、要么小于合同中规定的工作量，从来没有一个合同的合约总价与完工总价是一致的，这是绝对真理。签约总价还可作为计算履约保函、预付款、工程保留金、延期赔偿费等的数字依据，这是其另一个作用。

承包商必须熟悉和消化合同B.Q.单中的工程内容，不可放过其中任何一个细节，清楚自己的报价范围和相关责任，否则就难以确定业主安排的工作任务是否属于合同内容，糊里糊涂地随着业主的指挥棒转，最终必然形成被动。一个有能力的承包商往往善于找寻B.Q.单中的疏漏，也就是在海外项目上常听到的"Looking for the gaps in the B.Q."，并且从中寻找机会，最终使得履约金额大于签约金额。但这并不是绝对的，如果出现承包商在合同中单价报得很低，并且低于成本线的情况时，那么还是少干点好，因为干得越多赔得越多。

FIDIC 合同是单价合同

　　FIDIC 合同是单价合同，它强调"量价分离"，即 B.Q. 单中的工程数量与单价分开，使用过程中是"量变（指工程数量）价不变（指单价）"，这与国内曾经普遍采用的项目概预算方法有所不同。

　　标书通常是由咨询工程师编制，业主并为此支付服务费。投标时承包商报的不是总价，而是单价，单价乘以咨询工程师给出的数量后才汇总出工程的总标价。这个总标价是个概念，或者说只是为业主和咨询工程师在比较各家标价的高低时提供了一个大致参考值，承包商实际获得的总收入是在履约过程中通过验工计价得出的。尽管项目总标价可能很相近，但由于报价时 B.Q. 单中各个条目的单价不同，结果会导致承包商最终获利的差异。

　　B.Q. 单原来是 ICE 合同中所特有的，可以说是一种典型的英国项目管理模式，FIDIC 合同沿用了这种付款方式，也就是业主按照承包商完成的实际工作量付款。在使用 FIDIC 合同第 60 款时，人们常说的"验工计价"，就是指的核验实际完工数量，再按 B.Q. 单中的单价乘以这些数量，并据此计算出应向承包商支付的款额。

B.Q. 单支付方式的特点是，咨询工程师在对图纸和技术规范做出分析后，将整个项目分解成若干细目，经过计算再标明每个施工工序的估算工程数量，并写明在标书上。承包商在投标时只需填上对应的单价，这样就可以在乘以估算工程数量后，汇总所有的细目而得出一个总价，也就是签约时的合同额。

填好了单价的 B.Q. 单在合同中主要有两个作用：
（1）作为验工计价及业主付款的依据；
（2）作为评估工程变更令时的参考。

承包商的实际收入与 B.Q. 单中给定的工程数量并无直接关系，原因之一是不管咨询工程师是否发出工程变更令，验工计价时，都以咨询工程师现场监工实地复测完成的工作量为准，承包商的验工计价收入是 B.Q. 单的单价乘以实际完成的数量之积。另一方面由于咨询工程师在根据合同图纸编制 B.Q. 单时，对于工程数量的估算不可能绝对准确，甚至难免出现各种错误，因而承包商实施的工程数量肯定不会与之相等。

FIDIC 合同在《投标者须知》中都会明文规定，合同单价的地位高于一切。如果 B.Q. 单中的单价与总价发生矛盾，应以单价为准；如果单价数字与英文文字矛盾，应以英文文字为准；如果复价与单价乘以工程数量的积不一致时，以所填报的单价为准。对于没有填报单价或价格的工程内容，业主在合同实施过程中将不予支付，并认为该项工程内容的单价或价格已包含在了 B.Q. 单中其他工程内容的单价或价格中。

由此可见单价在 B.Q. 单中的重要性，也反证了 FIDIC 合同是单价合同的说法。因为填上的单价就是支付的法律依据，所以承包商在填写 B.Q. 单中的工程单价时要特别小心，以免因笔误而影响日后项目工程价款的收取。

正是由于 FIDIC 合同是单价合同，所以从理论上讲，业主和咨询工程师均无权要求承包商在报价时做出详细的价格分析，通常不应过问其中多少是工费、多少是料费、多少是机械设备费、多少是管理费和利润，因为如果是这样详细地刨根问底，就变成是"成本加酬金"合同（Cost plus Benefit Contract）了，它们是属于性质完全不同的两种合同。

后面要谈及的不平衡报价，就是利用 FIDIC 合同在报价时是"单价合同"，而在实施时是"复测合同"（Remeasurement Contract）的特点，在总标价不变的前提下，将 B.Q. 单中有些单价调整得略高于正常水平，另一些则略低于正常水平。承包商可以抓住工料量数的过程，争取做到"早收钱，多收钱"，尽量创造最佳经济效益。

所谓工料量数就是对工、料的数量进行测量。工，就是泛指人工和机械施工，依据都是现场记录（Site Record）。现场记录是一个非常重要的资料，它记录每天工地上的人工、机械、材料数量，以及工作的主要内容。因为它是承包商以后变更令报价和索赔的重要证据来源，所以必须要征得业主的签认。料，就是指材料，材料预付款是根据运抵现场后的材料验货清单支付，对它的量数就是根据图纸或者实物计算或读出，这就是通常所说的"读数"。"读数"是项目实施中很基本的工作，也非常重要，其方法通常依据相关土木工程标准量数法中的规定，结果必须由咨询工程师和承包商双方的代表签字确认。在投标阶段，投标决策离不开准确的"读数"；在施工阶段，材料的订购、验工计价的支付也都需要准确的数据。而数量的计算，就要看在"读数"时咨询工程师的现场监工与承包商的相互配合了，因为现场实测的工程数量与 B.Q. 单中的给定数量绝对不一样。例如挖坑，如果监工马虎一些，皮尺松一松，可能几千美元的额外付款就进来了；但如果他对承包商要求得极其严格，验工计价的收入就可能少许多。这就要求承包商学会用活 FIDIC 合同第 56 款，包括在实际工作中搞好对外交涉和人际关系。

投标技巧——不平衡报价

对承包商来说，经济效益是第一位的，企业的主旋律就是形成利润。当家必须理财，经营先要赚钱。但赚钱有多种方式，所谓生财有道，其中掌握项目前期的投标策略和报价技巧就非常重要，要从一开始就为以后在工程实施中赚钱写下伏笔，努力创造各种条件，用尽可能少的投入换取尽可能多的回报。

承包商必须按招标程序通过竞标获得项目，而投标报价不仅具有很强的技术性，同时还有赖于编标人员的实践经验及临场决策，应该灵活掌握，注意分寸，善于加价与削价。此外，更要避免报价人员与实施人员相互脱节的现象，力争维系经济责任的连续性，只有这样才能使一个孕含潜力和机会的报价得以贯彻执行，最终确保项目盈利。项目中标后要特别强化施工现场的综合管理，把现场工作视为一个系统，在投标报价、施工策划、合约管理和成本监控上下大力气。尤其是对于大型工程，项目经理应由海外经验丰富、独立工作能力强的人员担任,项目领导班子要力争形成道德好、素质高、懂技术、会外语、善管理的架构。

投标报价的关键是决策,而决策前要注意分析论证,避免决策的模糊性、随意性和盲目性,保持决策执行的连贯性和严肃性,同时投标经办人员要对其数据的真实性和可靠性负责任。要尽量避免频繁更换项目经理,从而确保整个项目实施和经营管理的连续性。报价技巧归总起来有两条:一为早收钱,一为多收钱,这也就是人们常说的不平衡报价。

什么叫早收钱呢?作为有经验的承包商,工程一开工,除预付款外,完成每一件活都要争取超前拿钱。技巧是在报价时把B.Q.单里先干的工作内容之单价调高(如开办费、营地设施、土石方工程、基础和结构部分等),后干的工作内容之单价调低(如道路面层、交通指示牌、屋顶装修、清理施工现场和零散附属工程等)。尽管后边的单价可能会赔,但由于先期早已收回了钱,资金周转的问题得到了妥善解决,现金流量状况主动,提高了财务应变能力,还有适量利息收入,因此只要能够保证整个项目是最终盈利的即可。海外承包商在开办营地时进行"先安居、后乐业"的安排,也是为了从形式上与之相互匹配。承包商对这个收支曲线应牢记在心,海外叫"头重脚轻"(Front Loading)配置法,其核心就是力争内部管理的资金负占用。

这不仅仅涉及到平衡和舒缓承包商资金压力的问题,其中还包含有索赔和防范风险的意义。只要承包商处于这种"顺差"状态下,收入比支出多,那么按照FIDIC合同第65款、第66款和第69款,在出现对方违约或不可控制因素的情况下,主动权就永远掌握在承包商手中:随时可以给咨询工程师或业主发信,提出停止履约或中止合同。反正钱装在自己口袋里,赚得已经比支出的多了,这就是人们常说的挣钱要先做到"入袋为安"。同时,项目营地搞得好些,拿回的钱还多,承包商的现场工作人员又休息生活得好,对日后的施工也有利,能够形成一种良性循环。这是国际上的通行做法,业主可以接受,不会认为承包商在提无理要求。

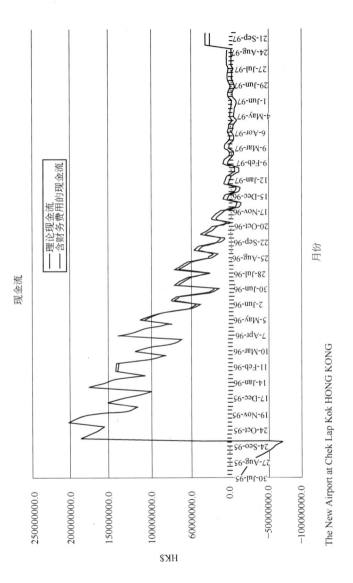

但也应该注意，这种单价的不平衡要有适当尺度，不能搞得很不合理。当 B.Q. 单中许多单价成倍或数倍地偏离了适中的市场价格时，就可能被业主判为废标，甚至列入日后不许再投标的黑名单，背上不光彩的名声。例如，一个 1000 万美元的项目，开工不久，营地设施刚建完，就先收业主 500 万美元是不行的。要注意在合理的范围内进行调整，一般情况下多收 20%～30% 尚属比较合理，对方基本上能够接受，承包商可以解释为要事先进设备并且订货等。如果不平衡的比例分配过分悬殊，使得早期工作内容的单价明显不合理，业主就可能要求承包商就此提供单价分析及计算依据，承包商反倒会弄巧成拙。

附上三张图表，这是我们参股的一家海外合包集团在香港新机场项目报价时所做的实际付款安排，对于说明承包商早收钱的问题应有直观和数据上的帮助，可供大家分析参考。香港的政府项目通常没有预付款，所以一上来承包商要先垫资金进行施工，因此在曲线的前期形成了负峰值，属于具体项目的特殊情况。

为防范承包商在 Front Loading 策略下过分加大前期收款力度，只安排做些单价较高的工程，而到项目后期则缺乏施工积极性，尤其对于投资额较大的项目，有些业主会采用"里程碑（Milestones）"式的付款方式来支付工程款项。这种付款方式明确规定了项目实施中不同的"里程碑"及相关时限，其中列明承包商在各个阶段里必须完成工程内容的具体清单，从而达致有效的资金控制之目的。每到达一个"里程碑"时，承包商才能得到一笔阶段性的付款，亦即前提制约条件是要完成合同所规定的分项任务。此外，如果承包商没有在当前"里程碑"里完成合约规定的相应工程，则只有等到按合约完成下一个"里程碑"时才可以收到上一次的付款，而在中间阶段是收不到付款的。这样就能激励承包商全面加快施工进度，因为每个分项"里程碑"的进度越快，得到的相应付款也就越多。

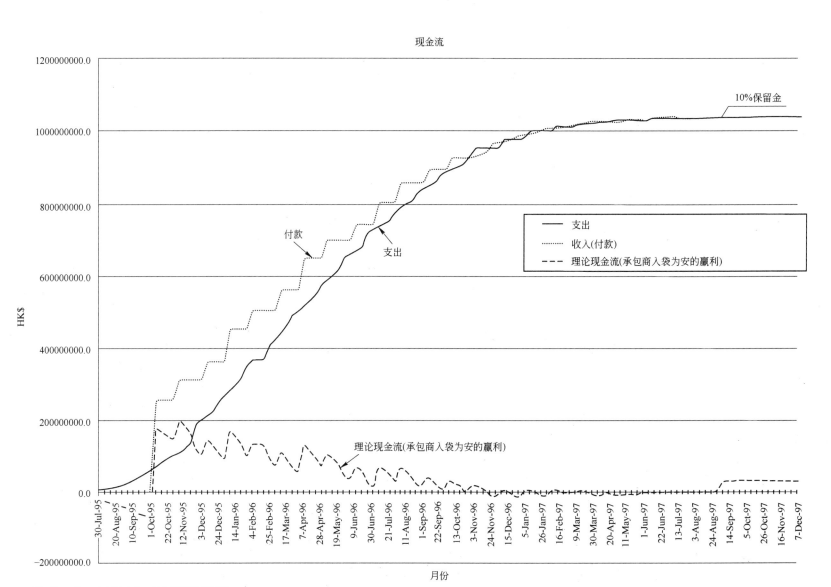

中期验工计价分布

月份		2079709989	753581	2469129	34325767	41550233	9664749	30234869	17686297	73924387	13893604	10415960	7643392	62566725	4313126	21218558	36262518	42868813	22912657	412371	150721013	2929463	117420763	56299788	703377	16884586	15085745	24243745	14486818	74655080	11790881	68295455	1097773439	
		CC1	CC2	CC3	CC4	CC5	CC6	CC7	CC8	CC9	CC10	CC11	CC12	CC13	CC14	CC15	CC16	CC17	CC18	CC19	CC20	CC21	CC22	CC23	CC24	CC25	CC26	CC27	CC28	CC29	CC30	CC31	CC31	
31-Aug-95	1	46%	90%	90%	90%	90%				60%													65%										—	26.2%
30-Sep-95	2	3%					80%	90%			64%													15%									—	5.3%
31-Oct-95	3	3%								3%					60%								4%	15%	9%	9%	9%	9%					—	4.8%
30-Nov-95	4	3%	1%	1%	1%	1%				3%	7%	64%		60%			60%					64%	4%	10%	12%	12%	12%	12%					—	9.0%
31-Dec-95	5	3%	1%	1%	1%	1%		1%	90%	3%	6%			3%				64%	60%				4%	9%	12%	12%	12%	12%					—	4.9%
31-Jan-96	6	3%	1%	1%	1%	1%		1%		4%	6%	7%		3%	3%		60%	3%				5%	4%	8%	11%	11%	11%	11%				8%	—	5.4%
29-Feb-96	7	3%	1%	1%	1%	1%		1%		4%	5%	6%	64%	3%	5%			3%		7%	3%	5%	3%	8%	10%	10%	10%	10%		69%		8%	—	8.5%
31-Mar-96	8	3%	1%	1%	1%	1%		1%	1%	4%	5%	6%		5%	5%		3%	5%		7%	3%	5%	3%	7%	10%	10%	10%	10%	10%		71%	8%	—	4.5%
30-Apr-96	9	3%	1%	1%	1%	1%		1%	1%	4%	4%	5%	7%	5%	5%		3%	5%		7%	5%	5%	2%	7%	9%	9%	9%	9%	15%	5%		8%	—	4.0%
31-May-96	10	3%	1%	1%	1%	1%	20%	1%	1%	4%		5%	6%	5%	5%		5%	5%	64%	.5%	5%	5%	2%	7%	8%	8%	8%	8%	15%	4%	6%	8%	—	5.5%
30-Jun-96	11	3%	1%	1%	1%	1%		1%	2%	3%		4%	6%	5%	4%	64%	5%	5%		5%	5%	5%	2%	6%	7%	7%	7%	7%	15%	4%	5%	8%	—	5.0%
31-Jul-96	12	3%	1%	1%	1%	1%		1%	1%	3%		5%	4%	3%		5%	4%	5%		5%	5%	3%	2%	5%	6%	6%	6%	6%	10%	3%	2%	8%	—	3.4%
31-Aug-96	13	3%	1%	1%	1%	1%		1%	1%	2%		5%	3%	2%	5%	5%	3%	5%		4%	2%	2%		3%	3%	3%	3%	3%	10%	2%	2%	8%	—	2.8%
30-Sep-96	14	3%						1%	1%	1%		4%	2%	2%	5%	4%	2%	5%		3%		2%							10%	2%	2%	8%	—	2.4%
31-Oct-96	15	2%						1%	1%	2%	2%	2%	2%	2%	5%	3%	2%	5%		2%		1%	3%						10%	2%	2%	8%	—	2.2%
30-Nov-96	16	2%						1%				2%		5%	2%	2%	5%			2%				2%	2%	2%	2%	5%	2%	2%	8%	—		1.7%
31-Dec-96	17	2%						1%						5%	2%		5%			2%					1%	1%	1%	1%	2%	2%	8%	—		1.4%
31-Jan-97	18	1%												5%	2%		3%												1%	1%	4%	—		0.7%
28-Feb-97	19	1%													3%		2%												1%	1%		—		0.4%
31-Mar-97	20	1%								1%	1%	1%	1%		2%		1%			1%	1%								1%	1%		—		0.5%
30-Apr-97	21	1%										1%	1%		1%		1%												1%	1%		—		0.4%
31-May-97	22	1%																											1%	1%		—		0.3%
30-Jun-97	23	1%												1%																1%		—		0.2%
31-Jul-97	24	1%																														—		0.2%
31-Aug-97	25	1%																														—		0.2%
30-Sep-97	26	1%																														—		0.2%
31-Oct-97	27																															—		0.0%
30-Nov-97	28																															—		0.0%
31-Dec-97	29																															—		0.0%
31-Jan-98	30																															—		0.0%
28-Feb-98	31																															—		0.0%
28-Feb-98		100%	100%	100%	100%	100%	100%	100%	100%	100%	100%	100%	100%	100%	100%	100%	100%	100%	100%	100%	100%	100%	100%	100%	100%	100%	100%	100%	100%	100%	100%	100%		100.0%

The New Airport at Chek Lap Kok HONG KNOG

什么叫多收钱呢？标书 B.Q. 单中所提供的经咨询工程师计算后得出的工程数量与实际施工时的工程数量多少都会存在差异，有时甚至相差较大，而表中单价是空白待填的。由此可见，工程数量与合同单价互为函数关系。"多收钱"就是参照项目工程数量的函数变化，通过合理调整相关单价而实现的，海外称为 Active Cost Driver Apportionment。如果承包商在报价过程中判断标书中的工程数量明显不合理，这就是盈利的机会。例如，承包商的单价已定为 100 美元/m^3，如果有绝对把握认为标书列明的 10000m^3 工程量有误，实际情况应该是 15000m^3，那么，就可以把 B.Q. 单里的单价报得高一些，比如报到 130 美元/m^3。承包商报价时是按照 130 美元/m^3×10000m^3 写入合同金额里，而实际发生数是 130 美元/m^3×15000m^3，这样在验工计价时就能做到比按原来 100 美元/m^3 实打实地向外报价要多收钱。

承包商报价人员的水平非常重要，要学会分析判断。分析判断是否正确，取决于对项目充分的调研、丰富的资料、准确的信息以及经验的积累，当然最终决策人的水平和魄力也必不可少。如果认为标书的工程数量比实际的工程数量要多，实际施工时绝对干不到这个数量，那么就可以把单价报得低一些，这样投标时好像是有损失，但由于实际上并没干那么多工作量，承包商只会赔很少一部分。总的结果是：报价时高低互相抵消，总价上却看不出来；履约时就形成数量少干得少，单价调低，赔了一点；数量多干得多，单价调高，承包商就能获取较大利润。赚大的与赔小的合起来，还是赚了大钱。

国内许多施工单位初到海外承包工程项目时，由于受到国内思维方式的影响，经常喜欢向业主或咨询工程师提些"合理化建议"。因为国内这样做的结果，只要在保证工程质量的前提下，其节约部分中最高可能达到 50% 会归施工单位所有。但在海外实施项目时，这样做的结果会造成咨询工程师的不快，也可能由此引来咨询工程师给承包商做不利的报告。

因为这种建议等于是在向业主证明咨询工程师的失误或无

能,并造成其尴尬状况。就是咨询工程师勉强接受了建议,节省出来的钱也要全数归业主所有。因此,即便出现的问题相当棘手,承包商也要尽量在形式上先把责任观点抛开,以努力解决问题为出发点,首先用协商的方法去探求出错的地方,使得工程能尽快展开。同时特别注意向咨询工程师做好解释工作,千万不能让他丢面子,并力争获得其理解和同情,从而在遵循合约的原则下,通过让咨询工程师发出变更令等方式,或采用其他的商业变通办法,争取合理的补偿和付款,减少损失或确保取得效益。

当然,不平衡报价也有风险,这就要看承包商的判断和决策是否准确。即便判断正确,业主也可以想办法,靠发变更令减少施工时的工程数量,甚至强行改变或取消原有设计。这就需要承包商有一定的运作经验和技巧,必须对具体情况做出充分调研分析后才形成决策。

项目实施过程中对外交涉的能力也很重要,否则就可能要面对由此引发的价格风险(Price Risks)。例如,笔者在海外参与报价的一个山区公路项目,经过现场考察和复核 B.Q. 单的工程数量,考虑到雨季塌方及山泥倾泻相当频繁,实施过程中挡墙、护坡和铆杆等的工程数量应比标书 B.Q. 单所给出的要增加许多(包括冲垮后重新修复),因此填报标书时把有关的单价定得较高。签约后在工程实施的过程中,果然每年雨季出现许多已建挡墙、护坡和铆杆等遭冲毁破坏,严重威胁路面安全和正常施工,导致相关工程数量大幅增加,承包商从而获得了较好的经济效益。

这里顺便提一下,不可忽视对投标文件认真进行文整的重要性,这个第一印象相当重要。标书的填写一定要清晰、无误、端正,补充设计图纸要美观。承包商的授权代表要在投标文件的每一页上签字盖章,包括在一些重要的汇总标价旁,并应将其授权书也附在投标文件中。例如,笔者曾经参与过的一个海外房建项目,投标时标价是第四,但业主在评标之后,决定授给我们施工。中标后与业主闲聊,谈到授标与我的原因时,业主表示标书质量我们是第一,别人的乱七八糟,他们都不愿看也很难看得懂,感到相当费劲。另外有些投标者没在重要的价格旁边签字盖章,从法律上讲实际是自己并没认账。于是业主的评标人员在问自己:连标书都搞成这样,几百万美元的项目交给这种承包商去实施,如何放心?也就是应了我们中国人的一句古语:"一室之不治,何以治天下为?"

费用分析与成本控制

在清楚了解标书文件含义的基础上,承包商按 B.Q. 单的要求计算价格,搞好效益预测,做到胸有成竹,是一项相当关键的工作,它对投标的成败与否、项目的顺利实施以及最终的财务盈亏都起着决定性的作用。这里只是从费用分析和成本控制的角度,谈谈报价计算时应该考虑的主要因素。

(1) 直接费(Direct Cost)

1) 工费(Labour)

不管项目进展情况如何,一定会有相当可观的工费支出。在香港,由于人工相对较高,有时工费支出可能占到总标价的 40% 左右,而港府又有限制外来劳工的许多措施,因此工费实在很难减下来。而在许多第三世界国家,承包商应该尽量利用当地廉价劳力,以降低工费支出。

承包商在雇用人员时的原则应是精干高效，一专多能，以人为本，分清层次，各负其责，建立并形成激励机制。同时，要尽量减少非生产性的后勤人员，并在注意人员总体相对稳定的前提下，保持合理的人员流动/变更比率，形成压力就是动力的局面，努力提高全员劳动生产率。

还有一个方面要特别注意，工费的投入实际上是一种软件投资，公司人员的整体素质是企业的无形资本，管理上应该注意充分调动员工的积极性，鼓励员工重视个人品行和操守，以赏罚分明的原则加强纪律性，努力形成诚信廉洁的企业文化，提高工作士气，这样就可以把困难转化为机会和动力，并达到事半功倍的效果。

2）料费(Material)

由于供货来源的不同，付款条件及交货方式的差异，料费对于项目成本的影响有时可能相当惊人。承包商在采购物资时一定要掌握"货比三家"的原则，充分利用市场机制。在选定项目的供货商时，通过正当竞争，优胜劣汰，从而增加自身对外报价的竞争力。

海外施工中应通过合理计划及严格管理，尽量降低库存材料，减少资金占用。可利用"二八"法则做好分析，并指导工作重点，例如，库存材料中有20%的种类占到库存料总值的80%，那么承包商就要特别对这20%的材料加强监管，避免可能出现的积压或损耗。

3）机械设备折旧费(Depreciation of Plant)

首先说明一点，FIDIC合同第1.1(iv)款所定义的"设备(Plant)"是指预定安装在永久工程上的机械、仪器以及类似设备，这些设备将来是属于业主的财产，一并随项目完工而移交给业主，这与下面要谈的机械设备意义不同。下面要谈的机械设备是FIDIC合同里第54.1款所讲到的"承包商的设备(Contractor's Equipment)"，其产权归承包商所有。应该指出的是，FIDIC合同红皮书中"设备"与黄皮书中的"设备"定义又有所不同。

因为是供货项目,所以黄皮书中的"设备"包括了材料,而红皮书中并没有包括材料。

对常规工程,也就是工期在两年左右的项目,不可能在工期之内一次列销收回新购置机械设备的全部投入,因为这样会增加成本中的机械设备使用费,从而提高标价,减少竞争力。在整个使用过程中,机械设备的效能是随着时间的推延而在变化的。使用期的前几年处于较新状态,效能较好,可提供较高的经济效益,后几年则进入寿命的晚期,效能较低,可创造的经济效益就较少。

机械设备使用费有多种计算方法,采用提取基本折旧费的办法比较常见,即按照收入与成本匹配的原则,把机械设备购置费等按年度合理分摊到项目中,逐步阶段性收回。基本折旧费在机械设备使用费中占有相当大的比重,折旧的表现形式可以多种多样,折旧分摊的年限越长,项目的造价和成本就越低。至于如何具体采用折旧分摊的方法,则由承包商根据实际情况自己确定,应该以形成有效最佳组合为原则。计划经济体制下的机械设备折旧通常按 14~20 年分摊完成,但这样往往很难真实反映设备状况与账面残值间的实际关系。

在海外工程承包项目上,承包商为尽早收回投资并减少面对的风险,对于施工机械设备计算折旧时一般不超过 5 年。常见的有按 5 年折旧完成,可以是平均分摊(即每年折旧 20%),或者是递减余值折旧(即第一年折旧 30%,第二年折旧 25%,第三年折旧 20%,第四年折旧 15%,第五年折旧 10%);也有采用 4 年加速折旧的分配办法,即第一年折旧 40%,第二年折旧 30%,第三年折旧 20%,第四年折旧 10%。但这种方式无疑会降低承包商投标时的竞争力。

对于运输车辆和有些管理设备,一般按 3 年折旧完成,同样也有均摊(即每年折旧 33.33%)和递减两种方法(即第一年折旧 45%,第二年折旧 35%,第三年折旧 20%)。

对于一般的中小型机具或价值极低的易损设备可进行一次性

折旧，即按运抵工地价格的100％全部摊销到项目中。

标价具有竞争性毕竟是评标时考虑的重要因素之一，因此，有经验的承包商都善于面对复杂多变的竞争环境，进行超前分析，然后制定对策，判断主要竞争对手及后续项目的可能性，做到既能中标，又能通过选用合理得当的机械设备折旧方法，保证项目完工时获得较为理想的盈利。如果分析竞争对手准备把大量的现有机械设备（残值较低）投入到项目中，为争取投标取胜，承包商也可通过延长折旧年限或调整折旧比重的方法，适当降低摊入的基本折旧费，从而增加自己标价的竞争性，但这样做时必须慎重考虑拿到衔接工程的机会和把握如何。

必须明白，不管采用什么折旧计算方法，机械设备的残值只能是近似的估算，也可以说纯粹是财务计账上的一种需要，与设备实际机况不会完全相符。另外，在海外从事工程承包项目，尤其是对大型项目和工期较紧及延期赔偿费较重的项目，关键设备的质量必须得到切实保障，建议尽量考虑采用进口设备。否则可能在设备采购时节省了开支，但在设备配件供应（有时急用要空运）、施工整体进度、项目综合工效、协调相互配套等方面却造成很大被动，最终造成工程亏损。

笔者不同意一些书中常见的在国际工程承包项目中应尽量采用国产施工机械的说法，其实这样做的结果很可能会是因小失大，一定要注意具体情况具体分析。如果要想使用国产设备，对FIDIC合同第1.1(iv)款的永久设备还可考虑，这样会有利于带动国产机械的出口，但对第54.1款的施工设备，除非工期很宽松，否则要尽量选用保质高效的进口设备，以确保国际工程承包项目实现最终利润。

4) 工程开办费等

有些标书明列有项目初期费，英文叫 Preliminaries，或称动员费，这是指正式工程开始之前的各项有关准备工作，如现场清理、进场临时道路、施工用水用电、临时房屋及设施等。如果有这项内容，承包商就要从标书的说明中，搞清所列分项工作的具体内容。能节省的坚决节省，该添置的一定添置。如果标书中没写明这个分项，则国际惯例是承包商应对这类设施的设计和施工负责，因此所有初期费用都应算入标价中，并与其他费用一样摊入到B.Q.单中的项目单价里。

（2）间接费（Indirect Cost）

5）管理费（Overhead）

管理费包括：现场中高层管理人员工费、行政办公支出、办公人员差旅费、广告及交际费、投标报价费、保函保险费、税金法律费、代理人佣金、上级管理费，等等，以及可能出现的一些其他待摊杂项费用（Miscellaneous）。

6）自有资金占用费（Cash Financing）

实际上是承包商为项目垫付流动资金的利息。承包商只靠工程预付款（FIDIC合同规定最多为相当于合约总价的15%）肯定难以维持项目的正常施工。因此，项目初期必须垫付一定的流动资金，而且这笔资金会占用相对较长的一段时间，同时也要面对一定风险。这笔流动资金如果是承包商的自有资金，存在银行里应能生成存款利息的收入，如果是银行的借贷资金，就必然伴随有贷款利息的支出。流动资金的利息可能是一笔相当可观的数目，在投标报价时不可忽视。因此，应当根据占用流动资金的实际情况，把利息部分加入到工程成本中。这样对于资金的借出者，可以保证转让资金使用权时收取一定的回报；对于资金的借入者，也是使用他人资金而应付出的代价，即要承担的资金成本，属于合情合理。对于占用时间较长且金额较大的资金，还应考虑按照复利方式计算利息费用。

但是，如果承包商能在报价时，对B.Q.单做好前述"早收钱"的技术性安排，就可能使得整个项目的综合资金占用费降低到零，甚至出现资金的负占用，增强标价的竞争性，并且做到"用业主的钱赚业主的钱"，这应该是最理想的状况。

间接费英文也有一种叫法是 Burden，从字面上理解是应该尽量减少的一种费用，也就是要靠管理出效益。因为项目的直接费根本无可避免，也难以节约，属于不变成本(Constant Cost)。承包商如果在这方面动歪脑筋，只能导致偷工减料，出现"豆腐渣工程"（打出的混凝土不合格）和"脆麻花工程"（所用的钢筋不合格），英文称之为 Jerry Building，绝不可取，因为这样只会后患无穷，贻害社会。

(3) 利润

追求效益是企业经营的永恒目标。承包商在报价时，要根据工程的难易程度和市场竞争情况，酌情决定合理的预期利润。预期利润与市场有关，市场又总是受到供求关系等因素的影响而经常变化。

利润的百分率是个大尾巴系数，是相对于总成本而言(Profit on Total Cost)，而所谓总成本就是直接费与间接费之和，但标书中已给出的暂定金额、不可预见费和点工等项目除外，因为这些项目在实施时属于变数，并且未必真正发生。有的承包商目前在手项目较多，境遇较好，不十分急于求标，因此就会在投标时放入期望的合理利润。也有些承包商可能当地没有项目，或在手实施项目已近尾声，急于得标，借以维持自己的生存局面，因而只得降低利润率，甚至不计利润投标。

利润与风险是并存的，而且互成反比关系。降低投标时的标价肯定有助于承包商中标，但同时也会增大项目风险，降低预期利润。在判断风险时，大家都期望情况尽可能明朗，不过事态的明朗与机会同样也成反比关系。但可以说，决策者的最大风险就是议而不决，因为这将永远丧失机会。因此，应在可接受的最小预期利润(或无利润投标)与可承受的最大风险能力之间平衡做出决策，即选定盈亏平衡点(Breakeven Point)，这也是承包商在计算标价时理论上的风险安全点。承包商应该注意按市场规律办事，不宜在盈亏平衡点以下报价，否则一旦出点纰漏，承包商必亏无疑。

以上几点都是相辅相成，互为关联的，如果顾此失彼，就不会取得最终的成功。例如，有些公司带有"少用机械多用人"的观念到海外搞工程承包，实践证明其经济效益并不理想。因为目前中国公司的工费在有些国家（如非洲及南亚地区）并不一定很有竞争力，另外还会有一笔相当大的后勤服务费。如果采用高效率的机械化施工，反倒可以减少整体的费用支出，并能加快项目进度，提高工程质量，带来综合效益。但是，如果在海外工程中一方面采用机械化和自动化较高的设备，另一方面又仍沿用国内习惯的定额来计算用工量和配备劳动力，其结果同样很不经济。

承包商在考虑问题时，可以采用单价分析法，也可采用"大（汇总）劳（工）材（料）机（械）管（理费）杂（费）利（润）"的综合计算方法，通常是对两种方法得出的结果反复比较斟酌后，做出最终选择。然后，再按前述不平衡报价的"早收钱、多收钱"原则做出技术性的合理调整，并把分劈出的相应单价填报到 B. Q. 单中——因为 FIDIC 合同为单价合同，业主是按完成 B. Q. 单中的单位工程而向承包商付款，不管其中有多少是用于工费、多少是用于料费和机械设备，以及承包商考虑了多少管理费和经营利润等。

有时承包商在报价前会依据所获信息，利用降价系数给出最终折扣（Discount 或 Rebate），这种做法的最大好处就是快捷，可用于弥补临时发现的个别计算失误，并可针对竞争对手调整自己的最后总价。另外，由于报价是一项保密性很强的工作，最终降价只限少数人在最后时刻做出决定，这样还可避免真实标价向外泄露。降价系数取值的范围究竟多少才算合适，很难有一个定论，通常是根据项目的具体情况，通过各种渠道和手段予以分析、估算甚至刺探竞争对手的标价后而确定。但决策的主要依据应该是自己的计算资料和指标分析，而其他各种"信息"只能作为参考。

如无特殊说明,这个降价的百分比适用于 B. Q. 单中所有的单价,但经验丰富的承包商有时会在降价时附加条件,说明这种降价只适用于所报的有效单价,即除点工、暂定金额等以外的单价,并暗喻着不适用于咨询工程师指示实施的工程变更令、发生的额外索赔及项目后期进行的价格调整,从而仍能把握日后可能出现的潜在盈利机会。

另外,有些经验丰富的承包商,会在报价首封函里写明其报价的附加 Qualifications(即限定条件,也有人叫做 Riders),以对自己的意图进行补充说明,形成标价较低而实际价格不低的结果。但业主在评标开始后,会要求取消一切限定条件(Remove all the Qualifications),这时承包商会根据所获信息及分析情况,简单地回答 Yes 或在回复时解释说,所附的 Qualifications 实际上是对其报价的 Clarifications,并愿意就此与业主进行具体商谈。这些看似是在做文字游戏,实际上也是一种经验技巧。不过,此种做法的风险是可能形成 Non-responsive Tender,因此承包商投标时,事先应认真研究合同中的相关要求。

承包商要掌握尽量报出 Responsive Tender,也叫做 Conforming Bid。招标文件明确规定了业主的各种条件和要求,承包商在投标时应仔细阅读研究整套文件,必须针对这些规定做出认真反应。在评标时,业主将首先确定每份投标文件是否完全符合招标文件的要求,是否符合全部合同条件和技术规范,而且投标文件中不能有重大修改或保留条件,英文叫 Major Non-conformance。因为,如果业主接受了这些有重大修改和保留条件的投标文件,就会影响到其他竞标者的平等地位,对他们就不公平,大家不是站在同一起跑线上向前冲刺。如果因为投标文件与招标文件要求不符而被业主判作废标,从而失去中标机会,那将非常遗憾。

凡事预则立。有些经验丰富的承包商可能在投标中主动提出缩短工期,或者提出降低造价的有关措施,以求修改某些招标文件中的条款规定或补充新的条件,从而使自己在实施过程中更加主动；或暗示某些报价仍可协商；或提出某些优惠条件或相关建议等。但是，有些业主在招标文件中写明，承包商可以报上一个或多个比选方案（Alternative Tender）供评标时考虑，同时也允许修改原设计方案，并准备接受承包商认为更经济合理的方案。但承包商应该注意，不可把方案搞得太具体，一定要保留方案的技术关键，以防业主拿到后将此方案交给其他承包商，结果自己标没中到，却给业主做了免费咨询。

项目实施的过程中，成本和造价永远是在随着市场的波动处于变化状态，影响变化的因素又是多种多样，有客观的也有主观的。客观因素如人工费用、材料价格、施工设备的变化等；主观因素如标价的编制办法、投标的技巧运用、施工的经验水平等。因而承包商必须学会运用4C手段进行动态管理，即做好Communication（沟通）-Coordination（协调）-Correction（修正）-Cooperation（合作），加强追踪监控，掌握资金动态，随时调整修订，合理调配资源，努力降低成本，改进工程控制，确保项目顺利进行，并能最终形成利润。

Q.S. 的重要性

Q.S. 是英文 Quantity Surveying 的缩写，从事这方面工作的人员被称为 Quantity Surveyor，通常译作工程量数师或工料测量师。国际承包商的 Q.S. 在工程材料、工程数量、工程变更、额外工程报价、现金流量分析及工程成本控制等方面为项目管理提供了可靠的数字依据，其工作类似于国内的验工计价工程师或造价工程师，但在方法和操作上又有明显区别。

海外工程承包项目中，大都采用英国式的 Q.S. 计价制度。由于国内验工计价的方法与之不同，使得许多初次到海外工作的项目经理、工程师、现场管工等对此缺乏足够认识，因而经常在量度物料数量、结算工程费用时，引起不必要的误会或纠纷。

具体来讲，Q.S. 专职负责整个工程与"数"有关的工作，集工程概预算、验工计价、项目索赔等于一身，工作的综合性、技术性极强。其中包括了整个工程工程量的计算与核实,以及对工程收支的管理与控制。这项工作与工程有关,也与付款金额有关,作用举足轻重。

一般来讲,Q. S. 较少介入到施工管理中来,对施工的控制是由专职的地盘代表和工程师负责。在承包商的每个工地上,一般至少都要配有一名 Q. S.。大的项目可能从高到低分档次配有 S. Q. S.(Senior Quantity Surveyor,高级量数师)、Q. S.、A. Q. S.(Assistant Quantity Surveyor,助理量数师)。Q. S. 的工作直接受上级 S. Q. S. 领导,但在遇到疑难问题或对项目成本影响巨大时,也可以向项目经理直接请示。承包商在 Q. S. 的配备力量上相当重视,强调素质要高,能力要强。项目经理必须清楚,在组织管理好施工具体施工的同时,在工作上与 Q. S. 的密切配合至关重要。

Q. S. 主要从事工程款的申请和发放,直接接触并负责项目验工计价的收支工作,对项目成本起着相当关键的作用,是项目管理中的核心。可以说,有力高效的 Q. S. 系统就能使承包商控制工程费用,强化造价管理,提高经济效益。

在土木建筑工程中,承包商的 Q. S. 主要有以下工作:

(1) 工程数量的计算

工程数量的计算主要有两个方面,一是每个工程内容总量的计算,这项工作主要是在工程开始及结束时进行。虽然在合同的 B. Q. 单中都列有工程数量,但由于各种原因,这些数量往往计算得并不十分准确,这就要求 Q. S. 在开工时对某些关键数量做出详细计算,以便控制工程及材料采购过程。而在工程结束时,则要将所有的工程内容再详细计算一次,经与咨询工程师协商并达成一致后,做出最终账单(Final Account)。

Q. S. 所做的计算工作可用两个英文单词来表示,Taking-off 和 Break-down,有时中文通称为"读数"。这两种标准方法都源于 ICE 合同,并且在工程项目的管理中发挥着有效的功能,因而在英国及英联邦的一些国家应用普遍。FIDIC 合同沿用了这两种方法。Taking-off 就是从设计图纸中计算工程数量，Breakdown 就是将一项工程按统一规定拆分至若干细项。简单地讲，就是依据一定规则，把图纸和 B.Q. 单上所看到的每一种工程内容，记录在一种标准格式的纸上，并通过分类后汇总。这些方法的优点是记录清楚，便于他人检核。

另一类工程量的计算是在工程中期付款时，以及对一些变更工作或合同中难以在图纸上确定数量的工程内容进行计算。这类数量的计算需要根据现场的实际情况，经现场度量并取得实际数据后，在一种标准格式的工地实测计算纸（Site Measurement Sheet）上进行计算。

（2）工程中期付款的申请和发放

工程中期付款（Interim Payment）也称作"验工计价"，包括两个层次的工作：一是向业主申请承包商的验工计价款；二是向所雇分包商发放他们完成工程后应得的款项。通常土木工程每个月进行一次中期付款，FIDIC 合同第 60 款中对此有具体的时间规定，承包商的 Q.S. 须在合同规定的结算日期之前做好已完工作量的计算和申请文件，经项目经理审核后提交给咨询工程师。有的合同会规定一个最小的验工计价金额作为呈报数额的限制这种情况。咨询工程师在收到承包商的付款申报（Interim Statement）后，必须在一定时间内对所申请的内容和数量进行核实，当核实完成后开出付款批核证书（Interim Certificate），再由业主据此拨付款项（Interim Payment）。

在承包商向咨询工程师递交付款申报的同时，也会收到自己分包商的中期付款申请。Q.S. 要非常认真地研究每个分包合同，例如，材料部分，有些分包商不包料，有些分包商包料，有些分包商只包部分材料等，情况各异。一般来讲，分包商中期付款的截止日期应比承包商向咨询工程师报出的截止日期超前一段时间，这样便于工程量的核对。收到分包商的付款申请后，Q.S. 需对工程内容和工程数量进行详细核实，继而开出付款证明，经项目经理审核后，通过咨询工程师报业主核准付款。

由于承包商完成的工程数量需得到咨询工程师的确认后才会得到业主的工程付款，而这又直接关系到整个工程的进展及效益情况，因此上面所述两项工作是 Q.S. 的重点，也是日常工作的主要内容。

（3）工程进行中的成本控制

项目在进行中要发生很多费用，包括材料的采购、支付分包工程款项、工地的日常开支以及一些临时工程所发生的费用等。所有这些均会影响到项目的盈亏，因此对项目收支要注意掌握控制，其中包括对项目日常收入和支出的详细记录及总结，在项目开工时做出工程预算，每隔一段时间更新和调整预算等，这样就可以随时反映出项目当前的经营情况，为上级主管提供项目的具体数据，以便对项目的综合管理。可以说，Q.S. 的管理好坏对一个工程的整体盈亏起着举足轻重的作用。

（4）工程进行中的临时报价

所谓工程进行中的临时报价是指对工程进行过程中出现的变更工作（由咨询工程师或咨询工程师代表发出的工程变更令 V.O.）进行报价，以及对分包商承揽的某些临时工作的报价之审核。在工程进行中，有时根据现场的实际情况会出现一些变更工作，如果变更情况不十分大，则在收到咨询工程师的工程变更令之后，承包商的 Q.S. 就要根据变更工程的实际情况，做出此项内容的价格分析和计算，在经过项目经理审核后，向咨询工程师报价。如果变更内容涉及的金额很大，则需要由 Q.S. 和承包商的分包部门共同分析报价。

有时在工程进行中会出现一些属于承包商责任的临时工作，或是承包商收到了咨询工程师的工程变更令，此时需将这些工作交给分包商去做，这样就需要向分包商询价。如果需要分包的工程金额在一定范围内时，在收到分包商的报价后就由 Q.S. 负责处理。在报价较多的情况下，Q.S. 要分析和筛选合理的价格；如果只有一个报价时，则要由 Q.S. 来分析计算，这时会涉及到许多 Break-down 的工作，要评估其价格的合理性，之后与分包商进行协商,确定一个合理的价格。

以上所述就是 Q.S. 日常所做的主要工作。由于 Q.S. 的工作涉及面广,工作内容多,这就要求 Q.S. 不仅要懂工程,还要掌握费用价格和项目预算方面的知识,而且在日常工作中要努力维系好与咨询工程师和分包商之间的关系,要有善于沟通和处理人际关系的技巧。Q.S. 应知道在项目中哪些工作内容承包商有利可图,哪些是不赚钱甚至会亏本的。Q.S. 的水平高低不单能控制工程预算,亦会直接影响到项目的利润。因此要做好 Q.S. 工作,需要注意以下几个方面。

(1) 熟练掌握计算基本功

所谓计算主要是用 Taking-off 的方法从图纸上计算工程量。Taking-off 的工作多数是依据图纸进行,因为除去一些变更工程,以及无法在设计时计算出的 B.Q. 单中暂定条目以外,工程的施工均需依照图纸进行,图纸上的内容也应是工程完工时的大致情况。

这一工作看似简单,但实际不然。因为要能准确计算每种工程内容的数量,首先就必须熟练读图,只有熟悉了解图纸内容,才可以将工程内容计算出来。其次还要熟悉 Taking-off 这种方法,由于它与国内的计算方法不同,而向咨询工程师递交计算数据时,必须要依照此方法的格式,所以 Q.S. 不但要适应这种方法,而且还要熟练运用它。往往 Q.S. 有时要在短时间内完成大量工程数量的计算,这就需要有较高的工作效率,也就是说 Q.S. 的计算不仅要准,而且要快。由于工程数量直接关系到工程款项,即承包商的切身经济利益,所以作为直接计数的 Q.S.,一定要熟练掌握计算基本功。要做好这一点,就需要平时多实践,并且不论数量大小都要养成用 Taking-off 方法计算数量的习惯。同时还要善于总结,因为即使对于同一工程内容,不同的 Q.S. 计算所采用的计算顺序和技巧也会有所不同,其中就存在工作效率的差别。所以应注意在现场多做总结,从而不断提高工作效率。

(2) 熟悉合同文件,控制工程款收支

国际工程承包项目涉及的合同包括:承包商与业主的合同,以及承包商与分包商的合同。因为各项工程款的支付都要根据合同的内容来执行,所以作为工程款的控制者之一,Q.S. 首先一定要熟悉合同内容。

FIDIC 合同对工料的量度和工费的计算都有标准的计算方法,其中规定了技术规范的用途、工料测量的工作程序和标准量数方法等,FIDIC 推荐参照的基本上是英国的标准。常见的有 ICE 出版的《土木工程标准量数方法》,也有人使用英国国家建筑业主联合会和皇家注册测量师学会共同出版的《标准量数方法》作为参考标准,在香港土木工程界常用的是《香港土木工程量数标准》。可以说,这些标准都是 Q.S. 工作的一个"指南"。因为这些文件都详细规定了工程内容应如何分类、如何度量以及在每个条目中应包含什么工作内容。无论咨询工程师还是承包商方面,在发放和申请工程款以及在解决工程中的某些责任问题时,都要根据这些标准中的规定来处理。由于 Q.S. 直接负责工程款的收支工作,所以更要熟悉这些计量标准的内容及使用方法,防止可能出现的误解,以便能胜任自己的工作。

具体到申请工程款方面,承包商的 Q.S. 应熟悉 B.Q. 单中各项条目的内容以及目前现场的进展情况,以便及时地申请工程款。如在申请付款时出现纠纷,就要寻找合同文件中对自己有利的条款依据,力争尽早、尽多地申请中期付款,以便于工程的运作。

而在向分包商发放工程款的工作中,总承包商的 Q.S. 对于分包商的角色又类似于业主与总承包商的关系,必须严格认真把关,小心仔细地审核其申请清单的真实性。一般来讲,分包商总要将申报的数字夸大,而作为其申请的第一把关者,Q.S. 有很大的责任去审查核对,可以说,Q.S. 的工作有时直接关系到支付分包款额的数量。如果在支付时出现超付(Over Pay)的情况,一方面会对总承包商的资金流动造成不利影响,另一方面还会给总承包商带来一定风险，分包商可能随时停工撤人。所以在支付分包的工程款时，一定要认真对待，尽量做到合理支付，使双方的利益都不受损失。

这里要单独提出的就是关于如何处理分包商的点工问题。由于在土木工程中，经常会出现一些临时工作要做，有时这些工作会在现场指示分包商去做。由于这些是属于分包合约以外的工作，资金支出也在预算之外，所以工作灵活性很强，比较难以控制。而且这部分的支出往往又比较大，所以在涉及分包商的点工问题时，需要严格控制。

点工单(Daywork Sheet)通常由分包商填写，经总承包商的现场管工签认，证明分包商用于"额外工程"的人工、机械、材料等单据属实。这里要强调的是用于"额外工程"，即分包合约以外的工作。总承包商的Q.S.在处理及审核这些单据时，关键是要分清工作的责任方。首先应该确认是否真正属于"额外工程"，因为现场管工的签名只是起到一种证明作用，至于该项工程在分包合同中的责任划分，是否应该付钱，他并不清楚，这就必须由Q.S.根据合约，确定该项"额外工程"的责任归属，做到该付的款项不拖欠，不该付的款项分文不付。否则，如果控制不严，就会"细水长流"，最终令总承包商本来就不高的利润变得所剩无几。

其次，Q.S.在处理每一份单据时，都必须检查分包商点工数量的真实性，要在确认无误的情况下，方可签字。必要的话，还可向咨询工程师的工地代表提出建议，争取从业主处拿回尽可能多的付款。例如可参照后面将要谈到的"英国点工标准"，加收系数较高的管理费，同时在另一层面上把向分包商支付的这笔额外开支控制到最低。

(3) 了解现场施工情况，熟悉工程造价，掌握报价技巧

如前所述，在工程中出现一些变更工作时，需由Q.S.进行报价，并检核分包商的报价，而且Q.S.也经常要参与相关的一些投标报价工作，筛选出最为合适的分包商。因此，Q.S.一定

要熟悉此方面的工作。具体地讲，主要是一要熟悉工程的价格组成；二要了解现场的工作效率；三还要掌握一定的施工方法。因为项目造价与其施工方法密切相关，同样的工程采取不同的施工方法，其造价有时会相差甚远。

要想做到以上三点，Q.S.首先要深入工地现场参加实际工作。因为只有从现场才能了解到实际情况，才能知道施工的过程和方法，才能掌握工程价格中所包含的各种因素，从而进行合理报价。由于工程技术和施工管理属于实践科学，尽管有时在书本上也可以学到一些相关的知识，但如果缺乏感性认识，则对所学的知识并不会留下深刻印象。而且在现场的工作方法比较灵活，有时同书本上的内容并不完全一致。所以只是学习书本知识并不够，一定要注意总结，加强现场实践。

在深入现场工作的同时，Q.S.还应注意做好记录和总结。尤其像工程定额和施工方法等现场经验类的知识，其种类和内容繁多，在不同的施工条件下又各不相同，因而只限于当时的了解并不足够，还应注意记录总结。平时积累的资料只能用作参考，不能生搬硬套，同时要注意对具体的项目情况进行深入调查研究。只有经过日积月累，才能不断深化认识，并在积累的基础上分析提高，加深印象和完全吸收，从而在更高的层次上用活这些知识。

创收的三大支柱

施工企业的领导应该清楚，如果实施的项目采用红皮 FIDIC 合同，由于其单价合同的特点，所以有三项大的创收支柱一定要抓住：一是索赔(Claim)；二是工程变更令(Variation Order)，简称 V.O.，见 FIDIC 合同第 51 款和第 52 款；三是调价公式(Fluctuation Adjustment Formula)，即平时讲的物价浮动这类概念。调价公式里涉及一个兑换汇率的概念，尤其在承包国际工程时，汇率问题相当重要，如固定汇率还是变动汇率，外汇占的百分比等，见 FIDIC 合同第 70 款、第 71 款和第 72 款。但是，对于 FIDIC 合同"橙皮书"，在争取索偿合约以外的价款时就比较困难了。

索赔、工程变更令和调价公式这三大创收支柱的实质就是合同价外收入，关键是要把握交织在责任中的机会，胜者将居于主动。笔者与 FIDIC 合同及 ICE 合同打交道十多年来，感触最深的就是用活以上三点将是创利的重要源泉，而后两点可以说是不采用"索赔"这一令业主反感字眼的更艺术的索赔，避免了矛盾的尖锐化，应该引起承包商的特别重视。

FIDIC 合同及 ICE 合同的原则都是要提供一个平等竞争的环境，英文叫 Level Playing Field，从而使得所有的承包商在投标时站在同一起跑线上。合同本身并不期望大家从最开始就把各种风险因素和未知费用全部计入标价中，以致报价含有水分，难以进行相互比较。合同的宗旨是，在项目实施过程中，通过合同手段及条款规定，由业主随时补偿可能发生的相关额外经济损失。

不可抗力

由于建筑业的失败率是仅次于餐饮、饭店业的第二大行业,再加上国际工程承包项目的时间跨度较长、承包商面对的风险因素较多,FIDIC合同对"不可抗力"的处理方法便有其特殊性,它采用的是对承包商的免责条款。

"不可抗力"Force Majeure 源自法文,英文也叫 Acts of God,在 FIDIC 合同 1977 年版和 1988 年版正式文本中的用词都是第 20.4(h)款中的 Forces of Nature(自然力),即指超出签约双方控制的外力影响,不过前者比后两者的含义更广些,或者可以说后两者是前者的一个子集。

以往的 FIDIC 合同版本中,对"不可抗力"并无确切的定义,涉指范围很宽,也没有任何特殊的原则和推断。它的涉指范围、可能的影响及操作必须从具体的合同规定或隐含的条件中去寻找,因此不同的合同可能有不同的结果,而且其他案例中对该词的解释和作用只能对在手项目提供一些有限的参考和帮助。但是，最基本的一条应该是出现的事件必须超出签约双方的原先预见及控制力所及。

但在1999年版的第19.1款中，正式使用了Force Majeure的表达方式，并对此做出了明确定义：

第19.1款（不可抗力的定义）

1. 一个特别事件或情况，在满足下列条件时称为"不可抗力"：
a. 一方无法控制；
b. 在签订合同前该方无法合理防范；
c. 情况发生时，该方无法合理回避或克服；且
d. 主要不是由另一方造成。

2. 除了满足上述条件的表述外，不可抗力一般包括（但不仅限于）：

（ⅰ）战争、敌对行动、入侵、外敌行动；

（ⅱ）叛乱、恐怖活动、革命、暴动、军事政变、篡夺政权或政变，或内战；

（ⅲ）暴乱、骚乱、混乱、罢工或停业，但不包括完全发生在承包商和分包商的人员内部的此类行为；

（ⅳ）军火、炸药、离子辐射或放射性污染，但不包括因承包商的使用造成的此类事件；

（ⅴ）自然灾害，如地震、飓风、台风或火山爆发。

发生"不可抗力"后，由于它的不可克服性，使得合同的执行从法律上或实际上成为不可能（Legal or Physical Impossibility），所以签约双方均无责任，各方可以根据合约的"不可抗力"条款解除继续履约，而贸易合同的习惯做法是各自分别承担自己的经济损失。但是，FIDIC合同有别于一般贸易合同，它明确规定在发生"不可抗力"后，最终都要划归到按FIDIC合同第69款（业主违约）解决，即由业主承担因此可能引发的一切损失，负责向承包商提供合理的经济赔偿并支付相关费用，使得承包商能

够避免意外风险。

FIDIC 合同里与"不可抗力"有关的条款涉及第 12 款、第 13 款、第 20 款、第 40 款、第 65 款和第 66 款等,其中 1988 年版都把第 20 款明确改为"业主风险"(Employer's Risks),而不再使用 1977 年版中"意外风险"(Excepted Risks)的说法,以免缺乏经验的人误认为这类风险应由承包商独自承担或由业主与承包商双方分担。举个最典型的例子,施工中所遇未知地质条件的变化就是业主风险。1999 年版第 19.2 款和 19.4 款里也写明:

第 19.2 款(不可抗力的通知)

如果由于不可抗力,一方已经或将要无法履行其合同义务,那么在该方注意到此事件后的 14 天内,应通知另一方有关情况,并详细说明他已经或将要无法履行的义务和工作。此后,该方可在此不可抗力持续期间,免去履行此类义务(支付义务除外)。当不可抗力的影响终止时,该方也应通知另一方。

第 19.4 款(不可抗力引起的后果)

如果由于不可抗力,承包商无法履行其合同义务,并且已经按照前述要求通知了业主,则承包商有权索赔由不可抗力遭受的工期和费用损失。

全球最大的 225 家承包商中,三分之一是从事国际工程承包这项风险事业超过 50 年的老牌公司,而其中名列前茅的 10% 就高居 50% 的市场占有率。这些在激烈竞争中能够取胜的承包商,成功的秘诀就是认真签好合同,在一开始就设法防范风险,包括巧妙地把"风险量化"(Quantify Risks)后放入到总标价中,从而尽量避免争端。在项目的经营过程中,善于洞察先机,灵活应变,及时把握机遇,巧妙地避开或降低各种风险的影响,并且有足够的胆识和能力去驾驭风险,而不是单纯地靠什么交好运。

工程变更令

现在国内不少书中有一种过分强调索赔的倾向，从而导致不熟悉实际情况的人对索赔形成认识上的误区，觉得索赔是万能的，甚至可能有索赔是在国际工程承包中创收的惟一办法这种印象。但是，通过多年的海外实践和总结，笔者倒是主张靠工程变更令创收，也可以说工程变更令的操作是项目的利润中心之一，这是一种对承包商相当有利的曲线索赔。

世界上惟一不变的法则就是变化。除了变化，一切都不能长久。在项目实施的过程中，由于受潜在不确定因素的影响，承包商不断地接到咨询工程师的额外指示和细节详图，经常发生大量的变更令，在一个项目上拿二、三十个工程变更令是常见的(有时甚至更多)。因此靠变更令赚钱既容易又保险，没有什么争端。往往一句话、一个概念或一封确认函，就能多赚几万美元——这实际上就把业主与承包商之间围绕索赔进行的对抗转化为双方的合作尝试。

在施工过程中，经常会出现实际情况与施工资料不符或修改设计的情况。当承包商在编制标书的过程中发现，所获图纸和B.Q.单里某些工作内容没能列明或描述不清时，智者是不会在标前会议(Pre-bid Conference)上要求咨询工程师予以澄清，甚至指出错误所在的。因为当项目实施后，如果业主要求承包商执行合同B.Q.单中没有列出的工作任务，或者删减B.Q.单中已有的工作内容，惟一的办法只有让咨询工程师按FIDIC合同第52款发出工程变更令，指示承包商遵照完成。这时承包商就有权根据"波纹理论"，通过执行收到的变更令，按照合同规定就增减的项目内容重新报价，或要求给予额外经济补偿，理由是任何改变或设计不符等都将影响工程进度和费用，导致直接或间接的损失。

例如，铁器一般油上一层防锈油漆即可，业主要求在施工时改加一层防火质料的油漆，在工序上就先要油好防锈油及加上相互胶着的界面油，才可以涂上防火质油漆。很明显，要想符合改变后的规格，就必须增加费用并延长工期。通常变更令在工程施工中是属于司空见惯的事情，大型土木项目更是如此。因为没人能在签约前把问题考虑得尽善尽美，而且这时再报价也不存在投标时那种竞争到白炽化的环境和压力，业主的期望只是停留在合理性上，所以这应是承包商增收创利的一个重要来源。关键是承包商要能抓住机会，灵活用好变更令，积少成多，从而可以寻求最佳经济效益。

第52.1款（变更的估价）

第51款所述的所有变更以及按照第52款要求予以确定的合同价格的任何增加（本条中称为变更的工作），如咨询工程师认为适当，应以合同中规定的单价及价格进行估价。如合同中未包括适用于该变更工作的单价或价格，则应在合理的范围内使用合同中的单价和价格作为估价的基础。如做不到这一点，在咨询工程师与业主和承包商适当协商之后，咨询工程师和承包商应商定一合适的单价或价格。当双方意见不一致时，咨询工程师应确定他认为合适的此类单价或价格，并相应地通知承包商，同时将一份副本呈交业主。在单价或价格经同意或决定之前，咨询工程师应确定暂行单价和价格，以便有可能作为暂付款包含在按第60款发出的证书中。

第52.2款(咨询工程师确定费率的权力)

如果任何变更了的工作性质或数量关系到整个工程或其中任何部分的性质或数量，在此情况下，咨询工程师认为由于该变更工作，合同中包括的任何工程项目的费率或价格已变得不合理或不适用时，则在咨询工程师与业主和承包商适当的协商之后，由咨询工程师与承包商议定合适的费率或价格。如未能达成一致意见，则咨询工程师应确定他认为适当的此类另外的费率或价格，并相应地通知承包商，同时将一份副本呈交业主。在费率或价格经同意或决定之前，咨询工程师应确定暂行费率或价格，以便有可能作为暂付款包含在按第60款发出的证书中。

同时，由咨询工程师根据第51款指示而进行的变更工作不应按第52.1款或本款进行估价，除非在上述指示发出之日后14天之内，以及在变更工作开始之前(省略的工作除外)，应发出如下通知之一：

a. 由承包商将其索取额外付款或者变更费率或价格的意图通知咨询工程师；或

b. 由咨询工程师将其变更费率或价格的意图通知承包商。

第52.3款(变更超过15%)

如果在颁发整个工程的移交证书时，发现由于

a. 按第52.1款和第52.2款估价的所有变更的工作，以及

b. 对工程量表中开列的估算工程量进行实测后所做的一切

调整，

而不是由于任何其他原因，使合同价格的增加或减少值合计起来超过"有效合同价"[对本款来说，系指不包括暂定金额及计日工补贴(如果有的话)的合同价格]的15%，则在此情况下(具体情况取决于根据本条任一款已采取的任何行动)，经咨询工程师与业主和承包商适当的磋商之后，应在合同价格中加上或减去承包商与咨询工程师可能议定的另外的款额。如双方未能达成一致，此款额应由咨询工程师在考虑合同中承包商的现场费用和总管理费后予以确定。咨询工程师应将根据本款作出的任何决定通知承包商，并将一份副本呈交业主。上述金额仅以那些加上或减去超出有效合同价格的15%的款额为基础。

第52.4款(点工)

如果咨询工程师认为必要或可取时，可以发出指示，规定在点工的基础上实施任何变更工作。对这类变更工作应按合同中包括的点工工作表中所定项目和承包商在其投标书中所确定的费率和价格，向承包商付款。

承包商应向咨询工程师提供可能需要的证实所付款额的收据或其他凭证，并且在订购材料之前，向咨询工程师提交订货报价单供他批准。

对这类按点工实施的工程，承包商应在该工程持续进行过程中，每天向咨询工程师提交受雇从事该工作的所有工人的姓名、工种和工时的确切清单，一式两份，以及表明所有该项工程所用和所需材料和承包商设备的种类和数量的报表，一式两份，根据此类计日工作表中规定的附加百分比中包括的承包商设备除外。如内容正确或经同意时，咨询工程师将在每种清单和报表的一份上签字并退还给承包商。

在每月月末，承包商应向咨询工程师送交一份除上述以及所用的劳务、材料和承包商设备的标价的报表。除非已完整按时地提交了此类清单报表，否则承包商无权获得任何款项。但如果咨询工程师认为承包商由于任何原因而不可能根据上述规定送出此类清单和报表时，他仍然有权批准对此等工作付款，或按受雇的时间，以及用于该工程的劳务、材料和承包商的设备作为点工偿付，或按他认为公平合理的该工作的价值支付。

1988年版的第52.3款把工程变更令累计的调价幅度给改了，变成±15%，而在1977年版里原来是±10%。这里的±10%或±15%是相对于有效合约总价而言，并非相对于B.Q.单里的单价及工程数量，即在施工完成并颁发FIDIC合同第48.1款的临时验交证书时，当发现咨询工程师指令的所有变更工作量与验工计价之和超过了承包商原报价合约总价的±10%(1977年版)或±15%(1988年版)时，其中不包括暂定金额、点工、索赔和FIDIC合同第70款所做的价格调整。在此情况下，应在合约总价之外再加上或减去承包商与咨询工程师双方议定的一笔款项(原则上要征得业主的同意)，通常应该是费用的追加。

1999年版又改回到了±10%，但表述方式变为第12.3款：

第12.3款(估价)

对于每一项工作，用通过测量得到的工程数量乘以相应的费率或价格即得到该项工作的估价。对于每项工作所适用的费率或价格：

1. 合同中有规定的，应该取合同中对该项工作所规定的值；
2. 合同中未作规定的，首先应取类似工作规定的值；
3. 在以下两种情况时，应对费率或价格做出合理调整，若无可参照的费率或价格，则应在考虑有关事项的基础上，将实施工作的合理费用和合理利润相加以规定新的费率或价格：

(1)对于不是合同中的"固定费率"项目，且满足下列全部三个条件的工作：

1)其实际测量得到的工程量比工程量表或其他报表中规定

的工程数量增加或减少了10%以上；

2) 该项工作工程数量的变化与相应费率的乘积超过了接受的合同款额的0.01%；且

3) 此工程数量的变化直接造成该项工作每单位工程成本(cost)的变动超过1%；或

(2) 此项工作是根据变更令进行，合同中对此项工作未规定费率或价格，也没有适用的可参照的费率或价格。

请注意，这个调价只适用于超出±10%或±15%的部分，并以超出部分为调整基数。显而易见，工程数量之增减，肯定会影响到利润幅度的增加或减少。对承包商来说，±10%比±15%有利，而且应该是越低越好。实际上许多业主或咨询工程师会把标书中的变更临界比例改成±20%，甚至±30%，以减低其可能面对的风险。这是承包商必须认真对待的。

但有一点需要特别说明，就是当出现咨询工程师的指示多为削减工作量，亦即变更汇总最终形成负数时，面对承包商提出的变更调价要求，业主可能声称反倒要扣减工程付款，这时承包商可据以抗辩的理由是：随着实际工作量的减少，造成其按原标价对应工作量而已投入的人力、物力和机械设备等出现了意外闲置(Unexpected Idling)，施工组织安排被迫打乱并不断随之进行相应调整，因此增大了管理费的摊销比例，减小了预期利润的绝对值，所以仍应获得额外的费用补偿。如果双方不能达致统一时，则咨询工程师的决定是最终决定，由此可以反证咨询工程师的权力之大及其重要性所在。因此，承包商必须注意与咨询工程师建立良好的合作关系，注意加强沟通与交流，做好相互的协调工作。因为在一定的原则下，对工程变更的评估有很大的浮动空间，这将直接影响到承包商的实际利益。

报价的一个最基本原则就是根据B.Q.单中原有的分项进行报价，若B.Q.单中没有类似的分项，报价则是在工程直接费的基础上加入一个合理利润。由此可见，承包商在投标报价时，一定不能放低变更令中可能经常使用的材料价格或单价，否则在以后的变更报价中，会处处被动。

对于一个工程而言，变更在实施过程中时常都会发生。由于工程变更令可能很零散，属于积少成多的付款，但一次性发出的总金额不会很大。例如，不可能出现咨询工程师对 100 公里的正线公路项目发出 30 公里支线施工的工程变更令。因此，有经验的承包商会在报价中，注意把 B.Q. 单中类似工作内容或单项工程的单价控制得有高有低，形成价格梯度。这样，当按 FIDIC 合同第 52.1 款协商单价时，就有机会选用高价者作为估价的参考基数。

变更令的决定权在咨询工程师，它是咨询工程师根据现场需要所做的工程变更，这可以是业主或咨询工程师主动提出的，也可以是承包商提出并被接纳的合理建议(但须经咨询工程师书面确认)。因此就给承包商提供了一个创收的途径，承包商可根据自身的需要，从施工的角度，对 B.Q. 单中价格较低的工程内容，多提一些好的变更建议。

另外，承包商还可以从合约文件中去发现和创造发布变更令的机会，其中最常见的就是找漏项(Missing Item)。例如，在图纸中有的工程内容，在 B.Q. 单中却遗漏了，这就足以构成一个实际的变更令。尽管业主很不愿意，但仍得付款。漏项分两类：一类是明显的，就是遗漏的部分是一个整体，显然它的发现比较容易；另外一类是隐形的，即遗漏的是一个整体中的一部分，这种遗漏是根据标准量数法的规定来确定的，也就是说，标准量数法中规定的一个分项工作内容以外的部分必须在 B.Q. 单中单独列出，否则就是变更。隐形变更的发现是钻了合约的空子，往往是一个意外的收获。有经验的 Q.S. 会经常在项目施工中努力发掘这两类漏项。

暂定金额与点工

暂定金额(Provisional Sums)和不可预见费(Contingency)都是FIDIC合同第58款中的内容,其中还包括了按点工(Daywork)的标准发出工程变更令。

第58.1款("暂定金额"的定义)

"暂定金额"是指包括在合同中,并在工程量表中以该名称标明,供工程任何部分的施工,或提供货物、材料、设备或服务,或供不可预测事件之费用的一项金额。这项金额按照工程师的指示可能全部或部分地使用,或根本不予动用。承包商仅有权使用按本款规定由咨询工程师决定的与上述暂定金额有关的工作、供应或不可预料事件的费用数额。咨询工程师应将按本款所作的任何决定通知承包商,同时将一份副本抄报业主。

第58.2款（暂定金额的使用）

对于每一笔暂定金额，咨询工程师有权指示下列人员实施工作或提供货物、材料、设备或服务：

（a）承包商，这样，承包商就有权使用根据第52条所确定的与上述工作相应价值的款额；

（b）按下文定义的指定分包商，这样，支付给承包商的金额应按照第59.4款确定和支付。

第58.3款（凭证的出示）

除了那些按投标书中所列之费率或价格进行估价的工作外，承包商应向咨询工程师出示与暂定金额开支有关的所有报价单、发票、凭证和账单或收据。

乍看起来，"暂定金额"的英文及中译文都有些令人费解，其实它有些类似我们国内所讲"备用金"的概念，与工程变更令的关系相当密切。按照咨询工程师的工程变更令或其他指示，暂定金额可以部分使用或全部用完，甚至还会出现额外追加的情况。在项目实施时一点都不动用只能是理论上的期望。

暂定金额的表现方式因情况而异：有些暂定金额是业主在标书中明码实价填好的，承包商只要加入到投标总价里就可以了；也有些暂定金额写明要由承包商填报后再汇到总价里，这就涉及分析决策。从所占比例来讲，这项内容对总价的影响不大。

如果经过判断，承包商认为在项目实施过程中暂定金额会做的可能性大些，价格就可定得高些；估计不一定会发生的，就可以报低些，这样毕竟有助于降低投出的总价，增加中标机会。另外，对于只列明工作内容但没有工程数量，同时又要求承包商只填报单价的条目，可相对地把单价提高一些，这样能做到既不影响汇出的总价，而在项目施工中实际发生时还可多获利，常见的如房屋修缮和改建工程中的室外零散作业等多属于此类情况。

不可预见费

标书里的不可预见费构成了暂定金额的一部分,其意思就是业主预留出一笔钱来支付他没有想到或可能发生的费用,该款项摆在B.Q.单的暂定金额项下,以防因资金准备不充分而造成被动,通常为合同总价的3%～5%(以5%的情况偏多)。需要特别指出的是,这笔不可预见费并不适用于无法预见的自然障碍及特殊情况等风险,也就是说承包商按合同条款提出的重大索赔应该除外。一般在标书中,它不是明列5%,而是列出一个具体数,例如50万美元或100万美元。

承包商在投标时都想揣测标底,那么如何进行分析呢?有个可供参考的技巧,就是逆向计算。从标书里可以查到不可预见费的具体数,又知道在3%～5%之内是合理的,反过来一算,再加上专业知识和投标经验,就能大致判断出标底来,至少可以知道一个范围,这对承包商在报价时做出最后决策也许会有帮助。利用 FIDIC 合同条款中的暂定金额、点工和不可预见费获取利润比只盯住索赔要来得容易。

目前国内出版了许多介绍 FIDIC 合同条款的书籍，对于我国建筑施工企业加速与国际惯例接轨起到了很好的促进作用，这里不想就此赘言。但是，FIDIC 合同条件在具体项目的运作时并非包罗万象的，经常需要一些国际上普遍认可和接受的较成熟文件的技术性支持。尤其是当发生涉及到第 51 款、第 52 款、第 58 款和第 59.4(c)款等关系到暂定金额项下所列的点工付款时，FIDIC 合同条件就经常引用英国土木工程承包商协会(The Civil Engineering Contractors Association)(过去曾叫英国土木工程承包商联合会(The Federation of Civil Engineering Contractors)，该组织于 1996 年解体并改为前述名称)编制的点工标准，正式名称为《合约工程中临时发生的点工计费标准》(Schedules of Dayworks carried out Incidental to Contract work)，简称"英国点工标准"，国外常叫 The FCEC/CECA Schedules of Dayworks，而且承包商也普遍接受甚至倾向推荐这一计费标准，因为这种标准的费率较高，对其增收创利十分有益。

例如，按照"英国点工标准"，承包商对点工的工费、材料费可以再额外加收 12.5%～148% 的管理费，其中包括各类保险、零星工具、运杂费等项内容，仅人工的现场交通就可加收 12.5% 的管理费；对雇佣分包商单纯提供劳务点工也可加收 88% 的管理费，这个百分比还可供承包商填报 FIDIC 合同投标函附件(Tender Appendix)中第八项"暂定金额调整的百分比/59.4(c)"时，作为选择指定分包商的管理费之参考，并根据项目的竞争情况及其对标价的影响程度做出浮动调整，但切忌对具体项目不作分析而随意套用。同时，设备的加速折旧力度也相对较大，有些设备仅半年就把折旧摊销完了，因此机械点工的每小时收费相当惊人。

项目中不可避免地会发生点工情况，如果处理得当，这也是承包商创收的机遇。我参与实施的一个海外公路翻新项目，暂定金额里准备出 23 万美元的点工用于维修既有道路,但项目所用的 FIDIC 合同里又明确规定使用上述英国点工标准进行相关的验工计价,结果实际上发生的点工付款达到 70 多万美元,这还是在咨询工程师一压再压的情况下。由于这条公路是进出该国首都的主要干线,绝对不能断道施工,业主也只得硬着头皮按照英国点工标准向我们支付道路维修费,以保证这条公路的畅通无阻。

笔者自 1984 年在海外项目的报价和实施中,开始接触到这个"英国点工标准"的 1983 年版,该标准在 1990 年和 1998 年又做了实质性的补充修订,尤其是对一些单价和百分比进行了更新调整,以尽量客观反映物价上涨等实际情况。同时我还注意到,凡使用 FIDIC 合同条件管理的项目,有经验的承包商之项目经理、现场工程师、工料测量师(也称作验工计价师 Quantities Surveyor)等均是人手一册《英国点工标准》,并且都很善于结合具体问题,随时在工地寻找到创造点工的机会,尽量采用该标准计价付款,以达到增收创利的目的。当时一直使用的是英文版本,后来利用工作之余,把这份计价标准整理翻译出来,已由中国建筑工业出版社于 1999 年 11 月份出版。实践证明,承包商学会结合 FIDIC 合同条件中的有关条款用好用活这一计费标准,就可通过项目实施创造出理想的经济效益。

如果大家对英国土木工程承包商协会的点工标准感兴趣,可向以下地址索取有关资料:

Civil Engineering Contractors Association
Construction House
56-64 Leonard Street
London EC2A 4JX
United Kingdom
Tel: +44-20-7608 5060
Fax: +44-20-7608 5061
WWW: http://ceca.co.uk
　　　http://cecasouth.co.uk

价格调整

FIDIC 合同第 70 款都是在谈价格调整方面的有关规定，其中涉及到调价的条件、程序和公式。一旦所适用的价格指数发生涨跌，只要经过咨询工程师的核实，就比较容易获得批准，业主向承包商支付的工程款也将据此及合同规定条款做出相应调整。

第 70.1 款（费用的增加或减少）

应根据劳务费和（或）材料费或影响工程施工费用的任何其他事项的费用的涨落对合同的价格增加或扣除相应的金额，如合同条件的第二部分可能规定的那样。

第 70.2 款（后继的法规）

如果在呈递合同投标截止日期前的 28 天以后，在工程施工或预计施工的所在国中，国家或州的任何法规、法令、政令、法律、规章或细则等的采用，使得承包商在实施合同中发生了除第70.1款规定以外的费用的增加或减少，此类增加或减少的费用应由咨询工程师与业主和承包商适当协商之后确定，并加入合同价格或从中扣除，咨询工程师应相应地通知承包商，并将一份副本呈交业主。

利用调价公式进行价格调整是一种潜在的、比较容易的创收方法，其实用性也应胜过索赔。调价公式创造的利润产生在签约之前而不是之后，而且原则上是在项目实施的过程中，因此调价适用于每次验工计价的所有应付款项，承包商手中的主动权相对较大。

值得一提的是调价公式只适用于工期较长的项目，通常规定签约一年后才进行调价，因而对工期一年以内的项目，承包商在报价时就要把物价上涨因素事先计入到标价中。有时也常遇到业主删除FIDIC合同第70款的情况，这时承包商同样要把涨价因素考虑到报价里。

FIDIC合同特殊条件第70.1(c)款（公式法调整）对调价公式的定义是：

"用有效价值乘以一个波动因子而计算得出。该因子应为本款(d)段给出的每一比率与下列分数的乘积之和。该分数为：

$$\frac{现行指数-基本指数}{基本指数}$$

采用有关指数进行计算……"

如果用广义上的数学模型，调价公式可以表述成
$$P = P_0 \times U_i$$
其中
$$U_i = m + \sum_{i=1}^{n} b_i \times M_i - 1$$
即
$$P = P_0 \left(m + \sum_{i=1}^{n} b_i \times M_i - 1 \right)$$

或者
$$P = P_0\left(m + \sum_{i=1}^{n} b_i \times \frac{M_{ci}}{M_{bi}} - 1\right)$$

其约束条件为
$$m + \sum_{i=1}^{n} b_i = 1$$

式中 P——调价金额;

P_0——结算工程款,是合同中规定可参与调价的营业结算款,如验工计价金额、拖延付款的延期利息和追加工程款等,甚至有时包括索赔款,即 FIDIC 合同第 70.1(c)款中所指的有效价值。但是,多数业主通常只允许对永久工程的验工计价做出调价,承包商要在签约时就力争将点工和暂定金额等收入也列入结算工程款的范畴,因为结算工程款对于调价结果有着直接影响,应该在结算时尽可能凑大;

U_i——价格调整系数,是评定价格调整幅度的综合指标,即 FIDIC 合同第 70.1(c)款中所指的波动因子。此价格调整系数还可根据合同第 70.2 款(后继法规)的规定,由咨询工程师和业主在与承包商协商后,进行必要的修正或变更,以尽量反映物价浮动的实际情况;

m——固定系数,实际上是合同中不能参与调价的部分,如管理费、项目利润和某些固定杂费等,甚至经过事先说明,有时可能包括动员预付款,其值大小由咨询工程师确定。在 FIDIC 合同第 70 款的调价公式中必须事先明确固定系数的数值,通常取值范围在 0.15~0.35 左右(预付款最大为 15%,而业主会把管理费、项目利润及其他固定杂费等限死在 35%以下)。固定系数对于调价的结果影响很大,它与调价金额成反比关系。固定系数相当微小的变化,隐含着实际调价时很大的费用差距，承包商对此千万不可掉以轻心。因此，承包商在调价公式中采用的固定系数应尽可能偏小；

b_i——加权系数，是指调价公式中工费、材料费等允许调价的项目占合同总价的比例。从理论上讲，调价公式中选用的人工、材料等品种越细越多，则越能反映工程的客观情况。但在实际上，这样既增加了调价的工作量，有时也可能无法找到个别的价格指数。一般国际惯例是只选择用量大、价格高且具有代表性的几种典型工费和材料费，通常是大宗建筑材料如砂石料、水泥、钢材、沥青和燃油等，并用它们的价格指数变化综合代表所有工费、材料费等价格变化，以便尽量与实际情况接近。加权系数在经过咨询工程师同意后，可以进行调整，由此对咨询工程师的权力之大又可见一斑。加权系数与固定系数的关系是两者之和为1（即100%），因此，承包商应该力争提高加权系数的比重；

M_i——现行价格指数与基本价格指数之比，即 M_{ci}/M_{bi}；

M_{ci}——现行价格指数，是指提交结算工程款进行调价时可获的有效价格指数或其前28天适用的价格指数。如果在计算的当时尚不能获得现行指数，则可采用能够得到的另一暂定价格指数进行替代。暂定价格指数就是指在未能正式发布的或替代的有关价格指数时，由咨询工程师确定的价格指数。在得到现行指数后，可对计算出的价格变化差额，再做相应的修正；

M_{bi}——基本价格指数，是指签约一年后的价格指数或投标截止日前28天的通用价格指数，而以前者的情况偏多，投标文件中对此应有明确规定。

这个广义上的数学模型对于指导承包商的价格调整具有相当

重要的意义,如果掌握运用得法,就能缓解合同单价与市场通胀之间的矛盾,保证承包商的经济利益,甚至可以增收创利。调价公式不宜过于繁杂,原则上应该是一个线性公式。调价金额是物价上涨的正比函数,即物价上涨越多,调价越多。

在履约的过程中,当满足

$$m+\sum_{i=1}^{n}b_i\times M_i\geqslant 1$$

的条件时,亦即 $m+\sum_{i=1}^{n}b_i\times M_i$ 为正值,综合价格指数发生上涨,施工成本增加,这时承包商就可以进行合同的价格调整。反之,如果综合物价指数下降,理论上承包商应向业主退还调价金额。因此,承包商在选择各项价格指数时确应下一番功夫,尽量避免计算中出现负值(减扣工程款)的被动情况。

世界银行在其贷款的项目中,一般推荐价格调整系数具体按如下公式或类似公式求出:

$$\begin{aligned}C=X&+a\frac{LS}{LS_0}+b\frac{CP}{CP_0}+c\frac{FU}{FU_0}+d\frac{BI}{BI_0}\\&+e\frac{CE}{CE_0}+f\frac{RS}{RS_0}+g\frac{CS}{CS_0}+h\frac{TI}{TI_0}\\&+i\frac{MT}{MT_0}+j\frac{MI}{MI_0}-1\end{aligned}$$

其约束条件为

$$X+a+b+c+\cdots+h+i+j=1$$

式中　　　　　　　　　C——价格调整系数;

　　　　　　　　　　　X——固定系数,世界银行贷款的项目取值一般为 0.15,也就是说费用中只有 85% 参与调价,相对比较合理;

　　　　$a,b,c,\cdots,h,i,j$——加权系数,代表各项调价的成本因子,如人工(LS)、施工设备及维修保养(CP)、燃油料（FU）、沥青（BI）、水泥（CE）、预应力钢盘（RS）、建筑钢筋（CS）、木材（TI）、海上运输（MT）、杂项费用（MI）在咨询工程师预计的工程成本中所占比重。此加权系数应在标书文件中详细列出，并构成合同的组成部分；

$LS, CP, FU, \cdots, MT, MI$——承包商提交合同第60款（证书与支付）验工计价进行调价前28天上述成本因子的现行价格指数；

$LS_0, CP_0, FU_0, \cdots, MT_0, MI_0$——投标截止日前28天上述成本因子对应的基本价格指数。

目前，国际工程承包项目上实际使用的调价公式尚无统一规范和固定格式，尤其对于固定系数与加权系数的分配比重，并没有明显的规律可循。另外，法规和法令等也会因市场发展而时有修改。但是，所有调价公式的原则都是在前述广义的数学模型指导下，根据项目各自具有的特点，略作变易，只是万变不离其宗，因而FIDIC合同所列价格调整条款和调价公式仍不失为实用中最流行的一种。

承包商在签约前把价格公式算好并说服业主接受下来，就注定了签订合同后必然赚钱。确定调价公式时会涉及许多数据，尤其要认真选好各项物价指数，因此在投标过程中要有专人做好测算比选。可以利用计算机进行这项工作，假设几个未知数和系数，输入计算机经运算选择出最佳方案，并要找到理由和证据说明得出的公式是合理的。调价系数是否合理，直接影响到工程的创收。如果调价系数能够做到实际上的最大化，就可以达到项目调价收入的最优化。一家中国公司就是在签约时把调价公式中的一个系数稍做变化，结果到项目完工赚了几百万美元，数额相当可观，最后弄得咨询工程师和业主欲哭无泪。当然，用好调价公式有很多具体运作方式，例如，物价指数的确定、采用什么指数、提供相关证据等。

又如，某个世界银行贷款的铁路更新改造项目，采用的是FIDIC合同1988年第四版，合同额为534万美元，工期32个月。后又获业主确认延期半年，变为38个月。在项目履约过程中，赶上该国议会决定提高最低工资标准，由每月1.75万当地币提高到3万当地币，这样劳动力指数一下子由4.3002提高到7.5146，后来又再次提高到8.1574，另外其他材料指数亦均有不同程度的提高。这意味着根据合同的价格调整公式，属于当地的工费部分将上调75%。结果，承包商的调价验工总额达到140多万美元，超出合同额的26%，可以说对项目的收入举足轻重。

当劳动力指数的明显上升成为事实后，为了多获得调价收入，承包商在具体操作上尽量延迟验工计价。延迟报出验工计价的代价是利息的损失，这时就要认真分析和比较现金流量与调价收入的利弊，同时调价又与FIDIC合同第72款的外汇百分比密切相关。这可以说是一个矛盾的两个方面，必须权衡利弊。而此项目在报价时确定付款比例为45%的当地币和55%的美元，也使承包商获得了多调价的收益，因为调价中当地币部分所占比例不低。

调价是FIDIC合同用来保护承包商利益不受物价波动影响的重要手段，但业主有权在标书中给出调价幅度的限制，例如直接在合同中写明为10%，若指数上涨超过这一数额时，超出部分则由承包商自担风险。由于该项目合同并无这类规定，因而调价可以随指数上涨而无上限制约。

另外，这里特别提一下关于与预付款相关工程费用的调价问题。例子同为上述铁路更新改造项目，预付款为合同额的15%，即80.1万美元，在签约后业主支付给了承包商。按合同规定，待验工计价达到20%时开始逐次扣还预付款，返预率为25%，在验工计价达到80%时还清。

对这部分预付款,是在价格调整前返还,还是在价格调整后返还,即涉及到预付款部分的工程款是否进行调价,合同中并没有明确规定,因而双方存有很大分歧。承包商认为预付款应参与调价,要求在每次验工计价做完后才扣还预付款,而咨询工程师认为应在先行扣除了预付款后再进行调价。理由是业主支付不收取任何利息的预付款,承包商应可以立即用该款采购机械、材料,支付人工费和其他费用等,即使不用也能坐收银行利息,故在预付款金额覆盖范围内应可以有效地抑制和抵消以后的物价上涨。如果将已购的事项按将来上涨的指数进行调价,当属承包商不正当得利,显然不合理。因此,项目验工计价中应扣还的预付款往往不应调价。由于调价的幅度较大,达到整个工程款的30%左右,80.1万美元预付款在调价前返还还是调价后返还,相差约24万美元,因此,双方就此争议均不让步。在双方未能达成一致的情况下,咨询工程师为达到冻结调价的目的,单方面在调价前扣除了承包商验工计价中的预付款,以使得预付款不能调价成为事实。

经过充分研究相关条款,承包商有理有据地致函咨询工程师和业主,指出合同文件为当事人双方执行及实施项目的法律依据,有时想象中合理的未必有根据,有根据的才是合法的,必须以合同规定为准。通过抓住FIDIC合同第60款,论证预付款在扣除程序上的依次顺序为主要切入点,另外指出FIDIC合同第60款和第70款中并没规定调价公式对预付款部分不适用,从而达到使得作为全部工程费用一部分的预付款能够进行调价之目的。合同中并未就此做出明示规定,这也造成咨询工程师的举证困难,同时下列条款可间接证明承包商的主张。如果咨询工程师对此做不出于法有依的解释,我们只得准备根据合同第67款,把争端提交国际仲裁解决。

(1) 根据合同特殊条款第60.1款,验工计价报表按规定次序给予支付。根据此规定次序,调价为H项,而预付款扣除为

K项,甚至排在保留金扣除J项之后。该条款默示预付款扣除应在调价之后,如预付款在调价前扣除,那么保留金则也应在调价前扣除,意味着相当于保留金部分的工程款也不能调价,这显然自相矛盾。

(2)按合同特殊条款第60.11款的规定:支付给承包商的预付款仅用于与本工程有关的动员费。本条款说明预付款的惟一用途,而并没写明调价条款的适用性属于例外情况。承包商在合同条件中找不到任何有关预付款其他目的的条款规定,更找不到预付款所覆盖的费用不得调价的根据。

(3)合同特殊条款第70.1款规定:按合同条件第60.1(d)、(e)、(f)款,所有基于各单价确定的应支付承包商的人工费、机械材料费以及其他投入成本的涨跌应予以调整,并适用于本条款规定的调价公式。这里第60.1(d)款指已被咨询工程师批准的基于各单价计算的应以不同货币支付的相应数额,第60.1(e)款指本次验工计价完成的有关工程款变更的价值,第60.1(f)款指承包商租赁业主机械设备应扣回的租费。由此可以清楚地看出,调价适用于每次验工计价的所有应付款项,甚至承包商向业主交纳的租费也须作相应调价。

(4)根据合同特殊条款第60款和第70款,尤其是第70款中所做定义,强调调价金额要"用有效值乘以一个波动因子而计算得出",也就是:

调价金额=本期有效值(Effective value)×价格调整系数(波动因子)

从以上调价金额的计算公式明显可以看出,预付款是参与到调价之中的!

另外,调价适用于每次验工计价,从首次直至最终结算。但本项目各验工计价调价时,执行的标准不一,为何有的验工计价调价是100%,而有的验工计价就要扣除25%,只有75%?无法理解,亦找不到这种做法的合约依据,存在着人为倾向的随意性。

(5)合同特殊条款第60.11款规定,预付款扣还比例为每次批准的全部验工计价之 25%。按照合同特殊条款第 60.2 款规定：咨询工程师应按月决定对承包商的支付款额，并向业主和承包商发出验工计价批准书，批准应付给承包商的数额。这就是说所有应付工程款均须经咨询工程师批准。调价的数额当然须经咨询工程师批准并包括在每次验工计价中。我们无法想象，该项目调价款或验工计价中的任何款项可不须经咨询工程师批准。既然合同已规定预付款扣还的百分比按咨询工程师每次批准的验工计价款全额计算，而不是仅部分数额计算，这充分说明了预付款扣还应在调价之后，而绝非在调价之前。

业主先是保持沉默，但当面对我们的仲裁压力时，最终无可奈何地承认预付款的调价在合同中成立，同时返还了以前被咨询工程师扣除的预付款，并在以后的验工计价中，对项目的预付款部分均予调价后扣除。仅此一项，承包商就多收入 24 万美元。如果当时我们找不出充足的合同条款依据，则这 24 万美元就有可能付诸东流。

索赔与波纹理论

笔者对索赔的亲身体会是：索赔相当困难！因为索赔不是只按承包商单方面的意愿向前发展，而是要受制于多种因素的影响。在不同国家开展索赔的条件也是千变万化，很可能出现事与愿违的情形，甚至会伴随有负面影响。作为具有法律意义的一种经济权利主张，索赔在国际承包工程的主体是双向的，也就是说，合同双方均享有索赔的权利，承包商可以向业主提出索赔要求，业主同样可以就此进行反索赔(英文叫 Counter-claim 或 Defensive Claim)。

对于承包商的索赔，业主的反应无疑会相当激烈，展开反索赔并不奇怪，因为毕竟是在要求业主额外出资，力图做出自我保护是很正常的。这种潜意识的抗拒心理一定会影响到业主对索赔的决策，而且承包商索赔项下的补偿往往会被业主的反索赔所抵消或扣减。有时反索赔的理由也许并不十分充分，但仍可降低索赔的效果，同时导致承包商处于被动地位。

另外，大量地提交索赔文件，要求经济补偿或延长工期，将使得承包商进入业主的黑名单，业主会在其内部指引中把这些承包商列为"喜欢搞索赔"(Claim-conscious)的一类，或做出不良报告(Adverse Report)。结果还远不止于此，当日后再投标项目时，过往的索赔名声难免不伴有一定的负面影响，其他业主也会多加防范，使之可能丧失许多机会。因此，在索赔时就存在一个权衡利弊的问题。

当然，承包商应该依据合同条款，抓住并绝不放过每个索赔良机，通过交涉或谈判，维护自身权益，取得合理补偿，努力拿回尽可能多的索赔。同时，想方设法主动创造索赔条件也相当重要。例如，承包商可以在签约后，利用 FIDIC 合同第 42 款把施工中通用的机械设备先期运抵现场，从而避免因施工准备期过长或开工迟缓而受到业主的责难，另外再通过比较呈交的第 14 款进度计划安排，抓住业主在工地移交手续上出现的问题而索取额外费用和延长工期。

第 42.1 款(现场占有权及其通道)

除合同可能另有规定外：

(a) 随时给予承包商占有现场各部分的范围；以及

(b) 承包商可占用现场各部分的顺序。

并根据合同中对于工程施工顺序的任何要求，在咨询工程师发出开工通知书的同时，业主应使承包商占有：

(c) 一定大小的所需部分现场；以及

(d) 按照合同由业主提供的此类通道。

以便使承包商能够根据第 14 款提到的工程进度计划(如果有的话)开始并进行施工，否则，将根据承包商提出的合理建议开工。此时应将该建议通知咨询工程师，并将一份副本送交业主。业主将随着工程的进展，不时让承包商占用工程施工所需现场的其他部分，以便使承包商能以应有的速度并视具体情况或按上述进度计划或按承包商的合理建议进行工程施工。

第42.2款(未能给出占有权)

如果由于业主方面未能按照第42.1款规定给出上述占有权而导致承包商延误工期和(或)付出费用,则咨询工程师应在及时与业主和承包商协商之后,做出如下决定:
(a) 根据第44款规定,承包商有权获得任何延长的工期;以及
(b) 应在合同价格中增加此类费用总额。
咨询工程师应相应地通知承包商,并将一份副本抄报业主。

第42.3款(道路通行权和设施)

承包商应承担其进出现场所需要的专用或临时道路通行权的一切费用和开支。承包商还应自费提供他所需要的供工程使用的位于现场以外的任何附加设施。

普通法原则上认为项目签约后,承包商的责任只是负责工程实施,但业主必须向承包商提供进行工作的场地,亦即有义务要做出第42款所述的工地移交。承包商时常会寻找机会,通过要求在业主尚未获得施工场地的现场开工,从而创造索赔及延长工期的可能,并做好相关的书面记录,当然其中有一个这种安排从逻辑上是否合理的问题。不过,承包商没有借助引据仲裁条款而拿回索赔的个案可以说少之又少,因此承包商对仲裁时将会用到的举证依据要特别注意。

FIDIC合同1999年版或1988年版第53款对索赔过程有详细的说明,可以照此程序按部就班地展开相关工作。

第53.1款(索赔通知)

尽管本合同有任何其他规定,如果承包商根据条件的任何条

款或其他有关规定企图索取任何追加付款的话,他都应在引起索赔的事件第一次发生之后的 28 天内,将他的索赔意向通知咨询工程师,同时将一份副本呈交业主。

第 53.2 款(同期记录)

当第 53.1 款所指的索赔事件发生时,承包商应有同期记录,这对他以后可能希望提出任何索赔时用以支持其索赔理由可能是相当必要的。根据第 53.1 款,咨询工程师收到通知后,在不必承认业主责任的情况下,应对此类同期记录进行审查并可指示承包商保持合理的同期记录。这种记录可用做已发出索赔通知的补充材料。承包商应允许咨询工程师审查所有根据本款保存的记录,并在咨询工程师发出指示时,向咨询工程师提供记录的副本。

第 53.3 款(索赔的证明)

在根据第 53.1 款发出通知后 28 天内,或在咨询工程师可能同意的其他合理的时间内,承包商应送给咨询工程师一份说明索赔款额及提出索赔款额及提出索赔的依据等详情材料。当据以提出索赔的事件具有连续影响时,上述详细报告应被认为是临时详细报告,承包商应按咨询工程师可能合理要求的此类时间间隔,发出进一步的临时报告,给出索赔的累计总额及进一步提出索赔的依据。在向咨询工程师发出临时详细报告情况下,承包商应在索赔事件所产生的影响结束后 28 天之内发出一份最终详细报告。如工程师要求这样做的话,承包商应将所有根据本款送交咨询工程师的详细报告复印送交业主。

第 53.4 款(未能遵守)

如果承包商在寻求任何索赔时未能遵守本条款的各项规定,

他有权得到的有关付款将不超过咨询工程师或根据第67.3款指定的任何仲裁人或几位仲裁人通过同期记录核实估价的索赔总额（不管此类记录是否按第53.5款和第53.3款的要求已提交给咨询工程师考虑）。

第53.5款（索赔的支付）

在咨询工程师与业主和承包商适当协商之后，认为根据承包商所提供的足够充分的细节使咨询工程师有可能确定出应付的金额时，承包商有权要求将咨询工程师可能认为应支付给他的索赔金额纳入咨询工程师按第60款签署的任何临时付款。如承包商提供的细节不足以证实全部的索赔，则承包商有权得到已满足咨询工程师要求的那部分细节所证明的有关部分的索赔付款。咨询工程师应将按本款所作的任何决定通知承包商，并将一份副本抄报业主。

该款内容在FIDIC合同的1977年版与1999年版或1988年版中有明显不同，前者只是把索赔作为工程变更的一个子条款，而后者将索赔改为第53款，成为一个全新的条款，把索赔的操作程序讲得有条有理。这样就使得不太明白的人对此有章可循，可以减少在索赔程序上一些不必要的争议。有时咨询工程师或业主拒绝承包商呈报索赔的理由并非是要求与事实不符，而是程序不对。

值得一提的是，承包商必须做好有关索赔的文字记录和证据收集，并要优化相关资料的协调包装，尽量做到列举的事实充分有力，实事求是，可以证明确实应该支付索赔(There is a genuine case for a claim)，争取不留疑难问题。要知道承包商的索赔意向并不能作为具体支付索赔时的依据，同样以虚拟的损害事实提出索赔要求也是无法成立的，因为在涉及到费用问题时，业主和咨询工程师都相当看重提供之举证(Substantiation/Verification)是否有充足的说服力，并经常要求出示当初的原始凭证资料。有时承包商会因为一张发票或一个计算书不符合要求,而无法收回已经支出的款项。

承包商一定要及时书面记录自己的索赔意向,至少要写信记录事件,并且是越早越好,声明自己将保留根据合同条款进行索赔的合法权利(… record the incident and reserve our legal right for a claim based on Clauses … of the Conditions of the Contract),因为FIDIC合同里明确规定:要在引起索赔事件第一次发生后的28天内书面通知咨询工程师,否则时机稍纵即逝,业主可视同承包商放弃了合约赋予的索赔权力。28天后是不能再补提索赔要求的,因为这时已丧失了索赔在时效(Time Bar)上的合法性,同时业主也绝不会开恩,感激承包商当初没有记录索赔意向的好意。这一点相当关键,因此没有什么不好意思的。道理很简单:承包商并非慈善机构,不应承担合同里规定本应由业主承担的经济风险。实际上,确实有过业主推托索赔要求已经过期或记不清当时情况而拒绝支付承包商的个案,尤其当索赔金额较大时更是如此。

另外,这时并没要求承包商必须提供索赔的详细计算和清单,也没有涉及金额评估,只是要求其送交索赔的意向通知(Notification of intention to register a claim)。索赔金额的大小会直接影响到咨询工程师或业主的客观判断及相关表态。如果当涉及到的索赔金额很大时,对方往往会借口索赔不合法而加以推脱,甚至出现无理反驳,也可能招致一次性的断然拒绝。若出现这种出师不利的局面,承包商下一步的索赔工作就将相当艰难。因此,承包商在提出索赔的初期应该只是首先记录索赔意向,而暂不宜列明索赔的具体金额。

有些承包商不愿就索赔问题向业主或咨询工程师采取过激行动,这完全可以理解。但是,不过激并不意味着就不去以适当的方式积极争取,进行自我保证。在海外常听到的一种说法就是:不Agressive,并非不Positive,这是承包商在索赔交涉时应该掌握的尺度。当承包商受到不公对待,尤其是在遇到咨询工程师的决定明显带有偏见,而承包商又有充分理由予以反驳时,就要有准备把争端提交仲裁—恐怕这也只能是惟一的最终解决办法。

经常见到一些承包商在项目发生意外事件并造成一定的经济损失后,不敢或不愿向咨询工程师提交索赔要求,担心由此可能激怒对方或破坏关系。其实,只要承包商认为合情合理,并确有合约依据,就可以提出索赔要求,而不必过多地顾忌业主或咨询工程师的意见,有时候不要过分担忧自己的立场好像会产生不良影响,不必存有任何恐惧心理和思想负担,也无需惧怕业主或咨询工程师因此而找麻烦。只有讲得有理有据,对方以后对你反而更尊敬。记录索赔的行动本身对承包商并无伤害,不管谁从主观上在乎与否,发生的事件是客观存在,而索赔的成立是建立在违约事实和损害后果都已经客观存在的基础之上。

国际工程承包的行为毕竟是商业活动,是涉及金钱的经营问题,所以在海外常听到承包商在对外交涉时有这种说法:"Anyway, Construction Contract is business and we are talking about money."而且项目风险的出现不是人为蓄意造成的,完全是因为超出了控制范围,并实实在在地造成经济损失。承包商应注意从投标报价到项目验收始终都要强调索赔意识,随时发现索赔机会,主动开展索赔工作。

承包商呈交的索赔详细清单不宜拖延过久,这样会显得提出的索赔缺乏数据支持,给人造成连承包商对自己的索赔都欠缺信心和理据之印象,无法真正使其索赔站得住脚,而且可能使得业主和咨询工程师抓住这一明显弱点进行反驳。如果承包商缺乏国际工程索赔方面的经验,应及时请教一些这方面有实践经验的专家,力争从一开始就掌握主动,而且此类费用一定比最终付诸仲裁要低得多。

通常,咨询工程师在接到承包商的索赔意向后,应做出明确答复:根据合同条款,索赔是否从法律上成立?是否确有依据?海外常听到的叫:"The primary basis of a claim must be on legality rather than the physical aspects."简单地说,也就是首先要明确应不应该支付索赔，索赔的基础是什么，英文叫 To establish grounds for the claim。如无异议，承包商才再进一步提供相关的索赔金额评估资料，英文叫 To build up financial aspect of what it has cost。要注意索赔的法律依据与金额评估是互不相干的两个问题，咨询工程师在做有关决定时不能牵强附会地把这两个问题扯到一起来谈，或者给出带有偏见的结论。在评估索赔时，咨询工程师会受金额大小的影响定出不同取向，有可能明显偏袒业主，维护其经济利益，这时承包商有充分理由为此提出仲裁。

1999 年版中索赔的基本程序同以往版本大致相同，但有一点非常重要的变化：在收到承包商的索赔详细报告（包括索赔依据、索赔工期和金额等）之后 42 天内（或在咨询工程师可能建议但经承包商认可的时间内），咨询工程师应对承包商的索赔表示批准或不批准，不批准时要给予详细的评价，并可能要求进一步的详细报告。这比过去只要求承包商及时上交索赔意向书及详细报告，而对咨询工程师的答复日期没有任何限制要合理得多。

承包商索赔时以清晰的概念和单刀直入的方法陈述并记录发生的事实，要比与对方纠缠是否应该支付索赔重要得多。尤其是当矛盾上升到国际仲裁阶段，对于该不该或者如何支付索赔等问题，争端双方谁说了都不算，更不是谁嗓门大或说话厉害就能解决问题。应该做到持之有理，言之有据，一切从合约出发，注意在索赔时尽量例举简单明了的事实，而不去过多地谈一些什么假设。因为事实的作用终归是正面的，而乱做假设难免产生负面的影响。只有仲裁员或仲裁庭才有权根据双方各自提供的事实依据，追溯当时所做决定是否正确，并且做出最终裁决。

承包商要从一开始就注意主动搜集和准备有关索赔的各种证据，力争当期的问题当期解决，这样以后交涉起来就会占据主动。因为国际仲裁时的一个重要原则就是：谁主张，谁举证。一切皆要证据才可成立，所以提出索赔要求的一方必须出示能令仲裁员信服的证据。有些承包商滥用索赔，多估冒算，漫天要价，甚至伪造证据，然而到举证时，所呈交的相关文件又经不起仔细推敲和检查,这样非但达不到经营创利的目的,反而会影响自己的商业信誉,最终可能形成被动局面。

招投标制度的依据就是利用商品经济的共同规律——价值规律和竞争规律而建立起来的一种经营管理模式,通过经济杠杆的作用,使得所有承包商进入市场,参与竞争。这样,每个企业在自由追求其商业目标的同时,也必须要肩负相应的责任和义务,从而确保大家以负责的态度去享受市场经济所提供的空间,使得市场能够正常运作和蓬勃发展。因此,承包商长期处在低利润和高风险的环境下运作项目,必须时刻有面对市场和风险的充分心理准备。

随着国际工程承包市场的竞争日益激烈,造就了海外承包商的索赔意识普遍较强,而这种索赔完全不同于国内施工企业在计划经济体制下的追加工程概算。在 FIDIC 合同里索赔的条款很多,例如,前面提到的第 12 款、第 13 款、第 40 款、第 52.5 款和第 65 款等,其中第 12 款很重要,承包商一般在索赔时会经常引用这个条款,可以说是索赔的基础,必须记住并且用活。

FIDIC 合同第 12 款的中心意思是:在合同的执行过程中,承包商遇到了编制标书时不可预见的情况才可以索赔。如果是投标时把单价报低了,就很难再进行索赔,因为承包商在投标首封函(Covering Letter)里声明过:"已经认真地研读了标书内容,包括合同条件、技术规范、图纸、B.Q. 单以及附件要求等,对标书条件确认无疑,承认标书对自己的约束力,并且所有报价不变。"根据这些确认,业主完全可以拒绝承包商提出的索赔。

同样,FIDIC 合同第 11 款里也有类似的说法,确认承包商在投标前对现场情况及周围环境了如指掌,并已尽量获取了有关数据,从而可以避免出现的意外或风险。除非发生不可预测的事情,承包商才能引据第 12 款、第 13 款和第 40 款或特殊风险条款等展开索赔。即便这样,业主也会与承包商争执,实在达不成一致时就要提交仲裁。仲裁真正进行起来往往像马拉松,是件非常头痛的事,而且最终未必胜诉。

有些承包商盲目追求中标率,为了中标,不顾自身的财务经济实力、施工技术水平、经营管理经验和风险控制能力,缺乏客观实事求是的态度,在编标作价时将标价压得过低,大大超过成本控制的幅度,并且讲:"以低价拿标,靠索赔赚钱。"

这种经营方式有相当大的风险,因为在以低于成本的价格中标后,希望通过索赔而弥补远低于标底的差价损失甚至形成盈利并不现实,无数的国际工程承包实践也都证明了这一点。国际工程承包是一项风险事业,而且特点是金额大、工期长、涉及面广,"投标"的英文 Tender(美国英语叫 Bid)本身就喻含有"(小心翼翼)试着来"的意思。要重视对项目风险的分析,并对可能出现的风险尽量做到量化(Calculated Risks),牢固树立防范风险的意识,加强风险规避管理。

如果承包商把投标报价建立在没有把握的索赔期望上,甚至准备把索赔当成一种威胁和要价的手段,不但无法赚钱,而且难以保本,早晚是要吃亏的。因为索赔成功的机会实在难以预测,结果不得而知,等待拿到索赔款的时间又会相当长,若金额达不到一定规模时,往往得不偿失。有些承包商低价拿标后,在工程进行期间才发现成本大大超出了标价,入不敷出,资金周转困难,而索赔又举证不足,令项目无法顺利完成,造成巨额亏损。使用上述投标手法从事经营的承包商恐难维持长久,而且业主和咨询工程师也会随时采取措施进行反索赔,并防止这类承包商今后再中标。尽管笔者亲身经历过的项目中也有一些靠索赔创收的,例如,在海外干过一个世界银行贷款的 981 万美元的工程,通过索赔最终拿回了 429 万美元,占到合约金额的 44%,比例不算低;又如,在香港干过一个 6200 万港元的项目,最后拿回索赔款 22556870.12 港元另加 380 万港元律师费补偿,比例也高达 42.5%;等等。但笔者仍然认为:索赔,谈何容易!是否可以这样说:索赔可索而常遇不赔,承包商要想真正拿到索赔的有效助力手段,只能是最终引用 FIDIC 合同第 67 款的仲裁,而实际上在比较了仲裁费用与索赔收入的差异后,又不能无论金额大小都去付诸国际仲裁。

以上所讲绝非否认索赔在工程实施中的重要性（索赔相当重要！），而是在谈面对现实时索赔的可操作性，反倒是希望大家注重学会采取较策略和更实用的手段去增收创利。因为"索赔"这个字眼本身就相当刺激，被索赔的一方看到这个词的第一反应肯定是心理上的抗拒和难以接受，并会想尽各种办法使之无法实现，结果往往正常的、理由充分的索赔也难得到应该的赔偿和补偿。究其原因，可能是"索取"涵义造成的影响，尽管这完全是承包商的正当要求，就像在机场 Baggage Claim 处提取属于自己的行李那样自然。

承包商要在索赔工作开始之前，首先确定有利于自己索赔的出发点及合同依据，并考虑到业主可能予以反驳的观点。在实际工作中，有经验的承包商通常都尽量避免"索赔"（Claim）这一字眼作为致函的标题，而是一般采用要求"经济补偿"（Financial Compensation）的说法，如果得不到业主的支付或答复，则可使用"再提示"（Second Reminder）、"第三次提示"（Third Reminder）等继续进行诉求，连"经济补偿"这类字眼都不再提，从而能够最后体面地保证应得利益。国内目前谈论工程索赔的书籍很多，有需要可以查阅，故此不重复多谈。

承包商在索赔时经常引用波纹理论（Ripple Theory），也叫冲撞效应（Impact Effect）。国际承包项目施工过程很漫长，咨询工程师经常会在现场指示承包商完成超出合同规定内容（或合同中没有）的任务，而承包商遵从这些指示进行工作就要影响到其原定计划及安排，打乱原有的施工组织，或被迫改变原定施工顺序，造成某种程度的混乱，英文叫做 Disorganization，带来一定麻烦，势必产生额外开支。当出现要求工程实施偏离合同内容的情况时，就如同平静的水面受到外界干扰而形成的波纹一样，从工程术语上讲，这种指示使得承包商原本正常的计划和作业受到了"波纹效应"的影响。承包商有权为此索要额外费用和经济补偿，这也是后面要谈到的出现工程变更令、加速施工等情形时要求业主增加付款的理论依据。

现将承包商经常据以索赔的 FIDIC 合同条款整理附后，可供参考。

条款号	事　由	延长工期	费用补偿	通　知	"延误"
第4.2款	分包商义务的转让	√	×	×	√
第6.1款	图纸及文件的保管和提供额外图纸	×	√	×	×
第6.4款	图纸延误	√	√	事先	×
第9.1款	合同协议	×	×	—	×
第12.2款	不利的外界障碍或条件	√	√	及时	×
第17款	放线数据有误	×	√	—	×
第20.3款	因业主风险对工程造成的损害	×	√	—	×
第22.3款	业主提供的保障及向业主的索赔	√	√	×	√
第27款	化石	√	√	立即	√
第30.3款	材料及工程设备的运输及对道路损害的赔偿	√	×	×	×
第31.2款	为其他承包商提供方便	×	√	—	×
第36.5款	未明确规定的检验	√	√	—	×
第38.2款	剥露和开孔—承包商无过失	×	√	—	×
第40.2款	暂时停工	√	√	—	×
第42.2款	未能办妥工地移交手续	√	√	—	√
第44.1款	工期的延长	√	×	28天	√
第49.3款	修补缺乏的费用——承包商无过失	难说	√	—	难说

续表

条款号	事　由	延长工期	费用补偿	通　知	"延误"
第50.1款	进行调查——承包商无过失	×	√	—	×
第51款/第52款	工程变更令	参见第44款	√	14天	×
第58款	暂定金额	×	√	—	×
第65.3款	特殊风险对工程的损害	×	√	—	×
第65.8款	合同终止时的付款	×	√	×	×
第69.4款	承包商暂时停工的权力	√	√	事先	√
第70.1款	费用的增加或减少	×	√	×	×
第70.2款	后继法规	×	√	—	×

案例及索赔条款

国际工程承包的履约过程中，许多索赔会进行得旷日持久，而争斗的结局却可能对承包商并无任何实际效果，尤其是一些零散的小额索赔，成功的机会更是微乎其微。

但是，在遇到重大风险事件后，承包商如果有较高的应变能力，不是消极地坐等或回避，而是积极地去寻找并把握时机，恰当地引用相关合同条款，还是有机会获得索赔补偿的，至少可以利用索赔减少风险事件中的部分经济损失，找出既合情、合理、合法，又对自己有利的解决办法。

重大风险事件的特点是来势突然、持续时间长、涉及金额大，通常都会导致项目的停工。风险发生的同时，必然带来损失，甚至造成危机。但是，"物极必反"，当事情的一方走到极端后，即会向相反方向转变，"危机就是危险之中孕育着机会"，这一说法不无道理。

风险的发生伴随着擦肩而过的索赔机缘，

如果能够正视问题，处理得当，承包商不但能够驾驭风险，回避损失，还可抓住机会，主动出击，避免被动挨打，通过不断的积极决策，冷静稳妥地解决问题，最终创造索赔收益。对于有经验的承包商来说，风险的大小与索赔金额是一个正比关系。当然，要解决难题必须心思缜密，而且还要懂得灵活变通。

下面结合笔者在海外经历过的一个项目实例，谈谈处理风险索赔时可以使用的主要合同条款。

某国的一条公路翻新项目，采用的是 FIDIC 合同 1977 年第三版，合同额为 981 万美元，工期 24 个月，咨询工程师是英国一家名为"伟信顾问公司"的老牌咨询公司。

该公路翻新项目在实施过程中，遇到邻国与项目所在国发生外交争端，邻国因此单方面关闭了两国边境，停止向这个内陆国家提供燃油，造成主体工程停工 9 个多月，相当于合同总工期的 37%强，应属于重大风险事件。

合同是双方实施项目的契约性文件，也是承包商进行索赔的重要依据。在仔细分析和研究了合同的有关条款后，我们认为这次事件属于：

（1）双方无法控制的情况；

（2）一个有经验的承包商无法合理预见并采取预防措施的自然力所导致的结果；

（3）实际障碍（Physical Obstruction）；

（4）特殊情况（Special Circumstance）；

（5）合约中途受阻（Frustration）。

我们考虑到提出索赔有成功的希望，在掌握充足的证据后，认为下述合同条款可以支持承包商的合法主张和索赔要求：

第 40.1 款（暂时停工）

根据咨询工程师的指示，承包商应按咨询工程师认为必要的时间和方式暂停工程或其任何部分的进展，在暂时停工期间承包

商应对工程或其一部分进行咨询工程师认为有必要的保护和安全保障。如暂时停工不属于下列情况,则应运用第40.2款:

  a. 在合同中另有规定者;或

  b. 由于承包商一方某种违约或违反合同引起的或由他负责的必要的停工;或

  c. 由于现场天气条件导致的必要的停工;或

  d. 为工程的合理施工或为工程或其任何部分的安全必要的停工(不包括因咨询工程师或业主的任何行动或过失或由第20.4款中规定的任何风险所引起的暂停)。

第40.2款(暂时停工后咨询工程师的决定)

  根据第40.1款规定,在适用于本款规定的情况下,咨询工程师在与业主和承包商适当的协商之后,应做出如下决定:

  a. 根据第44款规定,给予承包商延长的工期的权力;以及

  b. 在合同价格中增加由于此类暂时停工引起的承包商支出的费用款额。

  咨询工程师应相应地通知承包商,并将一份副本抄报业主。

第40.3款(暂时停工持续90天以上)

  如果工程或其任何部分的进展是根据咨询工程师的书面指示而暂停,并且自停工之日起90天内,咨询工程师未发出复工的许可,(除非该项停工属于第40.1款中的(a)、(b)、(c)或(d)款规定的情况)则承包商可向咨询工程师递送通知,要求咨询工程师自接到该通知书后的28天内准许已中断的工程或其一部分继续施工。如果在上述时间内未得到批准复工,则承包商可以(但不一定要)作如下选择:当暂时停工仅影响工程的局部时,承包商可按照第51款规定,将此项停工视为可删减的工程,同时对此再次向咨询工程师递送通知;或者当暂时停工影响到整个工程

时，承包商则可将此项停工视为业主违约，并根据合同第 69.1 款规定终止其被雇用的义务，此时应执行第 69.2 款和第 69.3 款的规定。

如果咨询工程师认为有必要，可以指令承包商把项目中途停工，包括对部分工程或对全部工程而言都有效。同时，承包商还应对停工期间工程的安全负责。如果这种停工不是承包商的原因或失误所致，则承包商有权为此获得经济补偿，另外咨询工程师应对这种停工决定相应的顺延工期时间。如果这种中途停工超过 90 天(1977 年版，在 1988 年版和 1999 年版中改为 84 天)，承包商可以书面要求复工。如果此后 28 天(这是一个很重要的程序)未获批准，则承包商可视为业主决定删掉了停工部分的工作内容，或者当涉及全部工程时，就属于 FIDIC 合同 1977 年版中的合同用语称之为"业主放弃合同"(abandonment of the Contract by the Employer)的情形，而在 1988 年版和 1999 年版中就直接改为"业主违约事件"(an event of default by the Employer)。换句话说，也就是合同的部分或全部终止。此时承包商可以有机会终止与业主间的受雇关系(terminate his employment under the Contract)，至少有把握为中途停工获得相应的自动延期，处理办法按 FIDIC 合同第 69 款的业主违约进行。

因为风险事件一般持续时间较长，超过 90(或 84)+28 天的可能性很大，而且导致中途停工的原因多是 FIDIC 合同第 66 款的 Frustration Event，同时亦为承包商创造了伴随风险而来的机会。当发生重大风险后，承包商应结合具体情况，联系项目实际，注意研究这一条款。

首先是要设法拿到咨询工程师的书面停工令。即便承包商书面要求咨询工程师发出暂时停工令，实际情况是很难得到书面的回复，咨询工程师定会借口特殊条件第 2.7 款的限制竭力推脱抵赖，也就是说承包商很难拿到这种停工令。因为一旦有了停工令，很自然地就意味着要出现业主额外付款的情形。而咨询工程师拒发停工令的行为是一种偏袒业主利益的行业，表明他在使用合同条款时带有偏见。在仲裁时，仲裁员会做出客观的分析和判断，认定当时已经实际停工(De facto suspension)，并且补发停工令，从而填补上由于咨询工程师行为不公而造成的法律真空。因此，在使用这一条款时是伴随有风险的，如果咨询工程师不发停工令，承包商只有靠最终提交仲裁，寻求仲裁员代之补发的停工令。

承包商在做出决策采用这一方式时，要充分考虑到这是一种高风险、高回报的选择。这种激烈的行为可以逼迫对方坐下来谈判，但同样也会促使他们更认真地进行反索赔。因为一旦仲裁判定出现的事件并非属于不可抗力，承包商就要承担因错误中止合同而给业主造成的所有损失，这属于 FIDIC 合同第 63 款的情形。

另一方面，如果业主真想引用第 63 款与承包商终止合同，从法律和技术角度讲，实际上也是相当复杂和麻烦的，有时甚至会形成僵局，中断了双方通过对话解决矛盾的可能性，特别是当 FIDIC 合同在与项目所在国适用法律的语言不同和互译存在差异时就更加难办。例如，若想确认终止的条件存在，而在把当地法律用词译为英文时，也许有"Rescission"，"Repudiation"，"Frustration"，"Termination"或"Abandonment of the Contract"等几种说法，这就可能反回来影响到对 FIDIC 合同第 63 款的理解和解释。因此，首先从法律上确认能够站得住脚是很重要的一项工作。

FIDIC 合同 1988 年版第 40.3 款里明确提到与第 69 款的关系，在这种情况下，暂时停工被视为属于业主违约，并将按第 69.2 款和第 69.3 款处理。

再回到上面所举的例子：项目被断油后，我们要求咨询工程师按第 40.1 款发出停工令，但没见答复，也没下停工令。这就表明咨询工程师有偏袒业主利益之嫌，因为若承包商据此进行索赔会增加业主的费用支出。但根据 FIDIC 合同第 1.2(3)和第 52.5 款(1988 年版为第 2.5 款，1999 年版为第 3.3 款)，实际上我们的信函已成为咨询工程师的书面指示——停工令。由于事件持续时间超过90+28天,在实际停工的第91天时,我们致函咨询工程师,要求按照第40.2款继续施工,但当时根本就不可能,因为没有燃油供应,复工仅是一句空话。

但还有一种可能,就是由于承包商的原因导致咨询工程师发出停工令的情况,或因为争议而致使咨询工程师发出停工令,按照合同条件的规定,这样做是其权力范围内的事情。这完全不同于遇到重大风险事件后的被迫停工,此时承包商的处理原则应是首先停工,避免矛盾的进一步激化,然后再寻找合同条款的依据做出适当解释,取得咨询工程师的理解,并且争取尽早复工。

第12.2款(不利的外界障碍或条件)

在工程施工过程中,承包商如果遇到了现场气候以外的外界障碍或条件,在他看来这些障碍和条件是一个有经验的承包商也无法预见的,则承包商应立即就此向咨询工程师提出有关通知,并将一份副本呈交业主。收到此类通知后,如果咨询工程师认为这类障碍或条件是一个有经验的承包商无法合理地预见到的,在与业主和承包商适当协商之后,应决定:

a. 按第44款规定,给予承包商延长工期的权力,和

b. 确定因遇到这类障碍或条件可能会使承包商发生的任何费用额,并将该费用额加到合同价格上。

咨询工程师应将上述决定相应地通知承包商,另将一份副本呈交业主。这类决定应将咨询工程师可能签发给承包商的与此有关的指示,以及在无咨询工程师具体指示的情况下,承包商可能采取的并可为咨询工程师接受的任何合理恰当的措施考虑在内。

由于国际工程承包项目的时间跨度长,在海外经营又受到国际政治、经济、社会、法律等诸多因素的影响,因而遇到风险的几率很高。风险事件是没人可以预知并采取防范措施的,但是一旦发生,造成的损失一定很大,包括在费用支出和时间拖延上。第12款把这类风险的责任划归业主承担,第12.2款所谈"不利

的实际障碍或条件"(Adverse Physical Obstructions or Conditions)就是指的这类情况,其实这段也可说是索赔"波纹理论"的文字表述。使用该条款进行索赔的关键是,一必须证明突发事件是实际障碍或由于地质条件的变化所致,二要证明这种障碍或变化是有经验的承包商事先无法合理预测的。

但值得注意的是"如果咨询工程师认为这类障碍或条件是一个有经验的承包商无法合理预见到的"中,"in his opinion such…"和"physical obstructions that could not have been reasonably foreseen"这类用词,是一种敞口的模糊描述,缺乏具体的界定。另外,确定合理的预见性也是引起大部分争议的根源,因为"合理地(reasonably)"一词涉及到程度问题,并且依项目个案的特殊性而变化多端。由于所处立场不同,对问题的看法和解释也就各不相同。这就像有人说这个盒子是黑色的,也可能会有人说不对,是灰色的一样,甚至有人也许睁着眼睛说是白色的,很容易引起争议。

惟一可以依据的原则,是在确定事件可否合理预见时,必须考虑到有利于承包商做出客观判断所掌握的全部信息,而仲裁员的结论是最终的。有些律师背景的仲裁员通常认为,只有当一个有经验的承包商可预见到会遇到实际障碍或地质变化的巨大风险(而不是一般风险)时,其索赔要求才会被拒绝,而且有时相当强调法理依据。但工程师背景的仲裁员在对此做出解释时,通常对承包商还是比较有利的,他们注重的是实际情况的可操作性。另外,面对承包商的索赔要求,业主可能通过咨询工程师给承包商出些难题,如果当承包商又不能妥善处理这些问题时,业主就会据此进而找麻烦。这也是业主采取的拒绝承包商索赔的惯用手段。当然,承包商应注意不能把管理上(Administrative)的问题混淆划到这里的Physical里来,这样就会陷自身于被动。

承包商在投标过程中做出决策时,只能有两种选择:按比较正常的情况乐观地考虑报价条件;或者按最恶劣的情况把风险全部转换为费用打入标价中,而后者只能使得许多费用成倍增加或大幅上调。结果是：如果发生了风险事件，则前者一定损失惨重，但若项目实施中如前者估计的那样一切正常，则业主就是大输家。这就逼得业主与承包商实际上在进行一场价格赌博，而双方的赌注都不是小数目。

第 12 款的目的就采用分散风险的方式，尽量避免这种赌博，并规定了相关程序。第 12.1 款要求承包商了解标书的完整性，并联系到了第 11 款的现场考察问题。第 12.2 款里写明，在遇到不利的实际障碍或条件时，承包商有权就此获得索赔，但问题在于并没具体界定何为不利的实际障碍或条件，也没能给出方法如何寻找最终答案。尽管咨询工程师的权力很大，似乎可以决定，但该款又写明要与业主进行认真磋商，同时还受到第 2.7 款的限制，因为这种决定会类似变更令及导致费用的增加，并可能由此形成僵局。

前面提到的公路项目所遇意外燃油危机确实属于"承包商在投标时无法合理预见到的""不利的实际障碍或条件"。业主既然已经与承包商签订了合同，就必须双方都受到法律约束，因此我们坚持应该得到经济补偿。

第 13 款（应遵照合同工作）

除法律上或实际上不可能外，承包商应严格按照合同进行工程施工和竣工，并修补其任何缺陷，以达到咨询工程师满意的程度。在涉及或关系到该项工程的任何事项上，无论这些事项在合同中写明与否，承包商都要严格遵守与执行咨询工程师的指示。承包商应当只从咨询工程师处取得指示，或根据第 2 款的规定，从咨询工程师代表处取得指示。

从 FIDIC 合同左边的旁注标题上看，这一条款是要求承包商"应遵照合同工作"，似乎属于对承包商的限制性条款。但是，FIDIC 合同第 1.2 款又说明旁注标题对于解释合同内容并无影响，因此，在 FIDIC 合同第 13 款中限制承包商的前提条件相当重要,是在"除法律上或实际上不可能外"的限定下,1977年版中的英文表达方式是 Save insofar it is legally or physically impossible,1988年版表达方式变为 Unless it is legally or physically impossible,也可以说是一个外界限制条件。简单地讲,就是不能要求承包商干他办不到的事情(Contractors cannot be required to do the impossible),这个前提条件应与 FIDIC 合同第12款、第20款、第40款、第65款和第66款等联系起来解释。

"法律上的不可能"(Legal impossibility)包括当地法律变更导致承包商无法正常履约,这在第66款里叫做 which render it… unlawful。例如,有时在法律上就不允许使用某种特定材料,或者专利拥有人拒绝提供或根本不让使用其专利。但是,如果专利法保护某项专利不得被非法侵权使用,而在承包商支付比他原想费用多的钱后,就能买到使用这种专利,这就不属于"法律上不可能"的情形。又如,在有些国家或地区的法律里明文规定,违规施工属于非法,当发生噪声扰民时,项目现场的负责人要承担刑事责任,甚至可能被判监禁,以对在假日或晚间"偷鸡"开工的承包商起阻吓作用。

"实际上的不可能"(Physical impossibility)包括 FIDIC 合同第12款中所谈的"不利的实际障碍或条件",当这种情况走向极端时,就是第66款所述 which render it impossible(使之变得不可能)的情形,即导致解除履约,从而终止合同。请注意,这里的"不可能"与相当困难或十分复杂有着本质上的区别。例如,要在混凝土工程中的钢筋空隙之间施工比该空隙直径大的预应力管道就不可能。解决办法要么增大钢筋空隙,要么缩小管道直径,或者将管道改线重铺,这就划归到第51款的咨询工程师发出变更令的情形里了。

Physical impossibility 从英文字面上看,就是要符合物理定律(The Law of Physics),判断时以是否从客观上无法操作为原则。但承包商在实际引用第13款时,通常是以商业规则(The Law of Commerce)作为出发点,而且还要考虑交涉的时机和技巧。例如，许多桩打不下去的时候，承包商可能会坚持属于"实际上的不可能"，因而要求变更设计或发出工程变更令，但业主或咨询工程师会争辩说，承包商不能为几根桩的不可能而全部撤走，能够打的还要继续打下去。

第66.1款（解除履约时的付款）

如果在颁发中标函后发生双方无法控制的任何情况，使双方中任何一方不可能或是不能依法履行自己在合同中的义务，或根据合同法双方均被解除继续履约时，如果合同已按第65款的规定被终止，则业主为已实施的工程向承包商支付的金额应与按第65款规定应支付的金额相等。

这款实际上是在谈终止合同涉及有关的充分必要条件。承包商在重大风险索赔时，采取的策略应首先根据第66款、第40款、第65款和第20款等，力争拿到咨询工程师的工程中途停工令，如果持续时间超过90+28天，就可以争取终止合同，并以此为手段回头再谈索赔问题，这样主动权相对会比较大。因为终止合同后原合同就死了（The Contract was dead），如果业主仍然坚持让承包商继续施工，这时属于合同翻新（Renovation of a dead Contract），当然就要重新协商价格。

如果承包商在报价时安排到早收钱，若终止合同之时验工收入比支出多的话，为什么不去一试呢？当然，考虑收入时要想到业主没收在手的各种银行保函后的情形，但双方为此付诸仲裁后，承包商如果有理有据，就算发生了业主在仲裁前无端寻找借口没收了其保函的情况，也应能拿得回来。另外，如果合同工期已经出现拖延，则在履约过程中终止合同，可以避免继续干下去时在后期必须面对的延期赔偿费。承包商中止合同后，可有三种选择：

(1) 原合同已死，转而重谈新的合同条件和价格；
(2) 单纯的索赔；
(3) 合同删除部分工程（Omission of part of work）。

应该说这时承包商就相对比较主动。当然一定要注意，如果承包商达不到目的，就有相当风险了，业主这时会反过来追讨承包商大闹终止合同而导致的损失。

合同中途受阻是指发生的风险事件导致现时情形与签约时的情况发生了根本性变化，要注意是"根本性变化"。例如，日出日落的时间是签约双方均不可控制的自然规律，但并不能因冬天日短而造成工作时间不够长，就说是属于双方不可控制的根本性变化，并借此终止合同，使签约双方中的一方无法履行自己的合同义务，这也是FIDIC合同第13款里的法律和实际上不可能成立的条件。

该项目遇到的燃油危机就属于有经验的承包商没法合理预见到的情况，而且无人可以肯定会持续多久。公司坚持认为这属于 inability to fulfill contractual obligations, for reasons of unforeseen events，因此双方均应解除履约义务，也就是终止合同，同时承包商有权按第65款获得应拿到的经济补偿。

第65.1款（对特殊风险不承担责任）

承包商对第65.2款所提到的任何特殊风险造成的有关下列后果，均不负赔偿或其他责任：

a. 在上述任何特殊风险发生之前，按第39款规定被宣告为不合格工程之外的本项工程的破坏或损坏；或

b. 业主或第三方财产受到破坏或损害；或

c. 人身的伤亡。

第65.2款（特殊风险）

特殊风险系指：

a. 第20.4款的(a)、(c)、(d)及(e)段定义之风险；以及

b. 第20.4款的(b)段所定义的、在工程施工所在国的有关

风险。

第65.3款（特殊风险对工程的损害）

如果由于上述特殊风险致使工程或在现场或在现场附近，或运往现场的任何材料或工程设备，或任何承包商的设备，遭到毁坏或损害时，则承包商根据合同有权得到对任何已按时完成的永久工程以及任何受到毁坏与损害的材料或工程设备的付款，还有权得到根据咨询工程师的要求所进行的，或为了完成工程所必须进行的以下工作的付款：

a. 修复任何此类被破坏或损害的工程；以及

b. 替换或修复此类材料或承包商设备。

咨询工程师应根据第52款规定确定追加合同价格（如果涉及更换承包商设备的费用，则应包括由咨询工程师确定的有关设备的公平市场价值）并应相应地通知承包商，同时将一份副本抄报业主。

第65.4款（炮弹、导弹）

不论何时何地发生任何因地雷、炸弹、爆破筒、手榴弹或是其他炮弹、导弹、弹药或战争用爆炸物的爆炸或冲击引起的破坏、损害、人身伤亡，均应视为上述特殊风险的后果。

第65.5款（由特殊风险引起的费用增加）

除了按合同中任何其他条款规定承包商有权得到付款外，业主应偿还承包商任何施工费用（除去在任何特殊风险发生以前，按第39款规定已宣告为不合格的重建工程所造成的费用），此费用不管是归因为上述特殊风险，或随其发生，或为其结果，或以任何方式与之有关，但受本条款下文所包含的与战争爆发有关规定的限制，而承包商一经获悉任何此类费用，应立即通知咨询工程师。咨询工程师应在与业主和承包商适当磋商后，将确定上述费用的数额，并加到合同价格中去，并相应地通知承包商，同时将一份副本抄报业主。

第65.6款（战争爆发）

在合同执行过程中，如果在世界任何地区爆发战争，无论宣战与否，也不论其在财务上或其他方面实际上对工程施工有无影响，承包商应继续尽最大努力完成施工，除非和直到合同根据本条款规定被终止。但在上述战争爆发后的任何时候，业主应有权通知承包商终止合同，一经发出此项通知，除执行本条规定的各方权利和执行第67款的规定外，此合同应告终止，但不损害双方中任一方对于任何先前的违约所拥有的权利。

第65.7款（合同终止时承包商设备的撤离）

如果根据第65.6款规定合同被终止，承包商应尽速从现场撤离其全部设备，并应为他的分包商提供相同的方便撤离其设备。

第65.8款（合同终止后的付款）

如果合同如前所述被终止，则业主应按合同中规定的费率和价格向承包商支付在合同终止日期以前完成的全部工作的费用，但应减去账上已支付给承包商的款项与项目，并另外支付下述费用：

a. 有关工程量表中提及的任何开办项目的应支付款额，只要这些项目中的工作或服务已进行或履行，以及任何上述项目中已进行或履行了的相应部分工作或服务的费用；

b. 为该工程所合理订购的材料、工程设备或货物的费用，如已将其交付给承包商或承包商对之依法有责任收货时，则业主一

经支付此项费用，该项材料、工程设备或货物即成为业主的财产；

c. 承包商为完成整个工程所合理发生的任何开支的总计，而该项开支未包括在本款提及的任何其他付款中；

d. 按第 65.3 款和第 65.5 款规定的应支付的任何附加金额；

e. 考虑到为工程施工已支付或将支付的费用，和按照第 65.7 款撤离承包商设备的费用，以及在承包商提出要求时，将承包商的设备运回其注册国内承包商的设备基地或其他目的地的费用的合理部分，但不得多索费用；

f. 承包商雇用的所有从事工程施工及与工程有关的职员和工人在合同终止时的合理遣返费。

但业主除本款规定应支付任何费用外，亦应有权要求承包商偿还任何有关承包商的设备、材料和工程设备的预付款的未结算余额，以及在合同终止之日，按合同规定应由承包商偿还业主的任何其他金额。任何按本款规定应支付的金额应由咨询工程师在同业主和承包商适当协商后确定，并应相应地通知承包商，同时将一份副本抄报业主。

特殊风险不应由承包商承担，FIDIC 合同把它划归到业主风险一类里，因特殊风险导致承包商遭受的任何损失应由业主负责补偿。

在第 65.6 款里的 "Without prejudice to the Employer's obligations" 的说法，是在国际工程承包合同中常见的一种标准开头用语，意为后述说法不能改变这一开头语所限定内容的效力，中文可译成"在不妨碍业主已有权利和义务的情况下"。咨询工程师在确认承包商的索赔意向或批准顺延工期时，通常都会在复函中这样写。

第 20.1 款（工程的照管）

从工程开工日期起直到颁发整个工程的移交证书的日期止，承包商应对工程以及材料和待安装的工程设备等的照管负完全责任。照管工程的责任应随移交证书一起移交给业主。但：

a. 如果工程师为永久工程的某一区段或部分颁发了移交证书，则承包商从颁发移交证书之日起，即应停止对那一区段或部分的照管责任，此时对那一区段或部分的照管责任移交给业主；

b. 承包商应对那些在缺陷责任期内他应予完成的任何未完成的工程及供工程使用的材料和工程设备的照管负完全责任，直至此类未完成的工程根据第49款的规定完工为止。

第20.2款（弥补损失或损坏的责任）

在承包商负责照管期间，如果工程或其任何部分或待用的材料或设备出现任何损失或损坏，除第20.4款限定的风险情况外，不论出于什么原因，承包商均应自费弥补此类损失或损坏，以使永久工程在各方面符合合同的规定，达到咨询工程师满意的程度。按照第49款和第50款对承包商责任的规定，承包商亦应对他在进行作业过程中造成的对工程的任何损失和损坏承担责任。

第20.3款（由于业主风险造成的损失或损坏）

当任何此类损失或损坏是由于第20.4款所限定的任何风险造成的，或是与其他风险相结合造成时，若咨询工程师提出要求，则承包商应按该要求的程度修补这些损失或损坏，而咨询工程师应按照第52款的规定决定增加合同价格，并应相应地通知承包商，同时将一份副本呈交业主。如果是由多种风险相结合造成的损失或损坏，则咨询工程师在做出上述决定时，应考虑到承包商和业主的责任所占的比例。

第20.4款（业主的风险）

业主的风险是指：

a. 战争、敌对行动(不论宣战与否)、入侵、外敌行动;

b. 叛乱、革命、暴动,或军事政变或篡夺政权,或内战;

c. 由于任何核燃料或核燃料燃烧后的核废物、放射性毒气爆炸,或任何爆炸性核装置或核成分的其他危险性能所起的离子辐射或放射性污染;

d. 以音速或超音速飞行的飞机或其他飞行装置产生的压力波;

e. 暴乱、骚乱或混乱,但对于完全局限在承包商或其分包商雇用人员中间且是由于从事本工程而引起的此类事件除外;

f. 由于业主使用或占用合同规定提供给他的以外的任何永久工程的区段或部分而造成的损失或损害;

g. 因工程设计不当而造成的损失或损坏,而这类设计又不是由承包商提供或由承包商负责的;

h. 一个有经验的承包商通常无法预测和防范的任何自然力的作用。

第20款所列风险事件可理解成是第65款的子集。"不可抗力"在FIDIC合同里并没叫做Force Majeure,而是在第20.4(h)款里被称为"自然力"(Force of Nature),或是划归到第66.1款里的Any Circumstances outside the control of both parties项下,其含义比第65款所列具体的风险事件要广,它与第13款中的实际不可能(Physical Impossibility)互为解释并密切相关。对Special Circumstance的范围和内容,合同中没有明确的定义,但通常的解释是这种情况必须是"特殊的,而并非一般的",或"在数量、程度和深度上都是异常的"。由于"不可抗力"的定义域相当宽泛,因此"特殊情况"难免会与之有重叠的现象,并在第20.4款中明确是业主风险,因此由风险事件引发的所有经济损失应由业主承担并赔偿给承包商。但是,矛盾的焦点往往集中在什么情况可以划归到"自然力"的范畴内,这也是合同中极易形成争端的问题,是导致仲裁的焦点之一。

第67.1款（咨询工程师的决定）

如果在业主和承包商之间由于或起因于合同或工程施工而产生任何争端，包括对咨询工程师的任何意见、指示、决定、证书或估价方面的任何争端，无论是在工程施工中还是竣工后，也不论是在否认合同有效或合同在其他情况下终止之前还是之后，此类争端事宜应首先以书面形式提交咨询工程师，并将一份副本抄送另一方。并应说明向咨询工程师提交这种文件是根据本条款采取的行动。咨询工程师应在收到上述文件后的84天（1977年版为90天）之内将其决定通知业主和承包商。该决定亦应说明是根据本款作出的。

除非合同已被否认或被终止，在任何情况下，承包商都应以应有的精心继续进行工程施工，而且承包商和业主应立即执行咨询工程师作出的每一项此类决定，除非并直到该决定按下述规定变为友好解决或仲裁判决。

如果业主或承包商双方中的任何一方对咨询工程师的任何决定不满意，或者如果咨询工程师未能在他接到该文件后的第84天（1977年版为90天）或在此之前将他所作决定的通知发出，那么，无论业主或是承包商都可以在收到此决定的通知后的第70天（1977年版为90天）或在此之前，或在上述84天（1977年版为90天）期满之后的第70天（1977年版为90天）或在此之前，视情况而定，按下述规定将其把有关争端提交仲裁的意向通知另一方，并将一份副本送交咨询工程师供其参考。这一通知就确定了发出通知这一方就这一争端按以下规定开始仲裁的权利。按照第67.4款的规定，如果没有发出这类通知，上述仲裁则不能开始。

如咨询工程师已将他对争端所作的决定通知了业主和承包商，而业主和承包商双方收到咨询工程师有关此决定的通知后第70天（1977年版为90天）或在此之前均未发出要将该争端提交仲裁的通知，则上述决定将被视为最后决定并对业主和承包商双方均有约束力。

第67.2款(友好解决)(1977年版没有这一子条款)

按第67.1款规定已经发出将把一件争端提交仲裁的通知后,争执双方应首先设法友好解决争端,否则不应对这一争端开始仲裁。如果争执双方没有另外的协议,仲裁可在将此争端提交仲裁的意向通知发出后第56天或在此之后开始,而不管是否已作过友好解决的尝试。

第67.3款(仲裁)

有关以下方面的任何争端:

a. 咨询工程师的决定(如果有的话),未能根据第67.1款规定成为最终决定并具有约束力;以及

b. 在第67.2款规定的期限内尚未达成友好解决。

除非合同中另有规定,均应按国际商会的调解与仲裁章程,由据此章程指定的一名或数名仲裁人予以最终裁决。上述仲裁人(们)有全权解释、复查和修改咨询工程师对争端所作之任何决定、意见、指示、确定、证书或估价。

双方中任何一方在仲裁人(们)的仲裁程序中,均不受根据第67.1款为取得咨询工程师的上述决定而向工程师提供证据或论据的限制。上述咨询工程师的决定,不应使他失去被传为证人以及向仲裁人(们)提供任何与争端有关的证据的资格。

在工程竣工之前或之后均可诉诸仲裁,但在工程进行过程中,业主、咨询工程师及承包商各自的义务不得以仲裁正在进行为理由而加以改变。

第67.4款(未能遵从咨询工程师的决定)

当业主和承包商双方都未在第67.1款规定的时期内发出将

争端提交仲裁的意向通知，而有关决定成为最终决定并具有约束力时，如果一方未能遵从此决定，则另一方在不损害任何其他具有的权利情况下，可根据第67.3款的规定将此未履约行为提交仲裁。第67.1款和第67.2款的各项规定不适用于任何此类提交。

由于各自利益的冲突，对于重大风险的看法也会各持己见，有时双方唇枪舌剑，辩论十分激烈，尤其是对第20款、第40款、第12款、第66款中所说的情况是否属于双方无法预见的"自然力"，从而可否提前采取防范措施一直是矛盾的焦点。例如，在施工过程中，雨季里一个挡墙的倒塌可能是属于施工质量造成的问题，也可能是由于暴雨形成的多次山洪反复流过而冲毁的，而这就属于一个有经验的承包商无法合理预见并且不可能事先采取防范措施的事情。前者是承包商的责任，后者是业主的风险，在施工现场有时很难立即解释清楚。通常是要待付诸仲裁后才能最终决定，仲裁员这时就要用"放大镜"来研究合同，认真判断争端的原委，承包商也经常以此为手段逼迫业主接受其索赔条件。

另外要提到的是仲裁费用非常高昂，根据水平和名气的高低，律师费约为450～800美元/小时，助手在300多美元/小时左右，但这些费用比起项目可能涉及的索赔金额仍然是小巫见大巫。当然，如果真正提请仲裁，业主和承包商最终支付给律师的费用占到合同价款的比例可能还不是小数目，这实际上对签约双方都是一种损失。

普通法原则上认为，在正式提交索赔前所发生的费用是不能得到补偿的，即便仲裁判定索赔确实成立，理由是这些涉及到合约问题的法律咨询费应在报价时就予以充分考虑。因此，按合同规定解决争端的过程中，承包商就算是最终赢了索赔，一般也很难通过仲裁拿回在准备索赔时所支出的开销，其中当然包括为此而发生的律师费用。但是，也有仲裁员判定业主按承包商提供的发票据实偿付的情况。

对于燃油危机的索赔,在正式提出仲裁前业主一直置之不理,甚至威胁要没收承包商所有的银行保函,扣压在场设备和材料等。但公司在全面考虑了利弊后认为,根据掌握的各种证据,仲裁庭很可能倾向于将此次燃油危机认定为不能合理预见到的事件,或至少是一个有经验的承包商无法合理预见到的。同时也坚信为此进行的风险索赔有充足的合同依据,因此公司向业主一再说明:"We are standing by letter of the law and right shall be right." 当公司按第67款要求咨询工程师的准仲裁后,业主的态度开始软化下来,表示希望友好解决纠纷,并答应可以给予一笔数量有限的约172万美元"恩赐付款"(Ex gratia payment),但仍然闭口不谈合同条款规定应该如何补偿。只是在公司的正式仲裁书发出后,业主才被迫坐下来认真地与公司商谈,同时表示承认燃油危机影响到正常施工这个现实,不希望通过国际仲裁的方式解决双方的争端,并称考虑"给予适当经济补偿"。公司表示同意友好解决,工作中也显示出了一定的灵活性,说明可在公平合理的基础上进行协商。但合同毕竟是双方签订的法律文件,和解并不等于妥协或退让。在业主承认索赔成立并有合约依据的前提下,应根据客观的调查结果和事实依据,具体协商补偿金额,以维护承包商的正常权益。项目索赔最终实现了重大突破,用最经济最简便的方式化解了争端,拿回了440万美元的"经济补偿"(实际上就是索赔)。有关国际仲裁的问题后面还会深入谈到。

承包商进行各种索赔的依据也是"波纹理论",关键是要证明条款与事实相符,英文叫 Fait Accompli。索赔时引用的合同依据及事实要简明扼要,力争能有开门见山和单刀直入的效果。必须注意多讲事实,少做评论,可以把皮球踢给咨询工程师,让他去说下一步应该怎么办。同时应尽量回避存在歧义或相互矛盾的用词和条款。

下面把索赔程序做成流程框图,附后供参考。

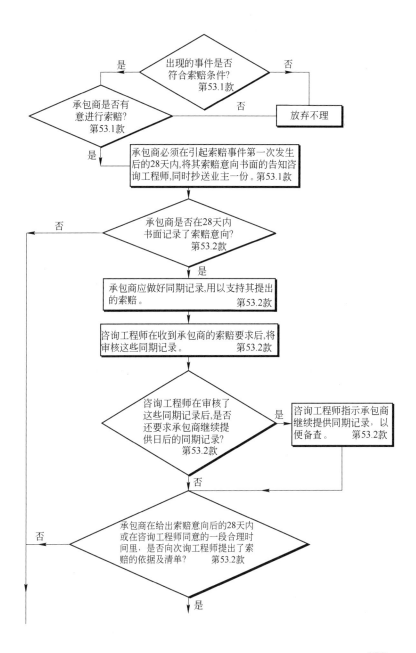

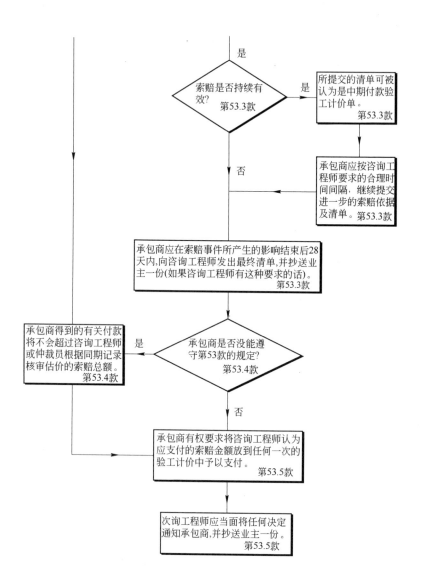

由图可知，承包商应注意以下几点：

（1）在事件发生后 28 天要书面记录索赔意向，注意这时还未必一定能够看到事件的影响会有多大。其中应该说明索赔依据的合同条款号，但尚无需列出索赔的详细清单。

（2）承包商要随时详细做好各类同期记录，因为咨询工程师在审核时相当看重 corroborating records，尤其是在索赔提交仲裁后，足够的证据支持是取胜的必要保障。

（3）咨询工程师负责审核这些同期记录。

（4）在承包商发出索赔意向后的 28 天内或双方认可的时间内，承包商要呈交索赔的具体金额及其计算依据。请注意，这是在事件发生后的 56 天内必须完成的工作，应有充足的资料准备。

（5）不断提交相关的索赔账单。

（6）最后提交一份索赔总清单。

（7）如果咨询工程师要求，承包商还应将索赔清单抄送给业主一份。

在燃油危机这个风险事件发生后的 28 天内，公司即向咨询工程师致函记录索赔要求，并抄送给业主一份，保留了日后为此进行索赔的合同权力。咨询工程师也回函，确认在"Without prejudice to the Employer's obligations"的条件下，收到我们的索赔意向。同时我们注意按合同规定，定期呈交索赔的详细报告，这样就可以防止业主推托说不清楚承包商的索赔内容，而寻找借口拒绝索赔。

承包商提出的索赔要一事一报，最好就不同事件编号分别进行，做到一目了然，英文叫做 Singular Presentation of Claims，这也符合国际惯例。例如，第一号索赔——现场移交问题；第二号索赔——图纸批复问题；第三号索赔——付款拖延问题；第四号索赔——清关手续问题；第五号索赔——燃油危机问题；第六号索赔——实际地质和自然条件变化问题等。要注意把工作重点向主要索赔倾斜，同时力戒索赔问题的拖延积累，避免一揽子解决，否则无疑会增大交涉的难度。

在索赔的内容上，承包商要注意做到有理有利有节，同时尽量简单明了，准确无误，直击要害。在搜集举证资料的过程中，应该详实充分，不要给对方以任何口实，甚至抓住某些欠妥细节，得以反驳。可索赔的细目(Heads of claims)有：

（1）直接损失；

（2）间断损失；

（3）工地管理费，包括现场管理人员、食宿、交通、水电等；

（4）总部管理费；

（5）赶工费(Acceleration Cost)；

（6）受延期影响导致增加的工费、料费、机械设备以及延期管理费；

（7）财务费用及相关损失；

（8）如果正常施工应能拿到的利润，但技术处理时通常叫Recapitalization(再生产资本)，解释成目的是为了再生产，而不直称利润；因为人们对利润的理解可能观点各异，容易给索赔的实际操作增加困难；

（9）拖延付款的应付利息；

（10）人员闲置窝工费(Loss of Productivity)等。

原则上，承包商的索赔计算要列明详细的索赔细目。但是，由于影响和构成索赔的因素太复杂，业主或咨询工程师有时也会同意不必再去详细分列具体细目，接受对承包商索赔的计算和支付可按较简便的"包干价"(Lump Sum)方式进行。该项目索赔的最终支付就是采用了包干价的方式。

签订合同后必须由双方共同遵守和认真履行，不能只是对承包商单方加以限制，而业主却可以为所欲为。如果业主的行为触犯了第69款的规定内容，则承包商可以选择终止合同的方式加以了断，并追讨因此导致的全部损失。应该注意，终止合同是一个重要的法律行动，除了合同本身的条件外，还要慎重考虑合同第5.1(b)款中的适用法律，并仔细分析各种相关因素，尤其要分析项目所在国的有关情况，以确定终止合同对签约双方的影响和利弊。当然，承包商可以在使用第 69 款与业主终止合同后而重谈合同的翻新问题，这时应能争取到更优惠的条件。公司在该项目上就是采取的这种策略。

此外，一旦发生风险事件，必然导致项目进度的时间拖延，承包商会就此要求延长工期，然后就是随之进行的延期经济索赔。

该项目原合同工期为 24 个月，但在意外的燃油危机发生后，咨询工程师对承包商要求顺延工期的要求一直拖而不复，有时仅做口头答复，敷衍了事，声称"相信经过承包商的努力，应能够有把握按期完工"。我们明确致函指出，请咨询工程师要么书面指示承包商必须按期完工，这样就要被迫安排项目赶工，并有权为此得到经济补偿，要么就是答复批准延长工期，同时补偿延期损失，否则将导致承包商无法系统有序地组织施工。经过反复交涉，我们延长工期的要求最终得到确认，获得了额外的延长工期共 35 个月。由于后面还要讲到这个问题，故这里不再详谈。

现将承包商利用 FIDIC 合同第 20 款、第 40 款、第 44 款、第 51 款、第 65 款、第 66 款、第 67 款和第 69 款等综合处理风险事件的重大索赔步骤(包括业主可能利用第 63 款进行的反索赔)整理成如后流程框图，可方便查阅参考。

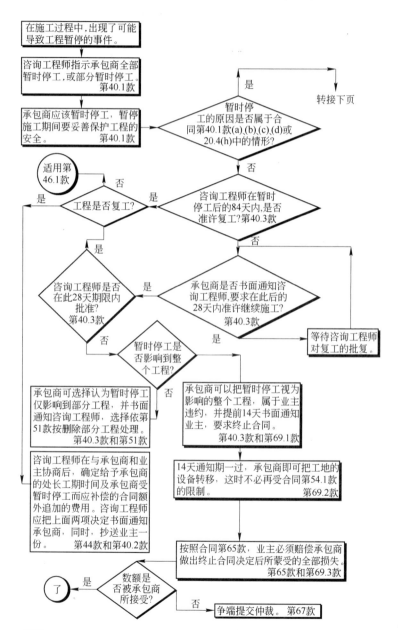

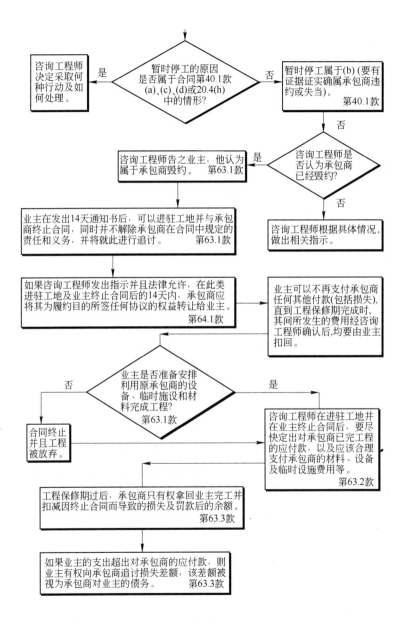

保函

保函是在符合支付条件的情况下，由银行或保险公司出具的对付款的一种绝对保障。保函实际上是一种第三方的经济担保，是为确保债权人能够得到清偿而提供的一种特别保证，构成的法律关系就是接受担保的债务。但是，如果对保函问题处理不当，就会把承包商暴露在相对较大的风险条件之下。

保函的内容很多，FIDIC合同涉及到投标保函、履约保函、预付款保函、材料设备免税抵押保函、保留金保函、清税保函，还有应业主要求为某种目的而开出的特殊保函等。保函的开出都是一环扣一环，以确保业主的利益不受损失。例如，投标报价的有效期一般为120天(或180天)，而投标保函的有效期要比投标报价的有效期加长28天(或30天)。投标时承包商必须呈交投标保函，一般在收到中标通知书后28天内必须向业主递交项目的履约保函，业主在收到履约保函后才发放投标保函。如果业主决定授权给该投标人，而承包商没在规定的时间内签约或提交履约保函，则业主将没收其投标保函。

保函有从银行开出的，英文叫 Bank Guarantee 或 Bond，也有从保险公司开出的，只能叫 Bond。保函的开出有两种方式，一种是应承包商的要求，直接由银行开给业主，出现业主没收保函(Calling of Bank Guarantee)的情况后，就从承包商在该银行的账户上直接划拨扣钱，并将该笔金额用于赔款。另一种是通过业主认可的一家银行提供反担保性质的保函，这种反担保与原保函同期作废。两种开出保函方式的费用都要由承包商承担。

保函的特点是无条件，有些类似贸易业务中的不可撤销信用证(Irrevocable Letter of Credit)。在这个方面，许多适用于跟单信用证的运作原则和法律规定同样也适用于保函。信用证有效地事先保证了买方在确认收到卖方货品后买方向卖方的自动付款。在信用证支付后，如果买方发现卖方货品存在质量或数量缺陷，只有采取法律行动进行弥补。同样，如果承包商的保函被业主没收，承包商无法要求银行拒付(除非银行发现对方有明显欺诈行为)，也只能通过法律途径交涉要回，但实际操作中相当困难。

保函与业主和承包商之间所签的主合同是互为独立的，主合同当事人双方之间的争议和纠纷与银行没有任何法律上的联系。一旦业主提出索偿，银行在经过形式上的审查(并不涉及主合同的权利义务等具体内容)，向业主付款并从承包商处得到偿付之后，即在履行了其保函的权利和义务后，便终止了其担保责任的法律效力。业主与承包商之间有关主合同的争议，均与银行不再有任何法律意义上的牵连。

FIDIC 合同第 10 款明确规定出承包商履约保函的条件。

第 10.1 款(履约保函)

如果合同要求承包商为其正确履行合同取得担保时，承包商应在收到中标函之后 28 天内，按投标书附件中注明的金额取得担保，并将此保函提交给业主。当向业主提交此保函时，承包商应将这一情况通知咨询工程师。该保函应采取本条件附件中的格式或由业主和承包商双方可能同意的格式。提供担保保函的机构须业主同意。除非合同另有规定，执行本款时所发生的费用应由承包商负担。

第 10.2 款（履约保函的有效期）

在承包商根据合同完成施工和竣工，并修补了任何缺陷之前，履约保函将一直有效。在根据第 62.1 款发出缺陷责任证书之后，即不应对该担保提出索赔，并应在上述缺陷责任证书发出后 14 天内将该保函退还给承包商。

第 10.3 款（根据履约保函的索赔）

在任何情况下，业主在对履约保函提出索赔之前，皆应通知承包商，说明导致索赔的违约性质。

第 10.4 款（履约保函的来源）

如果担保采用银行担保形式，则应由下列银行签发：
a. 业主所在国境内的银行，或
b. 通过业主所在国境内代理银行的一家外国银行。

1999 年版里对业主在什么条件下可以没收履约保证做出更明确的规定：

第 4.2 款（履约保函）

（1）承包商不按规定去延长履约保函的有效期，业主可没收履约保函的全部金额；

（2）如果已就业主向承包商的索赔达成协议或做出决定后42天，承包商不支付此应付的款额；

（3）业主要求修补缺陷后42天承包商未进行修补；

（4）按"业主有权终止合同"中的任一条规定。

这些规定都相当明确地对承包商的履约提出了更高的要求。

另外，在《投标者须知》里会写明投标保函的条件，第60款里又会写明预付款及工程保留金保函的条件。

第60.款（预付款）

投标函附件中规定的预付款额，应在承包商根据第10.1款向业主呈交已获认可的履约保证书和以经业主认可的条件对全部预付款价值进行担保的保函之后，由咨询工程师开具证明支付给承包商。上述担保额应按照咨询工程师根据本款颁发的临时证书中的指示，用承包商偿还的款项逐渐冲销。该预付款不受保留金约束。该预付款应用在临时证书中扣除的方式给予偿还，这种扣除偿还从在永久工程的以及工程量表中（不包括保留金的扣款）所列任何其他项目的全部被证明的价值已超出中标函规定金额的百分之（填入数字）以后所颁发的下一个临时证书开始。每个临时证书开具的扣除金额应为该临时证书中予以证明的永久工程的及工程量表中所列其他项目（不包括保留金的扣款）的总价值与前面提到的最后一个临时证书所定的价值差值的1/（填入分母），直到预付款全部偿清。但在整个工程的移交证书颁发之后，或者在发生第63.1款列举的任何事件，或是按第65款、第66款或第69款终止合同时，承包商应将全部未付债务的余额立即支付给业主。

再有两个很重要的概念，就是保函的转开（Endorsement/Counterguarantee）和转递（Authentication）。在海外工程承包经营过程中，业主一般都只接受当地一家经他认可的银行开出的保函（标书上通常是这么要求），从而引出了转开和转递的问题。转开与转递的区别是：转开的手续费是按保函金额的百分数计收的，承包商花几千到几万美元是司空见惯的事，而转递可能只需几个美元，甚至免费。作为项目经理，对转开、转递的概念要明白。一般在海外的标书中都会有保函条件，要注意不同的保函开法不一样，费用也不同。办理转递保函，付十美元的手续费就足够了，如果和银行业务关系好，对方还可以免费服务。如果没有经验或不明白，而办了转开保函，项目金额又很大的话，就可能支出几万美元手续费。

转递时，当地银行只是起到联络作用，承担的是间接责任。如果发生业主索偿的情况，当地的转递银行只是负责传递信息给原开保函行，并且以其意见为准。若原开保函行同意支付，则必须给其汇款，转递银行要待收到这笔款项后才能转付业主。因此，转递有助于降低承包商的风险。

而转开时，当地银行视这种情况为"首次要求即付"的无条件保函，承担直接责任。如果发生业主索偿的情况，当地的转开银行要立刻办理赔偿支付手续，事后再与原开保函行进行财务结算。因此，转开保函对于承包商的风险较大，同时还要承担与直接开出时相近的银行保函手续费，承包商相当于双重付费（原开保函行＋转开保函行）。

在项目《投标者须知》里通常规定，如果投标人对招标文件的任何内容有疑问，可在召开标前会议前一个星期向业主书面提出，业主会在标前会议上对所有问题做出澄清，必要时还会修改招标文件。因此，承包商可以在标前会议上通过向业主澄清问题的方式，争取拿到对方的书面确认，接受中国银行直接出具的保函，或经过当地银行进行转递的保函。开出转递保函的风险也相对较小，中国银行在某种程度上可以保证承包商，例如提出对方有欺诈（Fraud）行为；而转开保函对承包商的保护作用就很弱，潜在的风险也较大。另外，中国银行开出保函的手续费相对比较低，一般在每年 4‰左右；而外国银行的保函手续费通常是 $1.5\% \sim 6\%$，如果项目风险较大时，最高可能达到保函金额的

10%,但海外银行很少见到论年度收费的,往往是按整个保函金额一次性提取。保函的开出方式图附后,供参考。

1. 直接开出保函的方式:

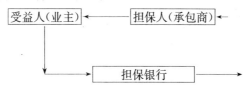

2. 反担保开出保函的方式:

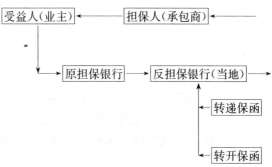

保险

FIDIC 合同第 20 款、第 21 款、第 22 款和第 23 款都是有关保险的,包括第三者(也称第三方)责任险、承包商全险、车辆保险等。

第 20.1 款(工程的照管)

从工程开工日期起直到颁发整个工程的移交证书的日期止,承包商应对工程以及材料和待安装的工程设备等的照管负完全责任。照管工程的责任应随移交证书一起移交给业主。但:

a. 如果咨询工程师为永久工程的某一区段或部分颁发了移交证书,则承包商从颁发移交证书之日起,即应停止对那一区段或部分的照管责任,此时对那一区段或部分的照管责任移交给业主;

b. 承包商应对那些在缺陷责任期内他应予完成的任何未完成的工程及供工程使用的材

料和工程设备的照管负完全责任，直至此类未完成的工程根据第49款的规定完工为止。

第20.2款（弥补损失或损坏的责任）

在承包商负责照管期间，如果工程或其任何部分或待用的材料或设备出现任何损失或损坏，除第20.4款限定的风险情况外，不论出于什么原因，承包商均应自费弥补此类损失或损坏，以使永久工程在各方面符合合同的规定，达到咨询工程师满意的程度。按照第49款和第50款对承包商责任的规定，承包商亦应对他在进行作业过程中造成的对工程的任何损失或损坏承担责任。

第20.3款（由于业主风险造成的损失或损坏）

当任何此类损失或损坏是由于第20.4款所限定的任何风险造成的，或是与其他风险相结合造成时，若咨询工程师提出要求，则承包商应按该要求的程度修补这些损失或损坏，而咨询工程师应按照第52款的规定决定增加合同价格，并应相应地通知承包商，同时将一份副本呈交业主。如果是由多种风险相结合造成的损失或损坏，则咨询工程师在做出上述决定时，应考虑到承包商和业主的责任所占的比例。

第20.4款（业主的风险）

业主的风险是指：
a. 战争、敌对行动（不论宣战与否）、入侵、外敌行动；
b. 叛乱、革命、暴动，或军事政变或篡夺政权，或内战；
c. 由于任何核燃料或核燃料燃烧后的核废物、放射性毒气爆炸，或任何爆炸性核装置或核成分的其他危险性能所起的离子辐射或放射性污染；

d. 以音速或超音速飞行的飞机或其他飞行装置产生的压力波;

e. 暴乱、骚乱或混乱,但对于完全局限在承包商或其分包商雇用人员中间且是由于从事本工程而引起的此类事件除外;

f. 由于业主使用或占用合同规定提供给他的以外的任何永久工程的区段或部分而造成的损失或损害;

g. 因工程设计不当而造成的损失或损坏,而这类设计又不是由承包商提供或由承包商负责的;

h. 一个有经验的承包商通常无法预测和防范的任何自然力的作用。

第21.1款(工程和承包商设备的保险)

在不限制第20款中规定的承包商和业主的义务和责任的条件下,承包商应:

a. 以全部重置成本对工程,连同材料和工程配套设备进行保险;

b. 以重置成本15%的附加金额,或是本合同条件第二部分规定的金额投保,以补偿修复损失的损害的任何附加费用以及由此修复引起的额外费用,包括业务费以及拆除和迁移工程的任何部分和迁移任何性质的废弃物的费用;

c. 投保承包商运至现场的承包商的设备和其他物品,以得到一笔足够在现场能重置这些设备和物品的金额。

第21.2款(保险范围)

对于第21.1款中的(a)和(b)两项中的保险,应以承包商和业主的联合名义进行投保,并应包括:

a. 从现场开始工作至颁发有开工程或其任何区段或部分(视情况而定)的移交证书为止,业主和承包商遭受的(除第21.4款

规定的情况以外)由任何原因所引起的全部损失或损害；以及

b. 由承包商负责的：

（i）在缺陷责任期内，由发生在缺陷责任期开始之前的原因造成的损失和损害；

（ii）为履行第49款和第50款规定的承包商义务而进行的任何作业过程中由他造成的损失或损害。

第21.3款(对未能收回的金额的责任)

任何未保险的或未能从承保人那里收回的金额，应由业主或承包商根据第20款规定的责任负担。

第21.4款(保险不包括的项目)

第21.1款所述的保险，对由于下列原因造成的损失或损害不应承担义务：

a. 战争、敌对行动(不论宣战与否)、入侵、外敌行动；

b. 叛乱、革命、暴动，或军事政变或篡夺政权，或内战；

c. 由于任何核燃料或核燃料烧后的核废物、放射性毒气爆炸，或任何爆炸性核装置或核成分的其他危险性能所引的离子辐射或放射性污染；

d. 以音速或超音速飞行的飞机或其他飞行装置产生的压力波。

第22.1款(人身或财产的损害)

除合同另有规定外，承包商应保障业主免于承受与下述有关的任何损失或索赔：

a. 任何人员的死亡或受伤；或者

b. 任何财产的损失或损害(除工程之外)。

上述人身或财产的损害系在工程实施和完成以及修补其任何缺陷过程中发生的,或由其引起的,同时还应保障业主免受为此或与此有关的一切索赔、诉讼、损害赔偿费、诉讼费、指控费和其他费用,但第22.2款所限定的情况属于例外。

第22.2款(例如)

第22.1款中所述的"例外"是指:

a. 工程或工程的任何部分所永久使用或占有的土地;

b. 业主在任何土地上、越过该土地、在该土地之下、之内或穿过其间实施工程或工程的任何部分的权利;

c. 按合同规定实施和完成工程以及修补其任何缺陷所导致的无法避免的对财产的损害;

d. 由业主、业主的代理人、雇员或不是该承包商雇用的其他承包商的任何行为或疏忽造成的人员死亡或损伤或者财产的损失或损害,为此或与此有关的任何索赔、诉讼、损害赔偿费、诉讼费、指控费及其他费用,或者是当承包商、其雇员或代理人也对这类损伤或损害负有部分责任时,应公平合理地考虑到与业主、其雇员或代理人或其他承包商对该项损伤或损害所负责任程度相应的那一部分损伤或损害。

第22.3款(业主提供的保障)

业主应保障承包商免于承担有关第22.2款所述的例外情况的一切索赔、诉讼、损害赔偿费、诉讼费、指控费及其他费用。

第23.1款(第三方保险(包括业主的财产))

在不限制第22款规定的承包商和业主的义务和责任的条件下,承包商应以承包商和业主的联合名义,对由于履行合同引起的任何人员的伤亡(除第 24 款规定的情况外)或任何(工程以外)财产的损失或损害进行责任保险,但第 22.2 款中第(a)、(b)和(c)项限定的情况除外。

第 23.2 款(保险的最小保险金额)

此保险金额至少应为投标函附件中所规定的数额。

第 23.3 款(交叉责任)

保险单中应包括一条交叉责任条款,使该保险对分别保险的承包商和业主均适用。

所有的国际工程承包合同都强制要求承包商进行一些保险,目的是为了保障业主本身的利益,但这对承包商也有积极作用。项目一旦出现损失,承包商可以向保险公司索取赔偿,从而分散风险。保险在项目实施过程中是必不可少的,并且确实可以防范和转移许多风险,使承包商不致遭受毁灭性打击。由于购买了保险,并且理赔有方,有时可能发生事出意外反倒赚钱的个案。例如,我参与实施的一个海外公路改建项目,不幸发生恶性车祸事故,造成当地人员伤亡。事发后我们注意保护事故现场,尽快获取交通警察的书面证明资料,并及时通知保险公司办理补偿,结果索赔的保险金在处理完对外赔偿后尚有余额。因此,也常听到海外有人戏称保险是"馈赠系统"(The Present System),同样不乏见到 Insurance(保险)与 Assurance(保障)混用的情形,因而有些爱刨根问底的人就在问:"到底是 Insurance,还是 Assurance?"

保险的实质就是对风险出现的几率以小博大,或者说是风险均担,即通过商业行为,把多数人的累积付费用于补偿少数人的风险损失,而这里的商业行为就包括规定的各种保险条件和时间限定等。举个简单的例子,试问:"常人在决策时绝对正确的有多少?"可能三个里有一个。如果做出十个决策,其中九对一错,失误率就是10%,应该已经属于相当高的正确比例了。把这个概念推及到保险,就是采用支出少量的保险费以弥补和替代可能意外形成的这10%损失,此后形成的差额就是保险公司的利润所得。在商业竞争的情况下,一般的国际承包工程保险费只占合同金额的不到1%。

保险很重要,但不是说凡是保险承包商都要去投。国际工程承包中遇到的保险主要有以下几种(有些是强制性的,合同中明确规定必须投):承包商全险、第三者责任险、运输保险、车辆保险、人身保险等。平时常见的是承包商全险、第三者责任险,但这些险的理赔往往相当繁杂,变通回旋余地也不大,很难得到经济补偿,所以实际办理时应尽量降低投保金额,从而可以减少保险费的支出。后附保险责任表,供参考。

另外,说明一下,FIDIC合同第23.2款所提的"最小保险金额"是就第三者责任险而言的,即指当第三者责任险发生赔偿时,承包商所应收取的最低保费数额。这种赔偿在工程实施期间,对所发生的意外事故(Occurence)是不限次数的。该金额在投标函附件里通常是明列的,并应作为前提条件告知开出保险单的保险公司,例如,投标函附件里写明"最小保险金额"为10000美元,但若根据(保额×费率)的公式计算出来的第三者责任险保费低于此值,则承包商也有权按10000美元的标准向保险公司索取保险补偿。如果承包商认为必要,可在投标前向保险公司要求把第三者责任险的保险金额加大一些。

有的保险公司以为承包商不懂,双重收费的现象很多,比如承包商全险里本来应就包括了第三者责任险,如果收两笔保险费是不合理的,要防范保险公司的额外多收钱。

运输险,尤其是海上保险应该投保,保险费并不多,但是真保险!最好保CIF到工地,这样使得可能发生的风险和责任落在了卖家及其运输代理身上,防止对承包商造成经济影响,变"意料之外"为"意料之中"。因为大宗货物在运输过程中常会发生意外

风险	业主 损失	业主 补偿手段	咨询工程师 负责	咨询工程师 补偿手段	承包商 负责	承包商 补偿手段
在完工或保修期前发生的实际损失						
1. 战争、骚乱、暴动、失控	蒙受损失	不包括	不负责		不负责	
2. 核子及冲击波风险、意外爆炸	蒙受损失	不包括	不负责		不负责	
3. 不可预见的自然力	蒙受损失	承包商全险	要负责		不负责	
4. 移动时的损失	如果已付款，有潜在损失		不负责		蒙受损失	运输保险单
5. 材料缺陷或施工质量问题	潜在损失		要负责		要负责	承包商全险
6. 纯粹因咨询工程师设计失误（包括指定使用的材料不适合）	可能蒙受损失		要负责	保险单支付	不负责	
7. 纯粹因咨询工程师设计以外的毛病	损失	业主正常保险计划	不负责		不负责	
8. 业主占用所致	可能损失	无法投保	不负责		不负责	
9. 其他原因	按第65款可能有损失		不负责		要负责	承包商全险
造成设备损失						
1. 战争、骚乱、暴动、失控	按第66款可能有损失		不负责		蒙受损失	无法投保可申请出口信贷
2. 核子及冲击波风险	无责任		不负责		蒙受损失	不包括
3. 承包商失误所致	无责任		不负责		蒙受损失	运输保险单
4. 其他原因	无责任		不负责		蒙受损失	承包商全险

续表

风　险	业　主		咨询工程师		承　包　商	
第三者损失						
1. 履约时不可避免的	要负责	业主第三者险	不负责		无责任	
2. 业主失误	要负责	业主第三者险	不负责		无责任	
3. 承包商失误所致	无责任		不负责		要负责	承包商第三者责任险
4. 咨询工程师专业失误	无责任		要负责	保险单支付	不负责	
5. 咨询工程师其他失误	无责任		要负责	咨询工程师第三方险	不负责	
对承包商/分包商雇员造成伤害						
1. 承包商失误所致	无负责	业主第三者险	不负责		负责	承包商雇员保险单
2. 业主失误所致	要负责		无负责		不负责	
3. 咨询工程师失误所致	无责任		要负责	保险单支付	不负责	
4. 咨询工程师其他失误	无责任		有责任	咨询工程师第三方责任险	不负责	

破损，也很难说不出任何问题，出现事故就要理赔，至少能把损失补救回一部分来。车辆险也一定要保，出交通事故的机会太大，上路的各种大小车辆在外面天天跑，轮子一转就伴随有风险。再就是人身保险，应该注意分析FIDIC合同中有关人身保险的条款，什么人如何投保。

需要特别指出的是，在承包商就意外事件向业主索赔工期及经济补偿的同时，如果投保条件适用于有关保险单证，应该也向保险公司书面提出同样的赔偿要求。由于按照FIDIC合同规定，业主和承包商是保险单证的联名受益人，承包商要注意将此函抄送业主一份。

FIDIC合同第21.2款和第23.3款通常规定，保险应以承包商和业主的共同名义作为联名受益人，同时双方均有权单独向保险公司进行理赔，可以包括从现场开工至颁发最终验收证书为止的时间跨度，第21.4款规定原因造成的损失除外。第21.3款规定任何保险内容里未能包括的损失应该由业主和承包商按照第20款规定的责任分别承担，这也就是人们经常谈论的工程索赔问题。第25.3款还规定，在承包商未能按条款规定进行保险时，业主可以自行做出投保，并从合同付款中扣除相关费用，从而确保自身利益不受损失。

当承包商实际办理的保险单与合同的规定有出入时，如果在履约过程中发生一些意外，会造成业主与承包商就保险公司不能补偿损失而发生争执。

例如，在某国的一个1亿多美元的地下煤矿项目中，合同第21.1款规定承包商应该在保险单中投保：

（1）永久工程、施工材料和设备的重置金额，以及

（2）上述全额的15%用于修复损失。

该合同B.Q.单中列有124万美元的保险费，用于办理上述保险，而承包商只是先从业主那里收到30万美元，用这些钱承包商获得了保险公司的承包商全险保险单，但该保单的条件是在收到94万美元的余额保险费后才正式生效。由于对保险内容和

范围有所争议，业主拒绝再向承包商支付其余的费用。保险单与第21.1款和第21.2款关于风险和金额的规定确实存在不符点，承包商未能向保险公司支付全额保险费并修改条件的原因是业主拒付余额保险费，而此后业主没有行使第25.3款的权力自行投保，并扣除承包商的价款，事情到此也就不了了之，因而在项目实施过程中保险单实际上一直是无效的。

但是，在施工时矿井发生突水事件，机械设备全部被淹，项目损失惨重。承包商为此向业主索赔因意外事故进行抢险和复矿的费用，而业主又无法从保险单中获得相应的赔偿。业主坚持认为应责成承包商由保险单中偿付这笔费用，而实际情况是保险单又无效，于是就要求承包商承担如保险单能生效则他可获得的赔偿额（未投保损失），并就承包商没有履行合同第21.1款和第21.2款投保进行反索赔。

承包商对于业主在保险赔偿责任方面的反索赔采取了如下几种不同力度的抗辩，使得业主因为没能按第25.3款规定及时进行自行补救性投保，只能得到一般的损失赔偿，而并非整个的未投保损失赔偿。最终业主获得了承包商因未保险所做的损失赔偿，但远少于承包商为风险事件进行的经济索赔，业主还是要向承包商支付两者的差额，承包商从而有效地向业主反驳了这一赔偿责任的反索赔。

(1) 赔偿责任与"前提条件"抗辩

业主支付B.Q.单中的全额保险费是承包商保险生效的前提，也叫"前提条件"抗辩。

在投标时，承包商会向业主提交一份填好的包括保险费在内的B.Q.单，一旦签约就证明已获双方认可，事实上，项目也是在按此进行着其他工程款项的计价和支付。第21.2款规定，承包商应在现场开工前投保，因此业主必须在现场开工前的合理时间内支付承包商全部保险费款项，以便进行这项工作。由于业主未支付承包商保险费（不管什么理由，这种做法是错误的），承包商因而也无法使其保险生效。

"前提条件"抗辩的基础是必须有一个默示条款,即双方应该互相配合,以保证合同的执行,任何一方不得因其行为而妨碍合同的执行。如果一方不予配合,导致合同不能执行,则另一方有权认为他可以免除履约责任,或他的责任因而被迫暂停,直至对方开始合作。因此,当业主拒绝支付 94 万美元的余额保险费时,明显就属于一种不合作,承包商可以因此免去办理保险的责任,直至从业主那里收到相应的款项。

业主未按时支付承包商全额保险费用属合同违约,造成承包商无法令其保险生效。因此业主不能因为自己的失误而指责承包商的后继违约。这也就是下面还要谈到的"被动违约"抗辩的依据。

承包商抓住第 21.3 款的规定,指出"任何未投保的或未能从保险人那里收回的金额"应由双方按照第 20 款办理,同时第 20.4(h)款又规定任何承包商无法预计的"自然力"作用是业主风险。第 20.3 款规定如咨询工程师要求承包商修复因第 20.4 款的业主风险造成的损失,则承包商可要求获得额外费用补偿,也就是正常的工程索赔。

从字面上理解,"任何未投保的或未能从保险人那里收回的金额"足以包括了因保险未生效而无法从保险公司获得赔偿的情况。因此,未保险失误应按第 20 款规定的责任办理。如果认为突水事件属于第 20.4(h)款的情形,则第 20.4 款和第 20.3 款规定这些风险和由此产生的补救费用应由业主承担。第 21.1 款也支持这一点,因为该款开宗明义就规定,承包商投保的义务并不妨碍业主在第 20 款项下的责任和义务。这种解释似乎又与第 21.2 款有些抵触,该条规定应对可能造成业主和承包商损失的任何原因投保,当发生损失时,就可以得到保险赔偿。如从第 21 款总的来看,第 21.3 款只是指损失超过保险单下最高费用的情况,而并不适用于保险未生效。

双方争辩得难解难分,而承包商利用 FIDIC 合同第 21.3 款的抗辩很成功。尽管其范围有些模糊,但仲裁庭在解释时更倾向基于"逆编写者译义(Contra Proferentum Rule)"的原则,即所做解释有利于承包商,因为合同条款是业主或由其委托的咨询工程师制定的。

任何保险单中未包括或未投保的损失应由双方按第20款的规定予以处理,而第20.4(h)款又规定有经验的承包商无法预见的"自然力"导致的损失应由业主承担,这属于工程索赔的范畴。由于对突水造成的损失没有投保,对损失的修复费用在保险中未包括,因此这些损失理应由业主承担。也就是说,承包商可以根据第21.3款进行合同的工程索赔。

业主对承包商的索赔要求提出抗辩,声称第21款并未明确规定支付全额保险费是承包商保险生效的前提条件,即使业主违约未支付承包商保险费,承包商也应在现场开工前负责使其保险生效。

承包商的策略是采用迂回方式,进行间接论证。抗辩依据是以曲就直,指出业主未按合同规定支付全额保险费,而且保险公司开出的保险单中已经写明,前提条件是要在收到余额保费后才会生效,这是无法辩驳的事实。

仲裁庭原则上倾向承包商不能因业主未支付保险费而免去投保的责任,同时合理的补救措施是业主也应为当初拒付余额保险费而付出的代价,这就是要考虑承包商的正当工程索赔。

(2) "被动违约"抗辩

FIDIC合同的原则是一方不能因自己的失误造成对方被迫违约而指责对方。因此,如果业主违约未支付承包商保险费而导致承包商无法令保险生效,则业主不能反过来再指责承包商违约并拒绝人家的正常索赔。也就是说,业主不应从其错误中反倒受益。

承包商进行这种抗辩有相当难度,初期也很难令仲裁庭接受这种说法,因为很难证明其违约是被动性的,比如承包商无力投保是由于业主没付款,而承包商总不至于在经济能力上脆弱到这种程度。另外,正如上面"前提条件"抗辩中所述,可能对业主违约并不能解除承包商投保的责任还会有争议（除非承认"前提条件"抗辩），因此承包商仍然有责任投保，但他有权对业主未支付保险费而进行相关索赔。

(3)"放弃投诉禁止反悔"抗辩

第25.3款规定，如承包商未能投保，业主可以自行投保并从合同价款中扣除，据此可以确保自身利益不受损失。当然，这里有一个复杂的因果关系，极易形成类似鸡与蛋孰先孰后的难题。

承包商争辩的另一理由是即使当初违约未投保，但业主已经放弃就此起诉承包商违约，现在不能一出现问题，就认为承包商因未投保而负有赔偿责任。承包商出示了强有力的证据，包括从业主的文字答复到相关行为，说明这条抗辩的客观存在。业主确曾表明过暂不行使第21.1款和第21.2款的权力来要求承包商投保，而承包商在相信业主上述表示的基础上，才没再采取补救措施，继续追踪业主表示过不满的保险单之有效性。

工程开工已超过两年，其间工程未投保，业主也相当了解。同时，业主既然拒付保险费，在这么长的时间区段里也未行使第25.3款下的权力自行投保。这意味着业主同意工程在没有保险的条件下可以继续进行，实际上是一种默许。因此业主当时完全是出于侥幸心理，想搏的是万一项目不出事，就可以省下这笔94万美元的保险费支出，所以业主现在不能由于承包商未投保，而要求承包商赔偿未投保的损失。

(4)"未补救"抗辩

即使承包商未投保，业主可向承包商反索赔，承包商仍然可以提出业主不应获得未保险损失。普通法规定，原告应采取一切合理措施，减轻对方违约造成的损失，对于他未采取补救措施而导致的损失，他是无权索赔的。然而原告有权获得他采取补救措施所发生的费用。在这种情况下，他可以获得的赔偿有限，将在假设原告已采取措施减轻损失的前提下计算。原告应该在何时就采取措施？一般认为是他在得知（或应得知）违约后的一段合理的时间。

业主在明知承包商提交的保险单与合同规定存在不符点的情况下,完全有权按第25.3款的规定,自行投保以减轻其日后可能出现的损失,但实际上并没这么做。由于是业主在承包商违约未投保时没有采取合理的措施减轻损失,因此就不能从承包商处获得未投保损失的赔偿。

可以说,FIDIC合同第25.3款是当出现承包商未投保的情况时,对双方都有利的惟一补救措施(如果发生意外,并需要通过办理保险理赔损失时)。若承包商未投保,业主有权自行投保且从合同价格中扣除有关费用。若业主选择不行使该权力,则可以为未投保损失投诉承包商。这一点有理论上的根据。

第25.3款规定在承包商未投保时,业主"有权"自行投保,这表示业主可以选择强行投保或投诉承包商违约。当然,如果承包商应投保的风险没出现,它所带来的损失很难量化和货币化,因而业主不会向承包商反索赔。然而这并不意味着在上述风险发生后业主不应向承包商反索赔,这也是承包商必须面对的难题。

仲裁庭认为根据第25.3款的文字,业主自行投保并不是对承包商违约的惟一补救措施,他有权向承包商进行反索赔。

承包商利用关于保险费用支付方面的来往函电记录及文件,有力地证明了业主未行使第25.3款的权力以减轻损失。业主应在得知承包商未投保后的一段合理时间内自行投保。项目施工已进行两年多,期间业主相当明白的一个事实是工程的投保并没生效。可以说,业主行使第25.3款权力的合理时间早在突水事故发生之前很久就已经结束。如果业主当初采取补救措施自行投保,那么意外事件造成的损失就应该可以从其保险单中得到赔偿。但业主并没这么做,可能是为了节省尚未支付的余额保险费,或是为了其他什么原因,总之事实如此,因此他只能得到承包商违约的一般性损失赔偿,而不是未投保损失。

即使承包商应向业主支付因未投保而蒙受的损失,业主对承包商的反索赔也只限于在投保情况下业主能从保险公司得到的赔偿。因此，即使业主的反索赔成功，他的所得也不能完全与承包商提出的经济索赔相抵。承包商只负责投保工程的重置费和15％的修复费用，这仅包括承包商索赔中的抢险费和复矿费，比如将矿井恢复到重新生产的状况的费用，但不包括设计修改和间接费用。另外业主必须支付合同下应付给承包商的保险费。因此业主的反索赔如成功，可能会大大减少承包商索赔的款项，但不能完全抵消应补偿承包商的经济索赔。

工程分包

考虑到项目的复杂性及经济效益，有时承包商不可能将整个工程内容独家包揽，特别是涉及到一些专业化较强的个别施工，经常出现的就是实行分包，而且最好能力争当地解决，从而转移部分风险。总承包商将整个项目化整为零，明确分包商的工作责任，由各专业大包、小包、包工包料或单纯包工等多种形式来承包各分项工程。另外，业主有时在标书中也会规定某些工程内容必须由他指定的分包商（Nominated Subcontractor）来承担施工。FIDIC合同第4款和第59款对分包有明确规定。

第4.1款（分包）

承包商不得将整个工程分包出去。除合同另有规定外，无咨询工程师的事先同意，承包商不得将工程的任何部分分包出去。任何这类同意均不应解除合同规定的承包商的任何责任或义务，承包商应将任何分包商、分包商的代理人、雇员或工人的行为、违约或疏忽，完全视为承包商自己及其代理人、雇员或工人的行为、违约或疏忽一样，并为之负完全责任。

但是，对下列情况承包商无需取得同意：

a. 提供劳务，或

b. 根据合同中规定的规格采购材料，或

c. 合同中已被指定的分包商对工程的任何一部分进行分包。

第4.2款（分包商义务的转让）

当分包商在所进行的工作，或其提供的货物、材料、工程设备或服务等方面，为承包商承担了合同规定的缺陷责任期限结束后的任何延长期间须继续承担的任何连续义务时，承包商应根据业主的要求和由业主承担费用的情况下，在缺陷责任期届满之后的任何时间，将上述未终止的此类义务的权益转让给业主。

第59.1款（"指定的分包商"的定义）

可能已经或将由业主或咨询工程师指定、选定或批准的进行与合同中所列暂定金额有关的任何工程的施工或任何货物、材料、工程设备或服务的提供的所有专业人员、商人、零售商及其他人员，以及根据合同规定，要求承包商进行分包的一切有关人员，在从事这些工作的实施或货物、材料、工程设备或服务的提供过程中，均应视为承包商雇用的分包商，并在此合同中称为"指定的分包商"。

第59.2款（指定的分包商；对指定的反对）

业主或咨询工程师不应要求承包商或认为承包商有任何义务去雇用承包商有理由反对雇用的任何指定的分包商，或去雇用任

何拒绝按下述规定与承包商签订分包合同的指定的分包商:

a. 有关分包合同涉及的工作、货物、材料、工程设备或是服务的问题,指定的分包商应对承包商承担此类义务和责任,以使承包商可以按照此合同条款免除他自己对业主承担的义务和责任;指定分包商还应在上述义务和责任方面以及凡是由之引起的或是与此相关连的一切索赔、诉讼、损害赔偿费、诉讼费、指控费和其他费用方面,或是与任何未能履行上述义务或完成上述责任引起的或是与此相连的方面,保护和保障承包商;以及

b. 指定的分包商应保护并保障承包商免于承担由分包商、其代理人、工人和服务人员的任何疏忽造成的损失,以及免于承担分包商及其所属上述人员对承包商为实施合同所提供的任何临时工程的任何误用造成的损失,以及免于承担上述的一切索赔。

第59.3款(设计要求应明确规定)

如果提供与任何暂定金额有关的服务,包括永久工程的任何部分或与永久工程配套的任何工程设备的设计或规范,则这种要求应在合同中明确予以规定,并应包括在任何指定的分包合同中。指定的分包商应规定,提供上述服务的指定的分包商要保护并保障承包商免于承担由于上述事项以及任何由于指定的分包商的违章或失职引起的和与之有关的一切索赔、诉讼、损害赔偿费、诉讼费、指控费和其他费用。

第59.4款(对指定的分包商的付款)

由任何指定的分包商已实施的所有的工作或已提供的货物、材料、工程设备或服务,承包商有权得到:

a. 按咨询工程师的指示,并根据分包合同的规定,由承包商已付出或应付出的实际金额;

b. 由承包商所提供的有关劳务费用,其金额按工程量表中

所列，如果有的话，或者，如果咨询工程师按第58.2(a)款规定发出指示根据第52款加以确定；

c. 有关所有其他费用和利润，其金额按已支付或应支付的实际价格百分率计算；当工程量表中已对有关暂定金额比率做出规定时，则按承包商对该项目所填写的，并在工程量表中为此目的在某一专项中做出这种规定时加以重复填写的比率计算。

第59.5款（对指定的分包商的支付证书）

在根据第60款颁发任何包括关于任何指定的分包商已完成的工作或已提供的货物、材料、工程设备或服务的任何支付证书之前，咨询工程师应有权要求承包商提供合理的证明，证明以前的证书包括的该指定分包商的有关工作或货物、材料、工程设备或服务的所有费用（扣除保留金）均已由承包商支付或偿清。如果承包商未提供上述说明，除非承包商：

a. 以书面材料使咨询工程师同意他有正当的理由扣留或拒绝付给该项款额；并

b. 向咨询工程师递交合理证明，证明他已将上述情况以书面形式通知了该指定的分包商。

则业主有权根据咨询工程师的证明直接向该指定的分包商支付在指定分包合同中已规定的，而承包商未曾向该指定的分包商支付的一切费用（扣除保留金），共以冲账方式从业主应付给承包商的任何款项中将业主支付的上述金额扣除。

在咨询工程师已发给证明，且业主已如上述规定直接付款的情况下，咨询工程师在颁发以承包商为受款人的进一步的证书时，应从付款额中扣除上述直接支付的款额，但不应拒发或拖延按合同条款应该发出的证书。

分包商的素质和可以动用的资源会直接影响到整个的项目进度、工程质量、经营成本，并最终影响到能否盈利。因此，在处理工程分包的有关问题时，要注意以下几点：

(1) 如果承包商拟选定的分包商没有通过这个项目的资审，而在中标之后想找他做分包，笔者建议考虑这类问题时要特别慎重，原因是他没有通过资审。之所以没能通过，一定有其自身的缺陷：要么是财务状况不合格，要么是工程经历不足够，要么是其人员能力有缺陷，要么是以往曾有劣迹表现，等等。可以找通过了资审但投标未中的人做分包，这样也有利于防止潜在风险的发生。实践证明，一旦选上实力差、素质低的分包商，不但会使得总承包商、业主和咨询工程师都很被动，而且项目的质量和工期根本无法得到保证，到时只有总承包商自责自救。

(2) 选择分包商的工作要在总承包商与业主签约之前就着手进行。但应该避免在施工过程中先指定分包商进场，再报价或议标，然后才签订分包合同的情况，这样将可能使总承包商日后陷于被动。此外，对于有可能出现经常加班或晚间工作的分包内容，有经验的总承包商都会要求分包商分别报出正常施工时与加班加点时的单价(例如连续灌注混凝土)，以防止分包商在正常施工单价较低的表面现象下签约，但实际上却利用加班加点而令总承包商增加项目的费用支出(通常加班或节假日工人工资是正常工资的 1.5～2 倍)。

价格具有竞争力是在选定分包商时非常重要的原则，但在此前提下，分包商的能力、经验和信誉也同样重要。要特别应该注重分包商的综合实力，当向外分包时，应尽量引入竞争机制，选择几家分包商分别报价，最后综合评定一家信誉良好、能力较强和报价合理的分包商，并与之签订分包合同。在价格的选定上，通常并不选择最低分包标价，而是为保险起见，考虑合理分包标价，可采用加权平均的方法作为定标的参考值。如果可能的话，一定要优先选用 ICE 的分包合同，并必须明确分包付款条件是在总承包商拿到业主的付款之后再支付，杜绝"超验早付"的现象。应该注意用经济手段制约分包商，包括提交相关的分包保函，这样会减少总承包商的风险。总承包商在与分包商签订的合约中，都会千方百计地删掉或减少保护分包商的条款，买方市场中没有绝对的平等而言,这是很现实的。

(3) 分包时一定要考虑到分包商的索赔问题。他可以向总承包商索赔,但要等总承包商从业主那里拿到索赔款之后,这也叫做"背靠背"式分包(Back to Back Sub-contracting)。总承包商在业主那里拿不到索赔款,怎么给分包商呢?既然当分包商,就要跟总承包商同舟共济,利益可以分享,但风险也要大家一起担。应注意经常对分包商进行表现评估,不断优化其结构。

分包商通常也会在分包合同中要求,除非总承包商被业主罚款或被没收各类保函,否则不得对其进行罚款或没收所提供的同类分包保函,这实际上也是一种"前提条件"抗辩。通情达理的总承包商一般会接受这种要求,除非该分包商的工作失误影响到项目全盘的统筹安排,导致总承包商拖延工期或蒙受经济损失,或者总承包商希望采取没收保函的方式从分包商身上另有所获。

(4) 对于业主指定的分包商要特别小心,严格监控,既要重视与其合作又要加强管理,特别是成本管理,以利在激烈的市场竞争中立于不败。如果总承包商不能及时向其付款,业主有权直接付款,但业主对其指定的分包商耽误工期或施工质量问题又不承担任何责任,麻烦会全都在总承包商身上。

(5) 应该注意,当一个项目涉及的分包商较多时,现场的相互协调和管理监控就显得相当重要。通常来说,总承包商给的条件都很苛刻,甚至比直接与业主签约还要麻烦。除非在早期积累资金的阶段,最好不轻易去做分包,与其当分包不如组成承包联营体并在其中当个合作者(尽管可能仅占很小的股份)。这样通过以较少的层面参与,达致优势互补,寻到有实力的公司作为依托,还有机会与对方比较平等地坐下来谈问题,相对来讲尚有一定的主动权——因为联营体对业主承担的经济责任从法律上讲是 Jointly and severally(共同及个别地),也就是说属于一种连带责任。而作为分包商,永远是四等公民,排在业主、咨询工程师和总承包商之后。如果利润很多,那么承担一些分包工作也还可以;如果没有这个把握,要冒风险去当分包就不太适宜,作为企业的领导要特别小心。

支付条款

FIDIC 合同第 60 款是支付条款,业主与承包商之间的经济关系通过这个条款加以维系,它是保护承包商合法权益的重要条款,应该说是 FIDIC 合同的重中之重。

第 60.1 款(月报表)

承包商应在每个月末按咨询工程师可随时指定的格式向咨询工程师提交一式 6 份报表,每份均由咨询工程师按第 15.1 款规定批准的承包商代表签字,报表说明承包商认为自己有权到月底得到涉及以下方面的款项:

a. 已实施的永久工程的价值;

b. 工程量表中的任何其他项目,包括承包商的设备、临时工程、计日工及类似项目;

c. 表列材料及承包商在工地交付的准备为永久工程配套而尚未装到该工程之中的工程设备的发票价值的百分比,如投标书附件中所

注明的;

  d. 按第 70 款进行的调整;

  e. 按合同规定承包商有权得到的任何其他金额。

第 60.2 款(每月的支付)

  咨询工程师应在接到上述报表 28 天内向业主证明他认为到期应支付给承包商的有关付款金额,但应:

  a. 当颁发整个工程的移交证书之时,咨询工程师应为把一半保留金付给承包商开具证书,或是在颁发永久工程的一区段或部分的移交证书时,咨询工程师应为把由他决定的永久工程的这一区段或部分的价值相应的保留金付给承包商开具证书;

  b. 当工程的缺陷责任期满时,另一半保留金将由咨询工程师开具证书付给承包商。但根据第 48 款倘有不同的缺陷责任期适用于永久工程的不同区段或部分时,"缺陷责任期满"这一措词在本款中应被认为指上述缺陷责任期中最后一个责任期的期满。但如果在此时根据第 49 款和第 50 款,对整个工程来说还有已下达的应由承包商完成的与工程有关的任何工作时,咨询工程师有权在剩余工程完成之前扣发咨询工程师认为与需要完成的工程费用相应的保留金余款的支付证书。

第 60.3 款(保留金的支付)

  a. 当颁发整个工程的移交证书之时,咨询工程师应为把一半保留金付给承包商开具证书,或是在颁发永久工程的一区段或部分的移交证书时,咨询工程师应为把由他决定的与永久工程的这一区段或部分的价值相应的保留金付给承包商开具证书;

  b. 当工程的缺陷责任期满时,另一半保留金将由咨询工程师开具证书付给承包商。但根据第 48 款倘有不同的缺陷责任期适用于永久工程的不同区段或部分时,"缺陷责任期满"这一措词在本款中应被认为指上述缺陷责任期中最后一个责任期的期满。但如果在此时根据第 49 款和第 50 款，对整个工程来说还有已下达的应由承包商完成的与工程有关的任何工作时，咨询工程师有权在剩余工程完成前扣发咨询工程师认为与需要完成的工程费用相应的保留金余款的支付证书。

第 60.4 款（证书的修改）

咨询工程师可通过任何临时证书对他所签发过的任何原有的证书进行任何修正或更改，如果他对任何工作执行情况不满，他有权在任何临时证书中删去或减少该工作的价值。

第 60.5 款（竣工报表）

颁发有关整个工程的移交证书之后 84 天（1977 年版为 60 天）之内，承包商应向咨询工程师呈交一份竣工报表，该报表应附有按咨询工程师批准的格式编写的证明文件，详细地说明以下内容：

a. 到该移交证书注明的日期为止，根据合同所完成的所有工作的最终价值；

b. 承包商认为应该支付的任何进一步的款项；以及

c. 承包商认为根据合同将支付给他的估算数额。

估算的数额应在此竣工报表中单独列出。咨询工程师应根据第 60.2 款开具支付证书。

第 60.6 款（最终报表）

根据第 62.1 款在颁发缺陷责任证书后的 56 天之内，承包商应向咨询工程师提交一份最终报表草案供咨询工程师考虑，该草案应附有按咨询工程师批准的格式编写的证明文件，详细地说明以下内容：

    a. 根据合同所完成的所有工作的价值；以及

    b. 承包商根据合同认为应支付给他的任何进一步的款项。

如果咨询工程师不同意或是不能证实该最终报表草案的任何一部分，则承包商应根据咨询工程师的合理要求提交进一步的资料，并对草案进行修改以使双方可能达成一致。随后，承包商应编制并向咨询工程师提交双方同意的最终报表（本条件中被称为"最终报表"）。

第 60.7 款（结清）

在提交最终报表时，承包商应给业主一份书面结清单，进一步证实最终报表中的总额，相当于由合同引起的或与合同有关的全部和最后确定应支付给承包商的所有金额，并将一份副本呈交咨询工程师。但该清单只是在根据第 60.8 款颁发的最终证书规定的应支付的款项支付之后，以及第 10.1 款提及的履约保证书（如有的话）退还给承包商之后才能生效。

第 60.8 款（最终证书）

在接到最终报表及书面结清单后 28 天之内，咨询工程师应向业主发出一份最终证书（同时将一份副本交承包商），说明：

    a. 咨询工程师认为按照合同最终应支付的款额；以及

    b. 在对业主以前支付过的所有款额和根据合同（除第 47 款外）业主有权得到的全部金额加以确认后，业主还应支付给承包商，或者承包商还应支付给业主的余额（如果有的话）。

第 60.9 款（业主责任的终止）

除非承包商在其最终报表中以及（整个工程的移交证书颁发

之后发生的事件或事情除外)在第60.5款提及的竣工报表中已经包括索赔事宜,对由合同及工程实施引起的或与之有关的任何问题和事件,业主不应对承包商负有责任。

第60.10款(支付时间)

在咨询工程师按本条款或合同的任何其他条款颁发的任何临时证书中规定的应支付给承包商的款额,在该临时证书被送交业主后28天之内,或在第60.8款提及的最终证书送交业主后56天内,由业主支付给承包商,但受第47条的约束。如果业主未能在规定的时间内支付,则业主应按投标书附件中规定的利率,从应付之日起计向承包商支付全部未付款的利息。本款之规定不损害承包商根据第69款应享有的权利。

有时,业主或咨询工程师会根据项目的实际情况,加列一些特殊条款如下:

第60. 款(记账货币及汇率)

记账货币应为(填入货币名),就本合同而言,(填入货币名)与投标书附件中规定的其他货币之间的兑换,应根据投标书附件中的汇率表执行。该表中规定的除(填入货币名)外其他货币之间的兑换应以由这些货币与合同指定的(填入货币名)之间的相对汇率确定的汇率兑换。

第60. 款(对承包商的支付)

业主对承包商的所有支付应:

a. 根据第70.2款以及第(填入其他适用条款)款规定用(填入货币名)支付;

b. 在支付投标书附件中未包括的某些暂定金额项目时,在

咨询工程师发出指示实施这些项目包括的工作时，可用适合于这些项目的货币和比例支付；

c. 在任何其他情况下，包括第 70.1 款所述的费用的增加或减少，只要适用于此类支付，便可用投标书附件中规定的各种货币及比例支付。但投标书附件中规定的各种货币的比例可根据双方中每一方的要求，在双方同意的情况下，随时予以改变。

第 60. 款（对业主的支付）

承包商对业主的所有支付，包括以扣除或冲账方式的支付应：

a. 对根据第 70.2 款以及第（填入适用条款编号）款规定的债权，以（填入货币名）支付；

b. 对根据第 47 款规定的误期损害赔偿费，以（填入货币名）支付；

c. 对于先前由业主支付的款项的偿还，应以业主支付款项的货币支付；

d. 对任何其他情况，用双方同意的货币支付。

如支付给承包商的款额中，以某一指定货币支付的那一部分完全或部分不以用扣除或冲账方式偿还以该货币应支付给业主的款额，在此情况下，如业主愿意，根据本款规定，可从以其他货币支付的款项余额中部分或全部扣除或冲销该款额。

第 60. 款（记账货币及支付）

记账货币应为（填入货币名），且根据合同规定的一切支付均应使用（填入货币名）。除当地费用外，（填入货币名）是完全可以兑换的。用于当地费用的此类付款的百分比应与投标书附件中的规定相同。

第60.款(付款地点)

业主对承包商的付款应在支付货币所在国汇入承包商指定的一家银行账户。当使用一种以上货币付款时,承包商应在每种货币的国家分别指定银行账户,业主应按此指定账户付款。

接到标书的第一件事应该是查看特殊条款第60款,也就是要知道项目的付款条件:业主什么时间付款,外汇百分比是多少,承包商应该承担什么义务,如果业主不付款承包商怎么办,如果承包商不履约业主怎么办,项目的资金来源是什么等,都在第60款中有规定,第60款的特殊条款中列出20到30个子项并不算多。

例如,FIDIC合同一般条款规定咨询工程师批签验工计价28天(1977年版为30天)内业主必须付款,而咨询工程师是在承包商提出验工计价28天后做出批复,就是说在56(或58)天内承包商应该能拿到款。如果业主在这个期限不付款就是违约,承包商没有合约义务垫付资金进行施工,并且完全可以按照第69款关于业主违约的规定办理,工程停工、中止合同、人员撤走,至少业主应为逾期付款按第60.10款支付利息。理由很简单:没有钱,无法干!报价中并未考虑这个因素,也没包括相关费用。业主可以与承包商打仲裁,但由于撤走人员和到场材料而造成的任何损失甚至利润等,都要由业主付出经济赔偿。这就是靠合同保护自己。

及时验工计价、尽快收回付款应能保证工程的正常进展和资金的良性循环,反之则不仅可能对工程进展产生不良影响,还会因此带来资金周转上的困难,进而妨碍整个项目的正常运行,施工进度也会受到影响。当然,FIDIC合同规定业主付款的标准时间是咨询工程师批复后的30天,但实际上没有到了30天就付款的情况,业主往往都在特殊条款里把天数延长了,有的延长到60天,有的延长到90天,甚至是120天。120天就是四个月,这时承包商就要考虑自己的资金周转及综合实力，有没有资金来垫支。如果承包商不垫资，因此而使工程放慢或停下来，就会造成延误工期，这种情况下业主将按 FIDIC 合同第 47 款进行罚款，从而可能形成恶性循环。

业主对 FIDIC 合同第 60 款做出的修改最多，但承包商对其中一个原则问题不能让步：如果业主把付款条件改成不是 60 天、90 天、甚至也不是 120 天，而是改成"在最短时间内（Within the shortest possible time）"或"在合理时间内（Within a reasonable time）"予以支付，那么这个工程就不能承揽，因为没有量化的付款时间保证。什么叫"最短"、"合理"？很难说清楚，缺乏明确的数据界定，容易导致争端。30 天相对于 60 天算短，60 天相对于 120 天也不能算长。业主不付款，承包商根本没办法，又无法据理力争中止合同，就是打起仲裁来都缺乏合同依据。业主会说他从来没讲过不付款，或推说付款正在努力安排中，这是属于合理的情况，因为合同里写明的意思顶多只是"尽快"给吗！所以，作为承包商对付款要有量化的时间概念，不能含糊其辞、模棱两可，更不能出现可由任一方随意解释的情形。

如果 FIDIC 合同第 60 款中有明确的付款时间限定，那么业主到期后无论以何种理由或借口拖欠验工计价的付款，承包商都有权根据合同第 69 款与其终止合同。承包商只需向业主发出书面通知，只到等到过了发函的 14 天，双方的合同就自动终止。即便在这 14 天里，业主可能采取的任何补救措施（例如抓紧付款等）均属无效。但承包商在技术处理上要特别小心，发出通知函后的 14 天内，合同从法律上尚未终止，还必须耐心等待一下，在这期间不能停工或做善后工作，但 14 天一过，原来的合同就自动无效。因为合同是对双方的法律制约，按时付款是业主最基本的合同义务，拖延付款可以视同业主毁约，而且这种行为严重损害了承包商的合法权益和经济利益，属于业主违约。只要超过付款的期限一天，承包商就足以据此终止合同，并索赔由此造成的全部损失。

需要特别指出的是，有些合同中对第 60 款加列特殊条款，写明业主延误付款是以向承包商支付拖期利息和延长工期的方式解决，而不是采用终止合同。当承包商交涉时，常会讲"Delayed payments caused delayed progress"这类话，并认为拿到经济补偿是天经地义的。但业主或咨询工程师对此可能产生误解，因为他们也许感到承包商是在说延误的责任全部在他们，这就是相互沟通和语言交流上的矛盾所致。承包商讲这话的本意应是"Delayed payments(WERE THE)cause of delayed progress"，这又是语言差异和理解可能引发摩擦的一个例子。同时承包商在交涉过程中，还要注意计算方法并用好相关技巧。例如，某机场扩建项目，合同金额为 4449600 美元，工期 450 天，则投标时预计平均每天的产值（或者说成本）为：$4449600 \div 450 = 9888$ 美元/天。

承包商可据此作为计算利息的本金，而不是单纯只对延误付款的金额去考虑利息补偿，关键是要把握好报价时已形成的"头重脚轻"配置曲线与业主延误付款计息发生时间上的关系。

另外，把咨询工程师批复的实际付款总额（同时还必须是业主已实现支付）除以上述投标时预计的每天成本，可以得出获支付的实际施工天数，再用 450 天工期减去这些天数，就得出因延误付款而应顺延的工期天数。

如果承包商已经获得咨询工程师批复实际付款为 2669760 美元，即拿回合约金额 60% 的验工计价，则其理论上实际的工作天数应为：$2669760 \div 9888 = 270$ 天

就是说还应有 450 天 $-$ 270 天 $=$ 180 天的顺延工期，以完成剩余的 40% 工作量。当然，业主或咨询工程师也可能提出异议，称承包商 60% 的已完工作量中的工作效率低下，因此引发争端。

但是，当付款延误的时间相当长（超出了合理时间），并反复发生类似情况，承包商又发现业主支付能力有问题，或有实际迹象显示业主可能破产时，尽管合约中没有明确规定拖延时限，承包商也可以通过引用第 40.1 款和第 69 款等，要求咨询工程师发出暂时停工令，理由是这种拖延付款的综合负效应影响太大，无

法维持正常连续施工，从而寻求与业主终止合同的机会。

随着时间的推移，当超过90＋28天(FIDIC合同1977年版)或84＋28天(FIDIC合同1999年版或1988年版)时，就可以通过第40.3款或仲裁与业主终止合同，而终止合同后双方可以再谈条件。因为业主长期拖欠工程付款属于严重违约，承包商预先绝不会想到要被迫持续垫资施工，所以要面对并设法去解决一个很大的未知数，自然会打乱施组安排，并且拖延工程进度，同时原报价中也没考虑这种因素，更没计入相关费用，这等于把业主的经济责任强行转嫁到承包商身上，把一个施工承包合同转变成为一个贷款融资合同，而承包商此前却全然不知，完全改变了双方签约的初衷及合同的性质。

此外，单靠上次拖延付款的微薄利息，完全不足以补偿下次的工程资金需求，并且无法减轻断挡付款已造成的紊乱效果，包括加速施工的投入损失、流动资金的重新安排、施工组织的调整变化、采购定货的推迟签约问题等。除非承包商在拿不到业主付款的条件下，仍不断继续投入，这时就变成垫资承包的项目了。

这里顺便提一下，包括FIDIC合同第6.2款和第6.3款对承包商施工设计图纸的批复时间，两个条款都写成"在合理时间内"，这对可能受此影响而导致延误的承包商应该是相当棘手的问题。在承包商交涉延长工期及索赔补偿时，有人也在问："合理时间"到底应该如何理解？确实缺乏个定量的依据或说法，这无疑会导致无休止的争论，恐怕只有打到仲裁时才能讨到说法。在仲裁过程中，仲裁员常问的一个问题就是：承包商在编制标书时，考虑的实际"合理时间"到底应有多长？这是他做出仲裁裁定的重要依据之一。

延长工期

FIDIC 合同第 44 款主要与延长工期(Extension of Time for Completion)有关,简称 EOT,这一款很重要。在合理的工期范围内,标价通常是第一评标因素,也就是"价低者得"。但有时业主可能急于项目完工,如学校扩建项目,就期望新学年开学时建筑物能够交付使用,因此这时工期就将成为定标的主要考虑因素之一。

第 44.1 款(竣工期限的延长)

如果由于

a. 额外或附加工作的数量或性质,或

b. 本合同条件中提到的任何误期原因,或

c. 异常恶劣的气候条件,或

d. 由业主造成的任何延误、干扰或阻碍,或

e. 除去承包商不履行合同或违约或由他

负责的以外，其他可能发生的特殊情况，

使承包商有理由延期完成工程或其任何区段或部分，则咨询工程师应在与业主和承包商适当地协商之后，决定竣工期延长的时间，并相应地通知承包商同时将一份副本抄报业主。

第44.2款(承包商应提供的通知书和详细申述)

但咨询工程师不一定必须做出任何决定，除非承包商已经：

a. 在此类事件开始发生之后的28天内通知咨询工程师并将一份副本送交业主；以及

b. 在上述通知之后的28天内，或在咨询工程师可能同意的其他合理的期限内，向咨询工程师提交承包商认为他有权要求的任何延期的详细申述，以便可以及时对他申述的情况进行研究。

第44.3款(临时的延期决定)

假如某一事件具有持续性的影响，以致使要求承包商按第44.2(b)款所述的28天内提交详细申述成为不切实际时，如果承包商以不超过28天的间隔向咨询工程师递交临时详情，并在事件影响结束后的28天内提交了最终详情，承包商仍有权要求延长工期。咨询工程师在收到上述详情报告后，不得无故延误，应做出关于延长工期的临时决定，在收到最终详情报告之后，咨询工程师应复查全部情况，并提出有关该事件所需的延长全部工期的决定。在上述两种情况下，咨询工程师在与业主和承包商适当协商后做出决定。并将此决定通知承包商，将一份副本抄报业主。终审结果不应导致减少咨询工程师业已决定的任何延长工期的时间。

工程能否按期完工并取得预期的经济效益，项目经理起着相当关键的作用，因为施工现场是国际工程承包的第一线。在履约的过程中，除非发生人力无法控制或超出合同以外的情况，承包商都应尽力抓紧时间施工，使工程实现规定的形象进度，从而为日后的潜在索赔增加筹码。工程如能按期完工，承包商索赔成功的机会要较拖期为高。如果延迟完工，应该说业主与承包商都是输家，特别是当业主因项目拖延交付而推迟拿到原有的经济回报，以致造成亏损后，就更不愿意拿出钱来向承包商支付额外的索赔。

而现实情况是，由于受制于多种客观因素，中国公司在海外做工程承包，准时按合约工期完工的比例不大。工期拖延一天，就伴随着一天的费用支出，同时还会出现FIDIC合同第47款的延期罚款，甚至有时延期导致咨询工程师超期服务的费用也要摊到承包商身上（尽管有些合同中并无此明确规定，但潜意默示中有这种可能存在）。因此，中国承包商必须面对这个现实来了解和掌握有关延期条款。第44款又通常和第14款结合连在一起使用，第14款讲的是进度计划。

第14.1款（应提交的进度计划）

承包商在中标函签发日之后，在本条件第二部分规定的时间内，应当以咨询工程师规定的适当格式和详细程度，向咨询工程师递交一份工程进度计划，以取得咨询工程师的同意。无论咨询工程师何时需要，承包商还应以书面形式提交一份对其进行工程施工所拟采用的安排和方法的总说明，以供参考。

第14.1款（应提交的进度计划）

进度计划应在（填入天数）天内提交。

第14.2款（修订的进度计划）

无论何时，如果在咨询工程师看来工程的实际进度不符合第14.1款中已经同意的进度计划时，承包商应根据咨询工程师的要求提出一份修订过的进度计划,表明为保证工程按期竣工而对原进度计划所作的修改。

第14.3款(应提交现金流通量的估算)

在中标函签发日之后,于本条件第二部分规定的时间内,承包商应按季度向咨询工程师提交承包商根据合同将有权得到的全部支付的详细现金流通量估算,以供其参考。此后,如果咨询工程师提出要求,承包商还应按季度提供修订的现金流通量估算。

第14.3款(应提交现金流通量的估算)

详细的现金流通量估算提交的时间应为(填入数字)天。

第14.4款(不解除承包商的义务或责任)

向咨询工程师提交并经其同意的上述进度计划或提供的上述一般说明或现金流通量估算,并不解除合同规定的承包商的任何义务或责任。

FIDIC合同规定,承包商在提交资质审查材料时,就应上报一个施工建议,尽管不一定是施工计划;而承包商在投标的时候,必须要有一个施工进度计划,至少要有一个杠图计划。

现在,国际上很多项目都规定,不能单报一个纯粹的进度计划及施工方法,还要求有一个叫做关键线路法CPM/PERT的施工组织安排,国内叫做统筹网络图,并应对主要工作内容加以说明,写清进度时段和关键控制点,同时力争尽量切合实际。FIDIC合同第14款规定,中标之后,承包商必须重新提交一份进度计划,并附上相关的现金流量表,以便业主据此筹备和安排资金。

这是第14款的一个特点,第14款和第44款工程延期存在什么有机的联系呢?我们可以充分利用第14款进行索赔。第14

款的进度计划承包商必须完成,但合同对承包商有制约作用的是目标日期而不是中间进度,也就是说,具体的施工方法和细节安排应由承包商负责,他人不得过多干涉。

承包商呈交的进度计划只起到一个参考性的指标作用,但当承包商的实际分项进度比较计划慢了时(例如工作量拖慢超出5%或10%后),有些业主会向承包商发出警告信。不过从理论上讲,承包商在施工中对分项进度经常做出调整是正常的,不属于违约,除非主要的关键项目出现严重拖后。这一点在 FIDIC 合同 1977 年版第 63.1(d)款里得到了保障:咨询工程师书面"警告"承包商的进度有违合约规定后若不见改正,就可以采取行动,并视为承包商违约,但这里的"警告"英文用的是复数形式 warnings,可以是无数次,实际上只有到目标日期出现问题时才能采取极端行动;而 1999 年版或 1988 年版均改成用单数的 warning,也就是咨询工程师只发出一次"警告",这在理论上就使得承包商改正错误的机会只有一次的。显然,1977 年版的 FIDIC 合同对承包商要宽容得多。

如果承包商能做出一个好的施工计划,应该有助于开展索赔,这就是创造条件使自己变得更加主动。例如,世界银行、亚洲开发银行的项目在合同里通常规定业主应该负责办理诸如免税指标及退税手续、免税油、免税材料的批准等事宜,但当业主没能及时办妥或出现与承包商原提计划有差异的情况时,承包商就可以提出索赔,此时按第 14 款所编报的计划进度就成为索赔的依据和时间参照系。

另外,当承包商请求延长工期的要求获得批复时,业主往往会附加一句话:"将不支付任何经济补偿。"这就意味着不再向承包商支付费用。所以承包商应该策略地分成两步进行工期问题的索赔。首先要获得时间上的延长,然后再办理经济补偿方面的索赔。特别是如果由于承包商的原因造成延误,而面对着 FIDIC 合同第 47 款的罚款问题时,首先应该争取不被罚。

业主既然已经批复了延长工期,尽管附带有不支付经济补偿的条件,但这实际上形成了自相矛盾的局面,并且构成了承包商下一步经济索赔的基础。

业主批准延长工期的理由是发生的事件不可预见,而不支付经济补偿的理由只能是承包商已在其原报价中把这种不可预见的费用考虑进去了,这就形成严重的不合逻辑。道理很简单:既然业主认为发生的事件不可预见,并同意为此顺延工期,承包商怎么会在当初一早就预知这些事件并把相关费用打入到标价中呢?而且,让承包商去承担意外风险也不合情理。如果业主无视这种明显的逻辑关系并拒不支付延期经济补偿,则承包商就可以付诸仲裁,要求按照 FIDIC 合同第 12 款、第 14 款、第 20 款、第 44 款和第 65 款等,由业主补偿意外发生的费用。依据是:工期延长一定要支付费用索赔,因为承包商不可能合理预见到发生的意外事件,并在投标时就把未知的费用事先列到标价里。另外,获批准的合理延期也为承包商按 FIDIC 合同第 70 款规定拿回较多调价收入创造了条件。

如果承包商确有道理,工期的延误是业主的原因所致,比方说发的变更令太多,这时一定还有机会再就实际支出(Loss of Expense)进行索赔。工程变更令非常重要,它与延长工期还有着直接关系,因为变更令发得太多,施工量的增加也较大,在引起工程总价变化的同时,自然会占用相当时间,工期延长也就顺理成章,承包商不但可以从变更令中获利,还可以索赔延长工期的管理费。对于那些合同中原来没有包括的额外工程,承包商除获得支付工程款外,还应该获得必要的延长工期和随之发生的管理费。这可以叫索赔,也可以称之为额外收益。从广义上说,我讲的索赔、工程变更令和调价公式这三个概念都应该属于额外拿钱的范畴,而且后两项的可操作性更强些,可以说是变相的曲线索赔,因为它们回避了"索赔"这一刺激字眼,所以值得特别重视。

业主在给出项目索赔时,可以计算承包商的直接费、间接费和利润,因为根据"波纹理论",他应该给承包商补偿利润损失。承包商可以堂而皇之地加进去一笔利润。但是,如果承包商就延长工期而进行索赔，业主一般不会给予利润上的补偿，他采用的是 Quantum Meriut 原则，这是拉丁文，英文意思是"a reasonable price"，也就是一种据实报销的付款方式。这时承包商可以把呈交的票证改用别的词汇，如管理费。时间延长了，要求相应地追加一笔管理费是合理的，因为它属于实际支出的范畴。

承包商索要延期管理费时首先要证明"项目完工时间不受限控"（The time for completion of the Works was set at large），延期管理费的取值一般在 12.5% 左右，也就是在英国点工管理费率的低限附近，业主和咨询工程师还是能够接受的。如果要求 40%～50%，恐怕就不行了，这会让人觉得是在敲竹杠。在计算延期补偿承包商的管理费时，通常采用如下线性回归的计算公式：

$$H_e = C_P \times \frac{D_t}{C_t} \times 12.5\% （左右）$$

式中：

H_e——延期管理费；

C_P——已完工程验工收入的平均值；

D_T——延期时间（天数）；

C_T——合同工期（天数）。

如果承包商报价时采用的是早收钱的财务安排，C_P 应相对较大，因此按 12.5% 去乘后收回的要比用合约额平均得出的多。

但是，1999 年版在第 2.1 款明确了当发生工程合理延期时，承包商除可以索赔工期和费用外，还有权追回合理的利润损失，这是从性质上的一个明显改进。

如果业主要求承包商超出合同工期而提前赶工，就形成了人们常说的加速施工（Acceleration），这也是承包商依据"波纹理论"去增收创利的一个有效途径。因为承包商本应按合约计划按部就班地组织施工，但如果为满足业主提前竣工的特殊需要，承包商必须付出代价，造成加班加点及额外投入，导致其费用支出的增大，而业主反倒明显地会因此受益，所以理应为此对承包商做出经济补偿。

项目分段移交

移交证书将确认工程施工已经完成,项目合约中可能会就项目本身的特点规定不同区段有不同的竣工日期,这样承包商就可以为已经完工的一个或多个区段向业主申请进行分段移交,以达到尽早解除自己的责任和可能面对风险的目的。FIDIC合同第48.2款和第48.3款都是在谈项目的分段移交。

第48.2款(区段或部分的移交)

同样,根据第48.1款规定的程序,承包商可以要求咨询工程师,而咨询工程师也应就下各项签发移交证书:

a. 投标书附件中规定有不同竣工时间的任何区段;或

b. 已经竣工且咨询工程师认为满意并且已被业主所占有或使用的永久工程的任何主要部分(合同另有规定者除外);或

c. 在竣工之前已由业主选择占有或使用的永久工程的任何部分(此类提前占有或使用在合同中未曾规定，或者承包商并未同意作为一种临时措施)。

第48.3款(部分工程基本竣工)

如果永久工程的任何部分已基本竣工，并圆满地通过了合同规定的任何竣工检验，那么在全部工程竣工之前，咨询工程师可就该永久工程的一部分颁发移交证书，而且一经发给此类证书，即应视为承包商已承担在缺陷责任期内及时迅速地完成该部分永久工程的任何未完成的工作。

最典型的例子当属公路施工项目：承包商可以完工一段就向业主移交一段，并自移交之日起就此段公路开始计算保修期，从而分段解除合同义务并减少承包商可能面对的风险。另外，如果工程全部竣工移交之前，业主提出占用某些已完工而尚未办理分段移交手续的工程，这种占用就不可以解释成是对已完工程的验收。

承包商应该注意保护好自己的合法权益，对业主占用的已完工程做好书面记录，包括时间、地点和占用方式等，为日后追加费用和调整工期提供相关证据。如果由于业主的占用而导致工程蒙受损害或引起意外麻烦，造成承包商的额外费用支出和对正常施工进度的干扰，承包商就可以根据"波纹理论"，要求经济补偿和延长工期。

在承包商拿到第48.1款的移交证书直至尚未拿到第62.1款的最终移交证书这段时间里，不管承包商是分段还是一次性地拿到了移交证书，如果业主怀疑工程存有潜在缺陷或质量问题，可能会找寻并指定独立第三方的专业人员或咨询公司或法律专家进行调查及评估。

按照合同规定，承包商有义务对所发现的问题采取补救措施，使得工程质量达到合约要求，同时承担所有的相关费用。

但是，如果事后证明工程并无质量缺陷，那么谁来承担业主在雇佣第三方进行核查时的费用，就成了一个容易引起争议的问题。依据普通法的原则，业主可以就对方违约造成的连带损失得到一些补偿。但是，这种情况下并非出现了承包商的违约，更谈不到什么连带损失，因为涉及的完全是合约机制下的问题。

从逻辑关系上讲，业主原本就为项目雇佣咨询工程师进行施工现场的监理，他们有义务在履约监管的过程中及时发现问题并指出缺陷，包括向承包商发出指令、要求补救或拒绝验收等。如果业主让承包商支付由于咨询工程师的管理失当而引发的费用，显然十分荒唐。因此，业主实际上无法让承包商负担在保修期内业主雇佣第三方对工程进行核查所发生的费用。

汇兑风险

海外工程承包项目的汇兑风险相当大，而且项目越大，金额越大，其影响也就越大，千万不可掉以轻心。汇率每天都在上落之中，通常变化是渐进发生的，但也有出现突然波动的情形，而且可能朝着与原判断的反方向变化。因此，汇率风险对项目的盈亏起着很关键的作用，有时还会带来意想不到的结果。尤其是在软货币的国家，如货币选择不当，那么承包商的盈利很可能在兑换过程中让浮动变化着的汇率给吃掉。例如，有时购买材料设备等的市场价格大幅下跌，同时汇率亦朝着对承包商不利的方向滑动，这两个因素的重叠作用，足以对项目造成灾难性的后果。

所以，在决策拿项目时，一定要看这个项目是用什么货币支付，这种货币是硬货币还是软货币，是否方便兑换成其他国家的硬通货，受货币价值浮动的影响程度，以及相关货币间的汇率如何？涉及汇率和外汇比例时要特别小心,这两个因素对海外项目的盈亏起着相当重要的作用。汇率在 FIDIC 合同第 60 款或第 72 款有规定。

第 60. 款(记账货币及汇率)

记账货币应为(填入货币名),就本合同而言,(填入货币名)与投标书附件中规定的其他货币之间的兑换,应根据投标书附件中的汇率表执行。该表中规定的除(填入货币名)外其他货币之间的兑换应以由这些货币与合同指定的(填入货币名)之间的相对汇率确定的汇率兑换。

第 72.1 款(汇率)

如果合同规定将全部或部分款额以一种或几种外币支付给承包商,则此项支付不应受上述指定的一种或几种外币与工程施工所在国货币之间的汇率变化的影响。

第 72.2 款(货币比例)

如果业主已要求投标书以单一货币报价,但用一种以上的货币支付,且承包商也已声明他要求支付的另一种或几种货币的比例或款额,则适用于计算该比例或款额的一种或多种汇率,除非在本合同条件第二部分中另有说明,应为在合同投标书送交截止日期前 28 天的当日,由预定工程施工所在国中央银行决定的通行汇率,并由业主在标书送交之前通知承包商,或在标书中予以规定。

第 72.2 款(货币比例)

删去"在合同投标书递交截止日期前 28 天的当日"至句末,并代之以"投标书附件中标明者"。

第 72.3 款（为暂定金额支付的货币）

如果合同规定以一种以上的货币进行支付，当暂定金额按第 58 款和第 59 款规定全部或部分使用时，用以支付暂定金额的外币比例或数额按第 72.1 款和第 72.2 款所定原则确定。

由于国际工程承包项目是以固定汇率进行财务结算，采用哪一天的汇率会直接影响到整个项目的最终标价。通常在项目招标书的《投标者须知》里有这么一句话，"汇率采用投标截止日之前 28 天项目所在国中央银行公布的官方卖价"，这也是一般的国际惯例。请注意，这里是"卖价"，而不是"买价"，也不是"中间价"。该汇率一旦确定，将在整个合同有效期内（包括以后的合理延期）保持不变。评标时也是将所有投标人的标价按此汇率换算成业主所在国的当地货币或国际贸易通用的某种统一货币，进行总价及单价的相互比较，看谁的价格最低。

另外，承包商在投标的过程中应该把自己的外汇部分尽量加大一些，减少当地软货币的比例。当然也要看什么当地货币了。世界银行、亚洲开发银行和非洲开发银行等国际金融机构对其贷款项目通常要求当地政府也出一部分配套资金，并且一般不少于 20%，而项目所在国政府想把当地币再全部兑成外汇支付给承包商应有一定难度。因此，对世界银行等机构贷款项目的外汇比例，原则上报价不应超过 80%。

在香港，当地货币和美元是联系汇率，所以风险有限，但也不能说绝对没有风险。例如，在 1997 年的亚洲金融风暴中，港币的联系汇率制度就受到了反复冲击和严重挑战。在英国，如果预测履约过程中市场上英镑的走势比美元还坚挺，那么让业主用英镑付款应该会更好。这就要求项目经理不单单是普通工程技术人员，还要懂一些金融、外汇和商务方面的知识，起码要掌握有关货币的软硬和走势。投标时，汇兑风险一定要考虑好。项目实施过程中，也要经常关注市场汇率的变动情况，及时加以防范和补救。

此外,在填报 B. Q. 单时,不单只涉及到早收钱和多收钱的问题,还有当地货币的软硬问题也需充分予以考虑。FIDIC 合同有时要求承包商在投标文件中呈交外汇需求估算分析,外币的种类可由投标人选择,但通常不能超过三种货币。其中要对报价外币的使用内容做出分解说明,例如:

(1) 雇佣外籍人员需用外币;
(2) 项目需用进口材料,包括永久工程及临时工程;
(3) 承包商的施工机械设备;
(4) 境外运费和保险费、保险手续费;
(5) 境外发生的管理费、各种杂费及项目利润等。

综合汇总后,就是项目的需用外汇,并可据此得出一个外汇百分比。

一般来说,业主喜欢尽量用当地货币支付承包商,因为这样业主可以不承担任何货币价格浮动的风险。如果当地货币是软货币,承包商要及早把它收回来,并尽快予以消化,如采购成施工中需用的实物等。承包商应争取并保证最终拿回的利润是美元,并适时采取各种回避货币风险的相关措施。

随着时间的推移,汇率的变动对项目影响很大,有时甚至可能涉及到交叉汇率。例如,我参与实施的一个海外工程项目,合同金额为 21280 万当地币,签约时 1 美元=21.70 当地币,因此按合约规定,合同额折合 21280 万当地币÷21.70 当地币/美元=980.65 万美元。在工程实施一年半后,发生了意外的燃油危机,属于 FIDIC 合同第 12 款、第 20 款和第 65 款等的不可预见风险。经反复交涉,业主同意向承包商支付索赔金额 9300 万当地币,其中有 3600 万当地币是按合约规定的 35.1% 直接支付当地币,另有 64.9% 支付美元。余下的 5500 万当地币属于双方友好解决部分,按与中国政府换文的原则操作,全部支付人民币,也不存在外汇百分比的问题。但在支付的汇率折算上,由于涉及到当地币兑美元、美元兑人民币的交叉汇率的取值问题,双方对采用何时的汇率各持己见。因为签约时的相关汇率为：1美元＝21.70当地币，1美元＝3.60元人民币，而开工后形成索赔时的汇率分别变为：1美元＝32.40当地币，1美元＝5.22元人民币。

采用上述不同的汇率进行交叉盘计算，可有几种不同的结果。但对于承包商来讲：

(1) 最佳方案：

5500万当地币÷21.70当地币/美元＝253.46万美元

253.46万美元×5.22元人民币/美元＝1323万元人民币

(2) 次佳方案：

5500万当地币÷21.70当地币/美元＝253.46万美元

253.46万美元×3.60元人民币/美元＝912万元人民币

(3) 较差方案：

5500万当地币÷32.40当地币/美元＝169.75万美元

169.75万美元×5.22元人民币/美元＝886.10万元人民币

(4) 最差方案：

5500万当地币÷32.40当地币/美元＝169.75万美元

169.75万美元×3.60元人民币/美元＝611万元人民币

最初，业主经办人员一直坚持按同一天的美元兑当地币及美元兑人民币之汇率进行折算，也就是倾向第(2)或第(3)方案。但我们经过计算，做到事先心中有数，因此主动致函，同时积极做好相关的说明及协调工作，而不是被动坐等业主表态。最后，终于争取到了按最佳方案进行操作，拿回了1323万元人民币，比业主原拟采用的计算方法多出411万元人民币至437万元人民币不等，比最差方案多出712万元人民币。由此可见汇率对承包商创收的重要性。

工程保留金

国际工程承包项目中保留金是个重要议题，要特别引起重视。一个项目的利润可能是5%，但如果合同规定工程保留金也是5%，那么在没有拿回保留金之前，承包商的收入是攥在业主手里的，实际利润收入只是零，所以承包商对保留金问题不能掉以轻心。

FIDIC合同特殊条款第60款中规定，在每次发放承包商验工计价时，业主都要扣除一定比例的现钱作为保留金，一般为每次报表款额的10%，但总数通常有个最高额的限制，普遍认为最终累计到相当于合同总价的5%是一个合理金额，这在标书附件中应有规定，并可查阅。保留金的目的是确保能在项目保修期内，用这些钱弥补工程不合规范而承包商又拒绝或无力进行维修所发生的返工费用，也可以说是业主持有的一种经济保证。

保留金能不能最后拿回，以及能拿到多少，要取决于项目的工程质量、业主态度是否友好和去索要保留金的人能力如何等很多因素，另外还要看项目所在的国度、地区。在香港没问题，因为法制基本健全，操作也较规范；如果项目是在一个不廉政的地方，贪官污吏比较多，就会相当麻烦。韩国的一些工程公司在中东地区有些项目，报价时就把保留金按5%或10%列入成本里，完工后能拿回来算额外多赚的，即便拿不回来项目也已经赚了钱。

这里还想强调一下保留金保函的问题，如果这种保函办理得当，就可以把保留金套回一半现金来。海外工程承包项目通常是这样规定的：工程完了之后先后要发两个完工证书，第一个是FIDIC合同第48.1款里所谈的临时验交证书(Taking-Over Certificate)，承包商在拿到临时验交证书时就开始计算保修期，保修期一般是12个月。到时候如果业主通过验收证为项目质量很好，他就会给承包商再发下一个证书，即FIDIC合同第60.8款里所谈的最终验收证书(Final Certificate)，承包商的合同义务到此全部结束。业主在签发这个证书的同时，必须向承包商退发所有保留金。也就是说，要到保修完成业主才发放保留金那部分钱。承包商应注意及时向业主要回项目最终验收证书，从而彻底解除自己的经济和法律责任。另外，对于分段移交的工程，也可以提早拿回相关的部分保留金。

FIDIC合同有个好处，就是如果保留金是5%，一旦工程拿到临时验交证书(即第一个证书)，即便后边还有一段时间的保修责任，这时承包商就可以提交一个保留金保函，保函金额是合同额的2.5%，即保留金的一半，业主在拿到保函后要退放2.5%的现金，从而可以减少资金呆滞和沉淀。保函是在银行书面承诺形式下的保证金，是一种应承包商的请求向业主开出的可兑现文件，一张保留金保函的纸押给他，可以换回2.5%的现金。有些承包商不看这些条款，交工后很长时间，全部保留金仍然还都押在业主那里，而按合同规定能拿回的一半现金保留金却无人问津，这就使得可以用于周转的现金不能充分发挥作用，没有做到资金的灵活运作。再重复强调一遍：有些项目的保留金是5%，但是，按FIDIC合同规定，承包商可以拿银行提供的保留金保函向业主换回2.5%的保留金现金。

清关清税

在海外搞工程承包,清关清税相当重要。清关就是与海关打交道;清税就是与税务局打交道。税务有两个概念,中文里都叫税,但英文是用两个词,一个叫 Tax,这是承包商要向税务局交的,包括个人所得税和公司所得税等;另一个叫 Duty,是要跟海关打交道的海关税。

承包商从海外购进的物资可以免税,但项目干完后必须转运出境,不能进来之后项目一完工便就地变卖,那承包商光倒卖免税材料和设备吃差价就赚钱,业主对此是十分认真的,而且承包商还要提交材料设备免税抵押保函。这种保函的目的确保承包商把进口物资全部用于其承包的免税项目上,同时控制承包商日后的清关清税。保函的担保金额是根据材料设备的价值再加关税后确定的。对于新设备,主要依据是其采购的原始发票。如果是旧设备或二手机械,则需经有关专家进行现场核实,并参照承包商提供的形式发票(Proforma Invoice)

和实物机况，评估确定设备的残值。

国际金融组织贷款项目的海关税通常由业主来办，不是承包商的事，至少手续上的问题不由承包商负责。在海外办理海关手续非常繁琐，有很多关口都要疏通。也有些国家规定，到海关办理进出口手续必须由其国家指定的合法清关代理人承办，其他人员海关概不受理。所以，在FIDIC合同里通常写明：项目的海关税都由业主办理。承包商在拿到海关退回的进口报关单后一定要认真审核，确保清关单据、进口许可证的内容内进口物资一致，一旦发现错误，必须及时更正，以保证清关工作的顺利进行。

海关税的申报通常分为两大类，一类是临时进口申报，另一类则是永久进口申报。前者是指项目所用施工机械和车辆等，待项目结束时要将这些设备转运出境，所以也叫再出口物资（Re-exportable Goods）。如果下一个工程需继续使用这些设备，则应由新旧两个项目的业主出具证明，到海关备案并重新办理一应手续后方为合法。后者则是指FIDIC合同第1.1f(ii)款涉及的永久工程中需用的消耗性物资（Consumable Goods），例如，钢材、水泥、沥青、高档装修材料等，以及施工机械必备的零配件和常用医药、食品等。永久进口物资要求一次清缴海关税。对海关税的征收及税率都有具体规定，承包商在进口物资前必须了解清楚这些规定。

如果是世界银行、亚洲开发银行或其他国际金融组织贷款的项目，按规定都是免税的，这个免税是指海关税（Duty），而不是税务局的税（Tax）。业主通常在合同中会规定，凡是在项目所在国能生产的物资不允许进口。承包商施工完毕要按当地法律办理清税，这里指的就是向税务局交税（Tax），主要是相关的公司所得税和个人所得税。

FIDIC合同第54款涉及的问题是承包商应该小心的，就是设备、材料进场后，从法律上讲就立即变成了业主的财产，或者说作为业主所付预付款的一种实物担保。如果要想移出工地，必须经咨询工程师书面批准,这与在国内施工时的情况不一样。这样对承包商的限制就很严,物资进来可以,出去则必须经过咨询工程师认可,如不经其批准而自由调动的话就属违约。这对手中有若干个项目的承包商合理调配设备和材料必定产生负面影响。另外,包括承包商的设备能否免税,进口设备可否就地出租转用,免税进来后如何顺利清关(Customs Clearance),出关时的核对事宜等等,第54款中都有谈到。

第54.1款(工程专用的承包商的设备、临时工程和材料)

由承包商提供的承包商的所有设备、临时工程和材料,一经运到现场,就应被视为是专门供本工程施工所用,承包商除将上述物品从现场某一部位移至另一部位之外,未经咨询工程师同意,不得将上述物品或其中任一部分移出现场。但是,用于运送任何职员、劳务人员、承包商的设备、临时工程、工程设备或材料出入工地的车辆不需经过同意。

第54.2款(归属)

承包商或承包商有控股权的任何公司拥有的所有设备、临时工程及材料,在工地应被视为业主的财产。以上财产归属业主应不损害承包商为工程目的独家使用上述承包商的设备、临时工程以及材料的权力,也不影响承包商按合同条款规定操作和保养上述设备、临时工程以及材料的责任。

第54.5款(重新归属及撤离)

经咨询工程师根据第54.1款同意,在撤离按第54.2款规定被视为业主财产的承包商的设备、临时工程以及材料时,这些财产应被认为重归承包商所有,并且根据第63款,在竣工时承包商的遗留设备、临时工程及材料的产权应被认为重归承包商所有。

第54.2款(业主对损坏不承担责任)

除第20款和第65款所提及者外,业主无论何时均不对任何上述承包商的设备、临时工程或材料的损失或损坏承担责任。

第54.3款(清关)

当承包商提出要求时,业主应尽最大的努力协助承包商办理工程所需的承包商的设备、材料及其他物品的海关清关手续。

第54.4款(承包商设备的再出口)

对于承包商为本工程目的而进口的任何承包商的设备,当承包商根据本合同条款规定将该设备撤离时,业主应在需要时尽其最大努力协助承包商获得政府对承包商设备再出口的任何必要的许可。

第54.5款(承包商设备的租用条件)

倘若发生第63款所说的合同终止,为保证能够继续为工程施工使用租用的承包商设备,承包商不得将任何租用的承包商设备带至现场,除非有一个租用此类设备的协议(应认为此协议不包括一项租购协议),该协议包括一项规定:如果业主在合同终止生效后7天之内提出书面要求,以及业主承诺从此日起承担上述所有设备的租金,设备所有者将上述承包商的设备以与原来租给承包商时完全相同的条件租给业主使用。此外,业主还有权根据第63款的规定,为实施、完成及修补任何工程缺陷之目的,允许所雇用的任何其他承包商使用这些设备。

第54.6款(用于第63款目的之费用)

倘若业主根据第54.5款签订了租用承包商设备的任何协议,业主根据该协议条款正当支付的所有款项以及所有由于签订该协议所招致的费用(包括印花税),均应视为根据第63款实施和完成工程以及修补其任何缺陷的费用的一部分。

第54.7款(编入分包合同的条款)

在为该工程任何部位的施工而签订了任何分包合同的地方,承包商应将本条中有关分包商带入现场的承包商的设备、临时工程及材料的规定编入此类分包合同中(通过附注或其他方式)。

第54.8款(不意味对材料的批准)

本条款的执行不意味咨询工程师对其中所涉及的材料或其他事情的任何批准,也不妨碍咨询工程师在任何时候对任何上述材料的拒绝。

无论是在发达国家,还是在发展中国家,税收都是政府财政收入的重要来源。各国的税法和税收政策也不尽相同。因此,每到一个国家开展工程承包项目,必须对这个国家的税制做好认真调研,包括纳税范围、内容、税率和计算基础等。

向税务局交税的问题比较复杂,只有了解并熟悉当地的有关法律和税务规定,才能掌握主动,甚至积极创造条件,应该有专人负责这方面的工作。

在税务问题的处理上,逃税是违法的,但合理避税属于合法,同时也是承包商管理能力的体现,这就是海外常说的Creative Accounting,教科书上通常对此都避而不谈,有经验的承包商也不会把它老挂在嘴边而大讲特讲，一般是做的多，说的少，只是当被质疑时才去进行合理合法的解释和辩护。例如，某些国家有合同税(Contract Tax)，约占合约金额的5%，承包商一旦签合同就要交合同税。那就可以想办法，比如与业主商量一个变通的方式，双方签订的东西不叫合同(Contract)，而叫管理协议(Management Agreement)，这样从法律上可以免交合同税，而最终受益的是签约双方。还有些承包商通过调整并减少资产负债表及盈亏表(Profit and Loss Account)中利润结余的方式达到在当地少交公司所得税的目的。作为经营者，特别是海外经营者，对合理避税是应该考虑的，处理的原则应该是

(1) 力争全避；

(2) 减少纳税；

(3) 合理分列到不同的时间区段内；

(4) 调整财务结构；

(5) 尽量离岸上税；

(6) 靠上免税项目；

(7) 争取享受税务优惠政策；等等。

海外有些承包商在一个项目上可能做三套账目，分别针对税务局、股东和自己的实际情况。要学会在合法的范围内能省就省，尽量节约各项费用，从而达到合情、合理、合法地增收创利。

文字交往为准

FIDIC合同特别强调的一条就是所有交往以文字为准，绝不能轻信什么"一言为定"，这点很重要。写成白纸黑字的东西就是一种永久性的记录，它在项目管理的过程中属于令人信服的资料，比口头交往要准确和有效得多，而且可以在事后反复引用。

FIDIC合同第1.5款和第2.5款里都强调一切必须书面往来，包括业主、咨询工程师给承包商的函件，承包商给他们的函件等，书面为准，空口无凭。另外，任何人都不得无故扣压或拖延有关文件的传送。要注意一事一函，简明扼要，思路清晰，符合逻辑，突出事实，尽量使用工程及法律用语，同时描述用词不能太笼统，还应注意不能出现前后矛盾的情况。

第1.5款（通知、同意、批准、证明和决定）

在合同条款中，无论何处述及由任何人发出或颁发任何通知、同意、批准、证明或决定，除另有说明者外，均指书面的通知、批准、证明或决定；而"通知"、"证明"或"决定"字样均应据此解释。对于任何此类同意、批准、证明或决定都不应被无故扣压或拖延。

第2.5款（书面指示）

咨询工程师应以书面形式发出指示，如果咨询工程师认为由于某种原因有必要以口头形式发出任何此类指示，承包商应遵守该指示。咨询工程师可在该指示执行之前或之后，用书面形式对其口头指示加以确认，在这种情况下应认为此类指示是符合本款规定的。如果承包商在7天内以书面形式向咨询工程师确认了咨询工程师的任何口头指示，而咨询工程师在7天内未以书面形式加以否认，则此项指示应视为是咨询工程师的指示。

本款中的规定应同样适用于咨询工程师代表和任何根据第2.4款任命的咨询工程师的或咨询工程师代表的助理发出的指示。

FIDIC合同里相当重视证据：承包商可以提出要求索赔，但请出示证据！这是第53.2款和第53.3款的要求；承包商认为自己蒙受了经济损失，支出了若干费用，同样也必须拿出发票来！这是第58.3款的要求。中国人常讲，"先君子后小人"，是采用的无罪推断原则。而到了海外，完全是反其道而行，思维方式是"有罪推定"，只能用胜于雄辩的举证去证明事实。每个人都天然地承担着对涉及疑点的举证责任，必须经过考证说明确无问题，他们才能以"铁证"理直气壮地宣布："我无罪，我清白。"在用

FIDIC合同搞国际工程承包时，统统是"先小人后君子"，英国人常讲的"You are guilty unless you are proven to be innocent"（除非能证明你是无辜的，你永远是有罪的）就是这个意思。因为业主和咨询工程师在心理上普遍认为"All Contractors are crooks"（凡承包商都很狡猾），签约双方随时都互存相当高的防范意识。

在与咨询工程师或业主交往的过程中，切不可过于轻信情理或口头承诺，更不能把商业道德与法律依据混为一谈，也就是要以"言商不谈友情"的工作作风处理日常业务往来。一定要树立法制观念，使自己的行为不但要合情合理，而且最重要的是合法——在法律上也要做到严密准确、无懈可击，不给对手钻空子。因为在仲裁争端时，证据的作用高于一切。仲裁判定的原则是"谁主张，谁举证"，就是指提出要求的一方应负责向仲裁员提供有效的合法证据。否则，即便是合情合理的事情，但如果在表现形式上是一现既逝的口头约定，从法律上最终也只能判为无效。对此中国公司需要转变观念，在市场经济的条件下参与自由竞争，经营之道应该是"在商言商"。

合同文本和重要信函的签署都是相当认真的，通常在文本的末尾写明授权签字的单位及姓名，并空出一定的地方以便签字盖章。另外，在每一页都应由授权签字人签上自己姓名的第一个字或每一个字母，也叫做简签（Initial），这是中国人不太习惯和容易忽略的事情。同样，对于个别双方同意进行涂改的字词，也要在旁边简签以示确认无误。合约文件正本通常要装订成册，妥善保管，以备发生纠纷时作为法律依据。

在项目的实施过程中，协商和谈判都是通过讨论和交换意见，最终再以文字的形式加以确认。业主、咨询工程师、承包商三方之间重要的来往都必须采用书面函件，以便作为日后需要查证时的依据。要注意在反复的信函交往中，始终紧扣问题的要害。如果在履约过程中发生扯皮或纠纷，谁能出示文字证据，谁就占据有利地位。业主或咨询工程师可以指派承包商任何工作任务，但必须是来函告之。要建立收发文的签收制度，重要的文件及信函应一式两份，其中一份用于存档，并注意让对方在自己存档的一份上签收及写明收件日期。要特别注意文件的归档整理，并对文件管理形成规范的制度。

在计算有效天数时，接到信函的当天不必考虑（因为法律上不承认未满24小时的时间是一个日历天），要从次日计起。如果限定期限的最后一天是收信人住所或营业场所的法定假日或非营业日，则该期限延至其后的第一个营业日。计算期限时，法定假日或非常日均应计算在内，也就是日历天（Calender Day）。FIDIC合同在涉及天数时，1977年版中多采用30天或是其倍数关系，而1988年版和1999年版则为7天或其倍数。

但是，如果在履行过程中，因形势紧迫，咨询工程师为及时处理发生的实际问题，可能临时下达口头指示，事后情况发生变化，却不愿再做书面确认，或遇到咨询工程师坚持只做口头指示，而并不出示任何文字依据时，承包商就会面对由此可能引发的各类风险，怎么办？这就是下面要谈的问题。

在FIDIC合同的1977年版里，第1.2(3)款与第51.2款合起来相当有用，当咨询工程师对承包商的要求和信函不置可否或拖而不复时，这可使得其口头指示变成书面指示，而1999年版第3.3款或1988年版第2.5款里对此写得更加明确，是FIDIC合同特有的对"默认"（而通常又极易为此形成争议）之法律依据。咨询工程师有时不会向承包商发书面指示的，因为书面的东西可能对他不利，但想让承包商干事情就必须要表达出来，至少要给出一个口头指示以传送信息，这时承包商就可以用上述合同条款保护自己。

1988年版第2.5款里规定，当咨询工程师下达了口头指示，承包商在7天之内可以给他发一封确认函，海外项目上常叫做Acknowledgement Letter，7天之内只要咨询工程师不来函反驳或否认，也就是最长只需经过14天时间，那么当初的口头指示就被视为书面指示，这时不存在任何异议之处，可以避免日后麻烦和争议，并且足以构成索赔的依据。如果7天之内咨询工程师复函否认了他原来下达的口头指示或反驳承包商的确认函，那么承包商就可以据此停止执行其口头指示的工作。而1999年版第3.3款把两个7天均改为2天，对承包商的保护在时限上有所加强。具体条款为：

第3.3款（咨询工程师的指示）

1. 承包商仅接受咨询工程师和其授权的助理的指示，并且必须严格按其指示办事。

2. 指示均应为书面形式。如果咨询工程师或其助理发出口头指示，而在口头指示发出之后两个工作日内从承包商处收到书面的对该指示的确认函，如在接到此确认函后两个工作日内未颁发一书面的拒绝与（或）指示，则此确认函构成咨询工程师或他授权的助理的书面指示。

此类规定是FIDIC合同对承包商的一个很有效的保护，作为承包商应该学会用好这些条款。"好记性不如烂笔头"的说法不无道理，因为靠大脑回忆的材料往往残缺不一，还经常出现矛盾双方互相矢口否认的情形，容易导致争论，并且也缺乏法律效力。

承包商主动做好各类记录及起草有关文件，是比较麻烦和辛苦，但这非常值得，因为有机会重组在手资料和做出合理取舍，可以尽量随时掌握主动权，并能把想写的东西通过各种方式写到文件中去，有利于力争使得事态顺着自己的思路发展。当然，"言贵有据，语多发覆"，首先要写出来，再就是要写好。如果书面资料的措辞不当，由于"词不达意"或"词难达意"而打了折扣，就会产生误解和误释。承包商从事这方面工作人员的英文写作表达能力和语言导向技巧都相当重要，并且应该掌握以换位思维的方式去写，重要文件一定要注意反复润色和修改，不要拖泥带水和扯皮气十足，从而达到更加客观和具有说服力。

其实，解决争端可以有多种方法，单是抛硬币这一种方法就足以使得纠纷获得解决。不过这种做法无非只是给争端以一个结果，而不会给这个结果以任何理性的说明，缺乏一个圆满的"说法"。提交仲裁的特点就在于人们相信仲裁员应比硬币更加富有理性，仲裁庭要对所做的裁决给出一个令人信服的论证，而这个论证无疑就需要事实的支持。否则，仲裁员就会认定举证失败，也就是在仲裁决定中常见到的"我（们）裁定的事实是索赔人举证并不成功"（I(We) FIND as a FACT that the Claimant was unable to discharge the necessary burden of proof.）这类说法，从而根据"举证不能，驳回"的原则，拒绝相关的索赔诉求。

仲裁员认定文字交往为证据，再根据现有的证据得出事实认定，从而根据事实得出法律上的结论。裁决的内容不仅包括对合同的法律解释，更多的应是说明为什么要做如此解释及其事实依据。合同为什么要这样规定？仲裁员对这种规定的法律意义如何解释？为什么要这样解释？当事人提供的证据哪些被采用、哪些被排除？为什么不予采用或不予排除？当事人的争端症节何在？仲裁员如何看待这些争议？仲裁员所依据的合同条款是什么？有无说服力？等等。仲裁员要在裁决书中尽可能详尽地说明理由，对发生争端的重大问题做出正当的合同解释，并赋予这种解释以有力的法理论证。实际情况是，任何一个仲裁判决的结果都不可能使双方当事人都完全满意，它必然要使一方当事人比较失望或大失所望，但同时也给出了令当事人心甘情愿地接受这一结果的理由。而谁能提供尽可能多的令人心悦诚服的证据，谁就掌握了争取仲裁员同情的主动权。

顺便补充一点，承包商在写给咨询工程师或业主函件时的收信人，应采用简单抽象的"The Engineer"（咨询工程师），"The Engineer's Representative"（咨询工程师代表）或"The Project Manager"（项目经理），"The Project Office"（项目办公室）的格式，而不宜在前面加上具体主管的人名，这样信函是对着机构写出的，并非针对某个自然人。

现把承包商按合同应及时发出的信函整理成下表，方便大家查阅参考。

条款号	主 送	抄 送	内 容
6.3	咨询工程师	业主	除非咨询工程师在合理的时间内必须提供进一步的图纸或指示，否则就出现工程计划或实施可能拖后或中途停工的情况。发函要包括所需图纸及指示的详情，什么时候和为何必须提供，以及如果晚了，则可能蒙受的损失等。
10.1	咨询工程师	—	当向业主提交履约保函时，是通过咨询工程师转交或保管的，因此理应通报咨询工程师。尽量不抄业主，以免出现不必要的麻烦。
12.2	咨询工程师	业主	当承包商遇到实际障碍时(除天气原因)，而这些实际障碍又不是有经验的承包商可以预见到的。
25.1	咨询工程师	—	当向业主呈交按合同规定应办理的保险，并提交保函单据时。尽量不抄业主，以免引起不必要的麻烦。
25.2	保险公司	—	当工程的性质、计划等有所改变时。
26.1	有关法律当局	—	当根据法律或法规以及当地法律需发出信函时。
30.3	咨询工程师	业主	当对通往现场或位于通往现场的线路上的桥梁或道路造成损害时。
38.1	咨询工程师	—	当对工程任何部分准确进行覆盖从而使之无法查看，或基础做完或可以进行检查时。
40.3	咨询工程师	—	在工程进度中途停工后，当要求准许已中断的工程或其一部分继续施工时；如果承包商选择按第51款中所述删除部分工程处理，或当停工涉及整个项目，按第69.1款业主违约处理时。

续表

条款号	主送	抄送	内容
42.1	咨询工程师	业主	当承包商建议开工并进行施工时。
44.2	咨询工程师	业主	在可延期事件第一次出现后的28天内。
48.1	咨询工程师	业主	当全部工程基本完工并圆满通过了合同规定的所有竣工检验时。该函还应附上一份在保修期内会及时完成任何未完工程的书面保证。
52.2	咨询工程师	—	无论任何时候,当承包商有意索赔额外付款或就变更的工作要求调整单价。
53.1	咨询工程师	业主	应在引起索赔事件第一次发生后的28天内,根据具体的合同条款提出追加付款。
65.5	咨询工程师	—	承包商一经获悉任何与特殊风险有关的费用,或随其发生,或为其结果,或以任何方式与之有关。
67.1	业主	咨询工程师	如果对咨询工程师的书面决定(准仲裁)不满意,在收到该决定的70天之内,应将其有意提交仲裁的要求书面通知送出。
67.1	业主	咨询工程师	如果咨询工程师没能在接到要求准仲裁信函的84天内给出书面决定,就可以在这84天期满之后的第70天或在此前,书面将双方的争端提交仲裁。

国际仲裁

FIDIC 合同第 67 款全部与仲裁有关。除前面所提第 67.1 款的咨询工程师准仲裁和第 67.2 款的友好解决尝试外，更实际的就是第 67.3 款的国际仲裁。

第 67.3 款（仲裁）

有关以下方面的任何争端：

a. 咨询工程师的决定（如果有的话），未能根据第 67.1 款规定成为最终决定并具有约束力；以及

b. 在第 67.2 款规定的期限内尚未达成友好解决。

除非合同中另有规定，均应按国际商会的调解与仲裁章程，由据此章程指定的一名或数名仲裁人予以最终裁决。上述仲裁人(们)有全权解释、复查和修改咨询工程师对争端所作之任何决定、意见、指示、确定、证书或估价。

双方中任何一方在仲裁人(们)的仲裁程序中,均不受根据第67.1款为取得咨询工程师的上述决定而向工程师提供证据或论据的限制。上述咨询工程师的决定,不应使他失去被传为证人以及向仲裁人(们)提供任何与争端有关的证据的资格。

在工程竣工之前或之后均可诉诸仲裁,但在工程进行过程中,业主、咨询工程师及承包商各自的义务不得以仲裁正在进行为理由而加以改变。

仲裁是一种解决争端的非法庭民事方式,实践证明不失为处理国际商业纠纷的有效办法。它并不需要复杂的司法程序,较民事诉讼来得简单,同时又具有保密性及法律效力,比私下了断要好,有可以强制执行的特点。国际仲裁的特点在于它既有依法解决争端的严肃性,又有相对较大的灵活性。因此,与法院判决的司法程序相比,法律诉讼程序复杂费时,而仲裁方式更适合解决国际商业合同中的争端,并且这种办法便于操作,机制良好,公平有效,比冗长的法庭诉讼要迅速得多。

国际仲裁时发生的费用由仲裁庭决定,通常是作为裁决的一部分,原则上由败诉方负担,但在实际操作时并不是100%负担所有的费用,通常胜诉方可以得到三分之二至四分之三的费用补偿,有时也可能由仲裁双方合理分摊。但若仲裁结果是双方各有胜点,而并非一方绝对胜诉,则情况就不同了。如果仲裁庭没有明确说明,一般仲裁费用是由双方自理的。

由于败诉方将支付法律费用,因此被告通常会考虑做出非歧视性报价(Without Prejudice Offer/Sealed Bids),确定一个他们认为仲裁会判付的金额水平。这样做的目的是当对方未能成功判决得到高于该报价的金额时,他可以提请仲裁员从报价日开始就不应承担胜诉方的费用,并将索偿从该日起发生的费用。简单地说,就是想使对方承担费用风险。应注意若争议提交仲裁后,业主的法律顾问很可能在某个阶段建议业主做出这种报价,以使承包商承担这种费用风险。

国际工程承包项目的合同往往涉及很大金额,金钱和时间是引发签约双方争端的两大因素，有时很难就索赔要求勉强做出和解，从而并势必形成争端，而仲裁是按照合同解决争端的最终办法，也是一种比较理想的纠纷解决手段，应该学会善加运用。

有些承包商由于欠缺深入认识和相关经验，一般不敢或不愿轻易引据仲裁条款解决问题。但是，承包商如果对咨询工程师的决定不满意，异议积少成多，或与业主的矛盾发展到相当尖锐的程度，而且当通过协商解决这些问题的期望彻底破灭后，就只有将争端提交仲裁。一旦将争端提交仲裁，承包商就有可能依据过去的书面记录，把累积起来的对咨询工程师以往决定的不满全部综合起求，要求一并重审甚至修改。如果承包商受到了咨询工程师或业主的不公对待甚至欺侮，原则上应该无所畏惧地把问题提交仲裁。实践证明，重大索赔的实现一定要通过仲裁。尤其是对于一些性质复杂和工期较长的项目，仲裁条款及 FIDIC 合同第 5.1(b)款中的适用法律就显得更为重要。

仲裁条款是一项法律性很强的条款，一定要注意避免笼统不清、模棱两可、无法操作、前后矛盾或欠缺完整的情形。例如，若发生争端，"应提交中国仲裁机械或法院解决"，"应提交中国的仲裁机构进行仲裁"，"应在北京仲裁，如一方对该裁决不服，可到瑞典斯德哥尔摩商会仲裁院仲裁，裁决是终局的"，这些说法都存有严重缺陷。另外，有时还应联络并咨询合同适用法律所在国的律师，彻底了解当地法律与普通法之间的异同，以及对自己下一步决策的利弊。真正走到仲裁的地步，就不是说合同是在项目所在国签订的，业主仍可无所顾忌和随心所欲了，这时经济争端就转化成法律纠纷。仲裁通常是在争端双方国籍以外的第三国进行。业主在离开其项目所在地的国度后，影响力会明显降低，这时也只好俯首听从仲裁员的裁决了。

不过仲裁很伤大家的和气，同时必须准备面对压力和各种风险，包括银行保函可能被业主先行没收，再就是漫长的等待时间，另外还要支付昂贵的仲裁费和律师费等，通常结果往往对承包商不利。从笔者参与过的国际仲裁过程来看，最后有些争端还是友好解决了，这时可以说是一种"双赢"的结局，尤其是东方人的普遍观点仍是讲求协调商议处理难题。因为一旦走出 FIDIC 合同的条款限制，上升到仲裁阶段，就不再是单纯的工程技术及合约问题了，已经转变为法律或政治问题，仲裁员的想法和看法对争端双方都是一个很大的未知数。承包商使用 FIDIC 合同进行各种交涉，包括付诸仲裁的最终目的是经济效益，决不是要争个谁是谁非，也就是人们常说的在商"只求财，不斗气"。真正提请仲裁后风险是很大的，双方胜诉的可能性都只占 50%，甚至会得不偿失。

有些承包商喜欢搞极端，认为既然仲裁才是最终解决争端的办法，所以没有必要再进行什么商谈，应该一步到位打仲裁，希望跳越记录争端、准仲裁决定和 FIDIC 合同 1988 年版新增的友好解决，或 1999 年版的争端裁决委员会，而是直接提交国际仲裁。这样做实际上是行不通的。因为就算付诸仲裁，也要按照 FIDIC 合同第 67 款规定的程序依次进行，不能采取跨越行动。即便采用 FIDIC 合同的 1977 年版，也是至少要在获得咨询工程师准仲裁的书面决定后才可以提交国际仲裁。

承包商如果决定采取仲裁的方式解决争端，尤其是对于重大索赔，当矛盾双方对事件的态度有着很大分歧时，就要抓紧进行相关的准备工作，力争速战速决。因为时间拖得过长，必将助长业主和咨询工程师的傲慢态度，对方连续不断地拒绝承包商的合理要求，却无需付出任何代价，或是无休止的争论，又形不成任何积极的结果。

应该注意及早准备并编制仲裁过程中可能用到的相关文件。对于一些敏感性的文件，要特别分类并注明"用于仲裁"（In Contemplation of Arbitration）或"内部文件"，尤其是可能对自己不利的内容要特别小心。因为在仲裁过程中双方要公开各自全部的有关文件，甚至包括计算机软盘、录音带、录像带等，如果出现于己不利的证据，就会造成极大被动。这种做法可方便在仲裁前把一些内部文件尽快分门别类，事先做出取舍，并防止出现漏洞,使得下步仲裁朝着有利于自己的方向发展。在真正进行仲裁时,过往的所有相关文件不得销毁或做任何处理,并且都要译成英文。这方面有相当严格的管制措施。

笔者听到过一种说法,就是争端双方都不满意的仲裁决定才是高水平的;也有人讲仲裁时只能听天由命看运气。我认为这些都有一定的道理。所以有时业主和承包商考虑到正式仲裁的结果可能也不过是各打五十大板,为了防止两败俱伤,双方就可能参考咨询工程师的准仲裁决定,最终冷静而客观地面对所发生的事件,彼此妥协,互做让步,经过协调达成一致意见,最后通过友好方式解决争端。这实际上比提交最终仲裁要好得多,既节省了费用和时间,又维护了业主与承包商之间的合作关系。

对于争端的国际仲裁,中国公司应尽量事先在仲裁条款中写明在中国境内解决,力争按照中国国际经济贸易仲裁委员会的仲裁规则和程序进行,理由是办理比较方便,并且中国的商业仲裁也是公正和有国际信誉的,尤其是外资在华项目如世界银行、亚洲开发银行的贷款项目等更应如此。在华仲裁时的费用比法院一审费用高些,但比两审费用总和低些,而且仲裁裁决是终局的。当然,海外项目的业主也会要求在项目所在国解决争端并就地进行仲裁,这时承包商为维护自己的合法权益,通常提出在第三国使用国际仲裁机构和规则。国际仲裁常见的有较公正的、国际通用的联合国贸易法委员会的 UNCITRAL 仲裁规则,还有国际商会(International Chamber of Commerce)的调解和仲裁规则(WWW:http://www.iccwbo.org)。

如果大家对有关的国际仲裁规则有兴趣,可向以下地址查询:
Secretariat of the United Nations Commission
on International Trade Law(UNCITRAL)
Office of Legal Affairs
United Nations
Vienna International Centre
P. O. Box 500

A-1400 Vienna

Austria

Tel：+43-126-060 4061

E-mail：uncitral@uncitral.org

WWW：http：//www.uncitral.org

仲裁庭是由仲裁员组成的，仲裁员通常可以分为资深律师和所涉行业的专业工程师两大类，以具有丰富经验和专业知识为前提条件。承包商在决定仲裁之前，一定要认真分析自己下步运作的优势，是在法律方面还是在技术方面，从而确认侧重的突破点，并据此选定仲裁员的种类。在涉及复杂技术问题的仲裁中，仲裁员会获取独立专家的意见来支持其观点，在这类仲裁时通常要使用专家，为缩短听审时间，争端双方均需准备并交换书面的技术意见。如有必要，还要召开专家会议，判定争端的技术优劣，此后交换意见和结果，专家将在听审时接受反复盘问。

仲裁员在仲裁前是不能知道项目的任何情况的，还必须在仲裁时就此做出书面宣誓，确认本人对案情一无所知，表明具有公正和独立性，这种回避制度是作为仲裁员必须具备的职业道德，同时也是为了确保参与仲裁的相关人员从一开始就不带任何偏见，能够做到无私裁定。如果日后一旦发现并证实当初存在谎报情形，就要永久取消这类仲裁员的资格。因此，如果承包商了解某个仲裁员以往的立场是亲承包商的，并且准备请作自己项目的仲裁员，就千万不要找他联系，更不能与他谈到与项目案情有关的任何事情。

仲裁员的人数是仲裁时的焦点问题之一，通常有指派一名仲裁员或组成三人仲裁庭两种。如果当事人事先未约定仲裁人数（即一名或三名），并且在被告收到仲裁通知书后十五天内当事人仍未能就仅指定一名仲裁员达成协议的话，则应指定三名仲裁员。如果决定组成三人仲裁庭，当事人每一方应指定一名仲裁员。指定的两个仲裁再推选第三名仲裁员作为首席仲裁员（通常是具有国际声望的专家），并因此组成三人仲裁庭。当出现在指定了第二名仲裁员后30天内双方仍没能就第三名首席仲裁员达成一致的情况时，则应由权威机构指定。

这里值得一提的是，三人仲裁庭里被两名仲裁员推选的第三位首席仲裁员并不是仲裁长，他是没有否决权的，只起到了一个奇数作用，为的是防止出现一比一的仲裁结局，因为仲裁的原则是仲裁员在人数上的少数服从多数。大家有必要搞清的是，有时也可能发生当事人自己选定的仲裁员在了解案情后，最终却做出对自己不利裁决的情况，因为任何仲裁员都要公正行事。

承包商应特别注意，仲裁员与自己的律师是两个完全不同的概念，要把仲裁员与自己的辩护律师截然分开。普通法里的律师制度是司法独立的，对律师有两种法律分工：诉状律师和出庭律师，后者在香港也被称为大律师。诉状律师主要负责接触当事人，处理法律文件以及出庭前的准备工作，但是出辩法庭时有一定的限制。而出庭律师不受限制，通常受诉状律师的委托，替他的客户出庭辩护。尽管仲裁时没对诉状律师限定不能在听审时辩护，但行业的习惯作法是在重大仲裁的听审时指定出庭律师做辩护人。

关于律师的付费方法，通常可有三种选择。

（1）按工作小时收费

最常见的是就层次各异的律师所提供的服务按小时收费。这种按时间收费的方式是每个律师对其为案情所做的工作时间做好记录，每月向客户发出账单，并收取费用。这种方式能够反映实际费用，简单公平，较为普及。但是，如果仲裁时间拖得很长，客户就要为此支出一笔相当可观的法律费用，而实际上当事人的律师多数并不希望看到案情尽快了结。

（2）分阶段或就单项工作内容收费

这种收费方式比较复杂，操作起来也相当不方便，需要事先把工作分成几个阶段。例如，准备并呈报索赔、商谈索赔、调解或仲裁，或者分解得更细一些。实际上，很难预测和商定每个单项的具体内容，有时还要受到仲裁对手索赔策略的影响，即使勉强确定了分阶段付费的内容，真正仲裁起来所走的路径也时常与预测路径发生偏差。因此，这种付费方案中常附有许多限定条件（叫 Qualifications 或 riders），尤其是律师希望借此回避未知发生的费用风险。而且有时可能出现在案情发生了至关重要的变化后，客户与律师要先坐下来再商谈付费修订协议等，却不能先一致对外赢得胜利，致使一些很急的工作反倒耽误下来，影响仲裁的正常进行。因此，客户很少或不愿意使用这种方式付费。

(3) 部分小时收费＋部分成功费提成

先按工作小时收部分费用，待索赔成功后再提取索赔总额的一个百分比作为奖励，如果索赔失败，律师也不再收取任何费用。这种方式的诱人之处在于律师与客户共同承担法律费用的风险（如果失败），并分享所得索赔，也就是说风险共担、利益共享，可以目标一致，共同对外，并能防止时间上可能出现的拖延。

按工作小时计收的部分通常为正常费用的 50% 左右，律师同样按其为案情所做的工作提供小时记录清单，但付费只按双方协议的一个比例进行（比如 50%）。而成功费提成的比例因案情不同而各异，通常是在索赔总额的 30%～50% 之间，应该是索赔绝对值大小的一个反比函数。如果有延期索赔，律师也可能就延期时间另对罚款金额收取一个合理的百分比，通常为 10%～30% 不等。如果失败，则客户只花了时间计费的 50%（如果比例商定的是 50%），并无其他支出。国际名律师一般拒绝提供完全按成功费提成（英文叫 Pure "Success" Fee Basis 或 "No Win No Fee" Terms）的方式提供服务，因为这样风险太大，而他们的仲裁成本支出至少要花掉时间计费的一半。

当然，也有些公司采用聘请高水平的常年法律顾问的方式（Retainer Scheme），对关键索赔的准备和报送提供定期咨询，并参与同业主就争端问题进行的高层谈判。

通常对仲裁地点没有特定限制，不一定必须在项目实施的所在国，仲裁时选择的地点只要仲裁双方认为可以接受，并且出入境方便就行,但要慎防有人利用国外仲裁设置"陷阱"。如果当事人双方就仲裁地点发生争执,就要由仲裁庭考虑根据仲裁的情况做出决定,通常选在一个中立地点,当然双方就要为此支付数量可观的差旅食宿费等。仲裁决定应该在仲裁地点做成。

仲裁程序的进行应从被告收到仲裁通知书之日开始。仲裁通知书应主送给业主,抄送咨询工程师,因为与承包商签约的主体是业主,而不是咨询工程师(咨询工程师只是业主雇来管理合同的专业人士)。仲裁庭可以按照它认为适当的方式进行仲裁,但必须平等对待各方当事人,并且在仲裁程序的任何阶段,都要充分给予当事人以陈述其主张和理由的机会。仲裁员在听审前,通常需几周时间进行听审的高层次准备,包括:

(1) 盘查问询的准备;
(2) 听讼材料的准备;
(3) 公开文件的准备;
(4) 审查所有证人和专家提供的证据;
(5) 研究业主和承包商所呈交的资料。

听审应在一个中立的地方举行,通常听审在双方能听到并或讲到对方的观点同时还有机会答复的基础上进行,先由索赔方介绍案情与其法律依据,然后提出书面或口头证据,再做进一步陈述。被索赔方再做出陈述并提供反驳证据;接着再由索赔方答复。周而复始,直至得到总结发言。听审一般持续4~8周时间。

在做成仲裁决定以前,如果双方当事人对已形成的争端同意和解,仲裁庭就会发出命令,终止仲裁过程,或根据合同的条件规定以仲裁决定的形式记载大家的和解,形成友好解决争端的结局。

计算机的应用

管理水平的高低直接反映出一个承包商的整体素质，也是提高竞争力的重要方面。加强管理是企业永恒的主题，必须依靠纵向（与业主订立的合同、与咨询工程师的日常交往等）与横向（与分包商的监督管理、与供货商的经济往来等）的紧密联系和协作配合才能完成。所以这里特别强调一下运用计算机加强管理的问题。面对市场挑战，必须尽量采用科技手段。计算机管理可以全面提高经营管理水平，并有利于创造理想的经济效益。

国际工程承包是个复杂的 8M 系统工程，项目的成功涉及到 Manpower（人工）、Materials（材料）、Machinery（机械）、Methods（方法）、Messages（信息）、Money（资金）、Management（管理）和 Marketing（市场营销）诸多因素的综合运作，各方面必须相互协调，彼此配合，并且一环扣一环，因此 CPM/PERT 法得到了广泛应用，而计算机可以辅助提高

CPM/PERT法的实际功效,有利于工程的动态管理和追踪监控,确保项目的工期、质量、安全、利润和信誉。

如果不用计算机管理,报价的准确度、标书的质量、整体的工作效率、项目进度及成本控制等很多方面都会受到影响,这是市场竞争必须面对的现实。

例如,承包商在投标时遇到的主要问题之一就是时间不足。一般来说,在拿到标书后的一个月内,承包商往往必须要完成整个投标过程。使用计算机报价速度快,时间省,标书一拿来,全部输入计算机,程序一调结果很快就出来,就是这样每次赶上投标还得加班加点。如果靠手算累死不说,也赶不上截标时间的要求。尤其是在选择哪个调价公式更好时,可以设定若干未知变数,很快几个方案就可以做出来,提供了科学决策时必不可少的基础数据,然后通过综合分析去判断哪个方案最有利。

工程拖期是项目亏损的主要原因之一。按期或提前完工可以节省大量的管理费开支及回避意外费用,因此工期管理是项目管理的关键之一。采用现代化的计算机管理手段及先进的计划管理程序,使项目管理人员能够及时掌握工程进度并找出关键路径,确定影响工程主进度的关键工序,抓住主要矛盾,集中精力解决,提高工作效率,并及时跟踪延迟的工序,使计划得到动态调整。

国内普遍存在着这样一种现象,即使用计算机已经许多年了,投资确实不少,但应用上大多局限于把计算机作为一种高级打字机的水平,没能充分发挥它的全部功能。计算机硬件的配备原则,关键是功能够用。因此,计算机的选型和采购并非越高档越昂贵就越好,要注意相关的性能/价格比应尽量合理,以便能够经济有效地发挥其功用。企业内部主管计算机的专门人才不但要熟悉本专业,还应善于将有关信息分析并归纳为计算机易于管理和操作的模式,能够将具体业务的处理过程设计成电脑程序。要在提高承建业务的科技含量和管理含量上下功夫,提高项目的综合管理水平,努力实现从粗放型管理向集约型管理的转变。

目前计算机的软件功能越来越强，一改过去散乱的、各成体系的、重复开发的状态，形成大型化、规范化、系统化的走向。具体表现在应用软件之间的高度集成，这种集成是全方位的，包括垂直方向和水平方向两个层次。垂直方向从初步设计、技术设计、施工图设计、现场管理直至交付使用、维修养护的全过程。水平方向包括这个全过程中每一阶段各工种的平行作业、数据间的自由转换和传递以及定时访问。

因此，应该注意搞好软件开发，使之适应企业的运作管理，并按轻重缓急向规范化推进，逐个开发各相关的子系统。要把计算机在报价、调价、索赔、管理等方面的优势充分发挥出来，包括用计算机进行文字处理、建立数据库、绘制图表和报价程序等，同时注意研究形成自己的成本/效益分析（Cost-Benefit Analysis）模型。有时如果想调整一个数，或调一个单价，靠手算就很麻烦，也难保证没误差，但是使用计算机，只要输入一个指令，一下子全部调过来了，相当快，而且100%不出错。计算机联网后用起来就更方便了，很多信息都可以及时获得。更重要的是计算机的应用可以保障公司经营资料的连续有效性，信息是无形财富，不能因人员的流动而破坏或失实。

在计算机极为普及的今天，我参与过的一些世界银行、亚洲开发银行以及在香港的项目，承包商与业主或咨询工程师的交往，许多通过计算机进行沟通，包括投标报价及验工付款等数据性的工作，基本上都不是用厚厚的计算资料，而是计算机的程式化处理代替了繁杂的手工劳动，常见的是软盘和CD ROM光盘等的互相交换。另外，互联网络的发展近几年方兴未艾，信息的传输已不分国界，沟通空间几乎无限，且不再有传统媒体单向传播的缺点，显然这意味着一个巨大时代潮流的到来。信息的穿透力显示了社会的活力，知识的累积，决定了竞争力及其文明程度的高低。网络文明实际上宣告了另一场媒体革命的开始，网上公布的资料完全是第一手的，其便捷直观是传统媒体无法比拟的，无需中介代理的删改取舍，用户还可将全文下载，或直接打印出想认真研究的部分。世界各地的读者都可从网络上浏览到大量的项目资审和招标通告，满足了时效和覆盖面的要求，网络在公布信息的过程中扮演着相当重要的角色。总之，要使得计算机的应用适应项目运作管理，业务处理方式努力向计算机化靠拢，最终实现规范化。

ISO 9000 质量保障体系

ISO 9000（WWW：http：//www.iso.ch/iso.en.ISOOnline.openperpage 或 http：//www.iso.ch/iso.en.ISOOnline.frontpage)质量保障体系是与 FIDIC 合同管理相关的问题。ISO 9000 是当代科学管理的结晶，是规范市场行为的准则，是消除技术壁垒的钥匙，在国际上赢得了普遍认同，具有十分广泛的适用性、实用性及法制性。

FIDIC 合同 1999 年版中对承包商的施工提出了许多新的严格要求，如：要求承包商按照合同建立一套质量保障体系，在每一项工程的设计和实施阶段开始之前，均应将所有程序的细节和执行文件提交咨询工程师。咨询工程师有权审查质量保证体系的各个方面，但这并不能解除承包商在合同中的任何职责、义务和责任。这时对承包商的施工质量管理提出了更高的要求，同时也便于咨询工程师检查工作和保证工程质量，这也是强制执行 ISO 9000 的合约依据。

1999年版中对工程质量的控制是通过对工程的检验来进行的，包括：施工期间的检验和竣工检验。如果特殊条件中有规定，对工程某些部分还要进行竣工后的检验。工程被业主接收后，在保修期内，承包商应负责修补由其工作不当引起的质量问题。

由于市场竞争激烈，现在很多业主都要求承包商必须持有ISO 9000认证，否则就可能通不过资质审查。国际工程承包合同对质量的要求十分严格，通常高于一般的中国标准，此外，国内在执行标准时往往偏松，把工程质量分成优质、优良及合格工程，不同于国际上仅只分为合格与不合格工程，而咨询工程师的满意就是标准，这对承包商的压力很大。这就需要转变思想观念，适应海外工作的要求。产品的质量关系到企业的生命。以品质取胜的公司，才会有长远的发展。

ISO 9000认证是质量保障体系的基本模式，强调全员参与、层层负责、步步落实。ISO 9000质量保障体系的核心是："做事先计划，照着计划做，能够证明它"。(Plan what you do. Do what you plan. Able to prove it.) ISO 9000突出一切为了顾客的满意，强调实施过程的严格控制，每个程序必须要形成文件，使得各项活动都有文字依据，把企业的管理由人治变为法治。

另外，中国质量体系认证机构（CNACR）已加入了质量体系认证国际多边承认制度，使得我国企业获得的质量认证证书具有国际等效性和互认性，从而可以实现一证多用，避免多头或重复申领国外机构的认证。因此，在国内已通过并获得ISO 9000证书的企业，同样也就取得了国际市场的"通行证"。另外，在"能够证明它"原则下所形成的大量书面记录及文字档案，有利于人才流动：当前任人员向后任人员交接工作时，无需冗长的交待，只要如数移交全部档案，而通过查阅这些文件，可以清楚地知道当初有关运作的整个过程，并且十分准确。

ISO 14000 环境管理体系

目前,有些业主甚至还在 FIDIC 合同第 19.1(c)款的特殊条件里,要求承包商通过 ISO 14000 环境管理体系(Environmental Management System,简称 EMS),而且该认证有可能也会像 ISO 9000 品质认证一样,在不久的将来成为资质审查的前提条件。

ISO 14000 也叫绿色标记,是因应时代转变,在可持续发展原则的指导下,强调满足当代人需求的同时又不危及后代人的生存和发展,适应当今世界环境保护浪潮而产生的一种绿色管制措施。

第 19.1 款(c)(安全、保卫和环境保护)

采取一切合理的步骤(包括达到 ISO 14000 标准),以保护现场及其附近的环境,并避免由其施工方法引起的污染、噪声或其他后果对公众造成人身或财物方面的伤害或妨碍。

随着科学技术的不断提高，人类改造大自然的能力明显增强，同时近代文明造成的各种污染又直接影响了人们的生活，种种环境问题也越来越得到世人的关注。例如，近几年出现的厄尔尼诺现象(Elnino)令全球天气反常，水灾、旱灾、风灾等不断发生在世界各地，造成生命财产的极大损失。臭氧层被破坏，过量的紫外线令皮肤癌、白内障等疾病的发病率明显增高。另外，各种工商业造成的海洋、陆地和空气污染破坏了生态平衡，直接或间接地影响着人类的生命健康。以上种种问题，使人们担心地球到底还有多久寿命，也令人反思人类进步所付出的代价，同时必须采取积极的态度去面对这些问题，并在发展进步及保护自然环境两者之间找到平衡，所以近来"回归自然"的呼声越来越高，验证了古人所言"顺应自然，损刚益柔"八个字的深刻哲理。

国际标准化组织于1996年9月颁发的ISO 14000环境管理体系，是作为第一批骨干标准，其重点是全人类密切关注的环境保护问题。它认为环保工作应该配合经济和社会发展，要积极地面对问题。其核心是产品的生命周期思想，即通过对产品的整体控制，在产品设计、原料选用、生产过程、废物排放等全过程中，都要考虑环境保护的要求，确保绿色设计/制造，也称"清洁设计/生产"。

人总是要生活的，免不了要追求物质繁荣。但作为自然界的一个成员，人生活在大自然中，一切活动必须与天时地利相适应。我们不能阻止合理的发展，只能要求在大力从事经济和社会发展的同时，尽最大可能减少对自然环境的冲击和破坏，大至填海造田，小至郊野清洁，都要同时兼顾发展与环保。

技术上变更原设计　用替代方案创效益

2000年6月，笔者作为当时的中国土木工程(香港)有限公司总经理，主持并参与了香港某新市镇扩建开发及相关主排水渠工程的投标报价，又在获标后就设计方面的重大技术问题做了一些有效的决策，通过落实替代方案，确保了较好的经济效益。该项目主要工作内容属于土木工程，要求承包商持有港府颁发的土木工程和填海两个C级牌照，合同金额为3.67亿港元。

2000年，在香港经历了1998年亚洲金融风暴冲击之后，经济形势一路下滑。受财政赤字的困扰，特区政府不得不尽量压缩有关开支，常规发标量大幅减少，使得香港建筑市场的竞争异常激烈。该项目当时的竞标更到了近乎白热化的程度，众多国际知名承包商都加入了角逐。我们经过仔细审阅招标文件，认真分析技术规范和设计方案，并考虑到在项目实施过程中潜在的变更原设计(替代设计)可以降低工程造价，通过精密计算和充分沟通，提出了我们的报价，最终以微弱优势击败竞争对手而中标。

在处理何时提出变更原设计的替代方案这一关键问题上，注意掌握恰当的时机十分重要。如果在投标时就把替代方案全盘提交给咨询工程师和业主，就可能在评标阶段被判为"非响应标"（英文叫作 Non-responsive Tender 或 Non-conforming Tender），最终势必导致废标。在与当地的一家设计咨询公司进行充分沟通后，大家对日后从技术上实施替代方案都充满了信心。因此，在报价中采用的是替代方案所对应的价格，这样确保了在报价阶段标价更具竞争力（当然其中也伴随风险）。

虽然该项目中标了，但由于工程是在激烈的竞争中拿到的，因而标价压得较低（如上所述，报价对应着的是替代方案），即使在实施过程中精益求精、严格管理、不犯错误，想要按原方案进行常规施工，获利也要面对挑战。因此只有在变更原设计方案上下功夫，力争在达到合同技术要求的基础上，说服咨询工程师和业主在设计上接受新的替代方案，使造价更为合理，同时尽量降低成本，从而最终取得经济效益。

结合该项目的主要工程内容和合同原设计方案，我们进行了深入研究，并通过大量数据论证了从设计上采用新的替代方案切实可行，从而达到了通过变更设计降低该项目造价的目的。

一、项目总体情况

1. 概况

项目名称：香港某新市镇扩建开发及相关主排水渠工程

项目业主：香港特别行政区政府

咨询公司：世界最大的一家国际工程咨询公司

签约日期：2000 年 6 月 30 日

合同总金额：3.67 亿港元

项目工期：2000 年 6 月 30 日至 2003 年 12 月 31 日（其中至

2001年8月31日为主体工程建设期,此后为附属项目及绿化工期)

2. 工程范围

香港特区政府为开发新市镇而实施该工程。主要内容包括:

(1) 规划区67、68和72之内的填海工程;

(2) 规划区67、68和72之内铺设1500000m装配式排水管道;

(3) 建造南防波堤;

(4) 疏浚250000m²;

(5) 建造西部箱涵,其中:

1) 1号箱涵——7个钢筋混凝土预制箱涵组件,总尺寸:长400m×宽27.5m×高6.1m;

2) 2号箱涵——1个钢筋混凝土预制箱涵组件,总尺寸:长480m×宽27.5m×高6.1m;

3) 3号箱涵——8个钢筋混凝土预制箱涵组件,总尺寸:长50m×宽32m×高6.1m;

4) 4号箱涵——8个钢筋混凝土预制箱涵组件,总尺寸:长1m×宽32m×高6.1m;

(6) 1号、2号和3号箱涵的打桩工程;

(7) 建造清淤池;

3. 主要工程量

(1) 开挖土方	375920m³
(2) 回填填料	1370661m³
(3) 进口材料(填料)	554000m³
(4) 压实填料	683117m³
(5) 预制排水管道	1484647m
(6) 混凝土	54319.00m³
(7) 高拉力钢筋	18633t

二、提出替代设计方案时的主要思路

合同中的原设计是通过沿新市镇海岸线进行填海，形成具有商业开发价值的新土地，既有箱涵主要用于850公顷地表水的集水疏导，项目要做的就是把箱涵扩展到新的坡式海堤泛水区。为了给将来土地扩展留有空间和提供必要的条件，4号箱涵设计为在需要时可分段拆卸的预制件，其余1号、2号和3号箱涵设计为坐落在1.5～2.5m大口径钻孔桩及相关的桩帽上，桩帽和箱涵的底板是一体化的结构物。

按照工程的原设计方案，经过现场考察，我们发现疏浚、土地开拓及地质处理无需再做改进，但要达到原设计要求，1号、2号和3号箱涵就需用相当厚的底板并将桩帽进行加固。如能设法减少箱涵结构的重量，那么支撑整个箱涵结构的钻孔桩数目就可减少，从而降低造价。另外，按合同原设计，在施工现场浇筑箱涵，所需时间势必较长，如果采用预制的办法，预制件的制作和其他现场工作可同时进行，因而能缩短建造时间。此外，由于香港人工费用较高，现场建造箱涵的成本支出多，而充分利用内地资源和人工、材料均较低的优势，可以大大降低箱涵的成本。因此，我们在考虑替代设计方案时的主要原则是：

1. 施工方法——必须更简便；
2. 施工费用——必须更经济；
3. 施工时间——必须更快速；
4. 施工环境——必须更亲和。

三、替代设计方案的出台

经过多次实地勘察、广泛深入调研和详细的技术论证，我们在项目中标后的一个适当时机，向咨询工程师提出了可供合同中原设计比选的替代方案。

1. 替代设计方案的主要内容

替代设计方案采用预制施工法。选择广东省珠江三角洲地区某地邻近海边的预制件厂，将1号、2号和3号箱涵拆分成单件进行预制，然后通过海运将预制单件运抵香港新市镇的施工现场。

在施工现场完成预制单件的装配。具体做法是将预制件坐落在3m宽的桩帽上并由其支撑，每个桩帽由3个1.5m直径的钻孔桩支撑，桩帽之间的距离为8m。由于大部分箱涵由预制部件组成，各预制部件在现场用混凝土浇筑连接在桩帽上，桩帽和现场浇筑构件通过钢筋构成一个整体结构。

2. 预制构件的运输和安装方案

1号、2号和3号箱涵总计有412个预制构件，每个构件的重量在90~184t之间。

预制件制成之后，由200t龙门吊吊装到自行式驳船上，然后再海运到香港的施工现场岸边。

在施工现场，预制构件由19m跨度桁架式龙门吊从运输构件的230t驳船吊到岸上，落至位于已开挖的涵洞槽内的运输车上，然后由39m跨度桁架式龙门吊吊起安装到指定位置。

四、替代设计的优点

替代方案与合同中原设计方案相比，在完全满足合同技术规范的前提下，施工方法更为简便，工程造价大幅降低，施工工期明显缩短，对环境的污染也小得多。具体情况如下：

1. 由于预制件的制作和其他现场工作可以同时进行，总的主体工程建设期(合同规定从2000年6月30日至2001年8月31日)能缩短3个月。见表1。

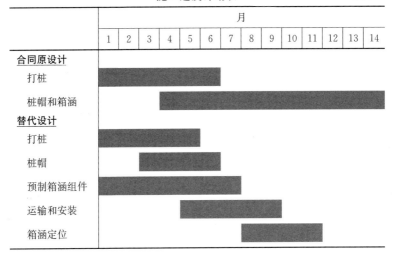

2. 中标后，经过我们反复从技术上做说服工作和不懈的努力，在咨询工程师和业主最终接纳并批准了替代方案后，项目节省费用达3000多万港元，主要因为：

（1）钻孔桩数目减少了30%；

（2）预制箱涵的钢筋含量等比原现浇箱涵降低了27%；

（3）由于充分利用了广东省珠江三角洲的资源和内地人工、材料，各项费用明显降低；

（4）工期的缩短可节约管理费支出。

3. 现场噪声降低，工程废料减少，因而环境变得更好。

在项目的实施过程中，从技术上认真分析，在设计上详细论证，还从法律上合理运用合同条件和技术规范等文件，注意与对方充分沟通和动态协调，最终成功说服咨询工程师和业主采纳了我们提出的替代设计方案，并在谈判协商后为此签订了补充协议，从而不仅可以确保施工进展顺利，提前高质量竣工，同时为业主节省了建造成本，公司也从中获得了较好的经济效益。该项目的成功实施，为公司在香港从事复杂的土木工程项目积累了宝贵经验，也为此后承揽类似大型土木工程项目打下了坚实的基础。

不健康标价竞标

竞争是市场经济的主旋律，而且也是一种相当有效的成本管理和控制手段。在国际工程承包市场上，通过竞标的方式降低项目标价是许多国家建筑行业的客观现实和规范作法，并从操作层面上有效地解决了业主与承包商的信息不对称问题。

因此，首先要面对并肯定"价低者得"的市场原则，当然这里的低价是指经过评估后的情况，而并非开标时的表面报价，海外也常听到"The lowest evaluated bid gets the contract(评估标价最低者得合约)"这种说法。在投标竞争中，价格上的优势是获胜的主要因素之一，并且对于业主和承包商是一种"双赢"。只要投标者资质合格并确有实力，又能提供履约保函等令业主满意的各类经济担保，业主为什么不把项目给予最低标价呢？

实际上，很难简单地去界定什么是不合理的"低价竞标"，因为这个问题相当复杂，需要具体情况具体分析。投标过程中必须考虑的投标技巧、项目管理、商业决策、供求现状等都非常重要，而且对标价的高低均会造成影响。如果某个承包商在项目所在地有人、又有设备（算标时在设备的残值上可做许多文章），并且十分了解当地的实际情况，或者有多个项目可供统一调配、穿插使用通用设备，那么投标时在表现形式上的低价也可能是合理的。

在讨论恶性竞争这类问题时，采用"低价竞标"的说法不一定太科学，因为如前所述，国际市场上只认同资源的优化配置，所以授标的原则普遍是"价低者得"，标价高了肯定中标无望，如此运作也是生产效率上的竞争使然，这是客观现实。通常低价象征着业主的资源得到了最有效的配置，承包商为配合低价而采取了最有效的手段。

是否可以这样理解，人们在谈到消极意义上的"低价竞标"时，应该是指以低于成本价的标价去夺标，实际上是一种恶性杀价。如果一味地靠压低标价去参与竞争，并报出亏本的价格，那么承包商从第一天起就承受着巨大风险。国外对这类现象有一种叫法是 unsound pricing 或 unsound bid，可否拿来借用一下，暂且称为"不健康标价竞标"？

有的公司在海外投标时寄希望于"低报价拿标，高索赔赚钱"，笔者认为这种做法并不可取。本人多年在海外项目管理中亲身的体会是：索赔，谈何容易！因为不是承包商想索赔就能真正拿到索赔的，可能出现事与愿违的情形，甚至会伴随有负面影响。业主对于承包商的索赔，反应一定相当激烈，也要展开反索赔。其实这并不奇怪，因为毕竟是让他额外出钱，力图做出自我保护亦属正常。这种潜意识的抗拒心理一定会影响到业主对索赔的态度。另外，大量地提交索赔文件，要求经济补偿或延长工期，将使得承包商进入业主的黑名单，业主会在其内部指引中把这些承包商列为"好搞索赔"（Claim-conscious）的一类，或做出不利的报告（Adverse Report）。结果还远不止于此，其他业主也会多加防范，使得日后丧失许多机会。这就存在一个权衡利弊的问题。

如果承包商把投标报价建立在没有把握的索赔期望上,早晚是要吃亏的,日后履约中会掉进自己挖掘的陷阱。索赔成功的机会实在难以预测,结果不得而知,等待拿到索赔款的时间又相当长,如果金额达不到一定规模时(一般认为超过合同金额20%时就构成重大索赔),也难下决心提交仲裁,往往会出现得不偿失的情况。很难相信使用这种投标手法从事经营的承包商能维持多久,因为优胜劣汰是市场竞争的必然,而且业主和咨询工程师也会随时采取措施进行反索赔,并防止这类承包商今后再中标。

是否可以这样说:低报价容易做到,但索赔可索而常遇不赔,承包商要想真正拿到索赔的有效助力手段,必须最终付诸仲裁,而实际上又不能无论金额大小都去提交国际仲裁。另外,索赔问题的关键是要看承包商是否有这方面的人才,举证是否有力,并且标书是否真有漏洞可钻,有时还取决于能否及时抓住擦身而过的机遇。

项目涉及的大额索赔通常都要经过仲裁。即使提交国际仲裁进行裁决,也不很容易赢;有时就算赢了,还会出现赢仲裁的同时就输索赔的被动结局,因为即便仲裁获胜后,如果项目所在国不是联合国《1958年纽约公约》的缔约国,也很难得以强制执行及兑现索赔,承包商反倒更麻烦。有关详情可查阅网站www.un.or.at/uncitral。

这里特别说明一下,以上所讲绝不是要否认索赔在工程实施中的重要性,反倒是意在使大家注重更好地学会采取正确策略和更实用的办法进行投标,同时加强项目管理,最终达到增收创利。国内目前谈论工程索赔的书籍很多,可以查阅。

国际工程承包涉及工期、成本、质量和安全四大因素。海外有一种说法"If you can't measure it you can't manage it(不知深浅,无法驾驭)",包括项目实施中可能遇到的问题,许多都是未知因素,例如所谓绝对"独立公正的咨询工程师"根本就不存在,因为他是由业主支付工资的,而且当真正出现了设计图纸的问题后,我从没见过咨询工程师会承认是其失误,而自然是把矛盾和风险推向承包商。

有经验的承包商都善于面对复杂多变的竞争环境,进行超前分析,然后制定对策,例如判断主要竞争对手及接续项目的可能性。我同意利用"潜赢"的投标办法,通过采用较好的报价技巧和技术处理,例如利用中标后的比选方案等具体操作,做到报价时打入潜赢,在项目实施后落实原预测利润,说明了中标者比他人技高一筹,既能在"价低者得"的市场原则下合理低价中标,又能最终获得经济利益,这才真正显出承包商的水平。

尽管业主定标的一般原则为"价低者得",但同时几乎在所有的招标文件中又都有"业主有权不接受最低标并无需就此做出任何解释"之类的表述,目的就是防止承包商在具体投标时出现的异化现象。因此,中标者有时未必是标价最低者,标价太低反倒可能引发一些节外生枝的问题,例如业主会据此认为承包商缺乏经验和实力,也许在中标后要采取偷工减料的办法,或者钻空子纠缠于索赔事件上,麻烦多多,难以专心把项目干好,最终反倒会置业主于被动。

企业的最终目的是赚取利润,这也是一个公司运作的主旋律。但应坚持按经济规律办事,海外也叫 Let market forces operate(让市场的力量发挥调节作用)。那么,业主如何在"物有所值"的原则下,做到公平、公开、公正、透明,并尽量有所明示依据,评定或处理"不健康标价竞标"的问题呢?通常可能会有几种选择:

(1) 投标后,考虑舍去最低标价(但在经专家详细评估后被一致认同属合理最低标的情况可除外),海外也有一种说法,叫做"The lowest price is never the cheapest 最低标价的从来都不是最便宜的)",而只认为第二低标价是较合理的标价。但最终决定哪家竞标者中标,则可以再综合各种因素决定,选出最经济合理标(Most Economically Advantageous)。这样就能减少别的未知因素影响,形成一个倾向性的意见。

当然，在具体谈论最低标价（lowest price）时，又会涉及到是最低投标价（lowest tendered price）还是最低评估标价（lowest evaluated price）这类概念性的问题。如果是最低评估标价（咨询工程师实际上就负责做这方面的工作），则应该认为是合理的并可考虑决定中标。

诺贝尔经济学奖得主 William Vickrey 在处理拍卖场上的物有所值问题时（拍卖与投标是一种反向的商业竞争形式，有兴趣的读者可以参阅有关网页如 http：//lcm.csa.iisc.ernet.in/ecomm/writeup/gva.html，http：//www.dbmsmag.com/9702d06.html 等），也采用了类似的理论和做法，即在公开竞价后（注意密封报价），把拍卖物售给出价最高的买家，但只要求他们按第二高标价付款，并称之为"第二标封顶价格"，从而达到能够吸引更多的商家参与到拍卖竞价中之目的。

理论的作用就在于指导我们找到解决问题的原则和途径。是否可以探讨参照上述思维方式，在项目评标过程中重点向次低标的承包商倾斜，姑且叫做"次低标保底价格"，从而有效地鼓励承包商投标时尽量反映成本的实际情况，而不是一味地只是追求压低价格。

（2）可以认定比投标者各家标价总和的算术平均值低10%的标价都是不合理标价，或是在去掉最高标和最低标后（如果这两个标价都被公认为明显地不合理），低于算术平均值10%的标价是不合理的，可视开标的具体情况而定。

业主通常要求中标的承包商提供合约金额10%的履约保函，这个10%实际上是一个数理统计的结果。无数经验和过往事实普遍表明，如果中标的承包商项目实施欠佳，则业主在没收了其10%的履约保函后，应能弥补换掉前者而交给下家承包商继续施工的经济损失。这也反证了上面所说10%的幅度有一定的相对合理性。

（3）认为最接近所有投标者标价总和的算术平均值（也可说是中值）的标价就是最合理、最接近市场认可的（投标者越多，这个中值越准），但这样的评标办法又与公平竞争、价低者得的授标原则明显背道而驰。

作为业主，付钱太多不聪明，但付钱太少肯定会引来麻烦，甚至后患无穷。因为付钱多只会损失钱，但付钱太少时，就会买不到应买的东西，整个项目也可能会被毁掉。如果决定采用最低标，业主比较保险的作法是在预算中另加上一些备用的风险费用，这样就可确保达到物有所值。此外，物有所值还需要预案考虑过往业绩，监控管理和动态追踪。因此，业主也有看承包商的业绩的做法，重视诚信守法，以求达到优质优价。例如香港特别行政区政府的 Preferential Tender Award System(优先授标系统)就是根据承包商投标报价，以及在过往项目上的表现，按既定公式算出每家投标者在满足项目其他招标条件下（如财务状况良好、当前工程总额上限不超标等）的客观得分，获得高分的承包商将中标。详细内容可参见笔者在《国际经济合作》杂志1999年第10期上发表的《香港实施优先授标系统和履约奖金制度》一文。

承包商应该学会怎样编标报价，坚持"市场为导向，效益为中心"的原则，因为标价具有竞争性毕竟是评标时的重要因素之一，市场又总是受到供需关系等因素的影响而变化无穷。善于掌握时机，抓准重点，积极开拓，稳妥进取，以确保在复杂激烈的商业竞争中能够最终取胜。要尽量避免"情况不明决心大，心中无数点子多"，尤其要杜绝以自杀性标价竞争项目的现象。中国企业到海外发展，往往胆量有余，经验不足，有时出现还不会游泳就一头扎进海里去的现象。必须脚踏实地，绝不能存有任何侥幸心理。同时，更要注意总结经验，汲取教训，不断提高企业的整体素质。

以下为一些在海外项目投标报价时要充分考虑的因素，并非十分全面，可供具体项目的个案情况分析并参考。

一、直接费

1. 人工费：直接从事施工、安装、调试工程等的国内人工和当地人工的费用。中国人工费用由国内费用和国外费用组成（考虑出国、回国和休假等的交通费等），当地人工费用由基本工资、加班和劳保福利费用等组成。

2. 材料费：

1) 国内供应材料：由材料出厂价（市场采购费用）、国内运费（由产地运至出口港口的装卸、仓储、包装、保险和港口费）、国际运费和保险费、海关税、当地港口费、清关费、滞关费（经验数字，如过去有类似项目）、当地陆路运杂保险费（港口至施工现场），等；

2) 当地采购材料：材料采购和运至现场的费用，等；

3) 第三国采购的材料：材料到岸价和当地陆路运杂保险费，等。

3. 机械费：包括机械设备折旧费、维护修理费、运费、机上人工费、交通燃油费、动力燃料费，等。

对于机械设备的折旧，由于国际承包工程的风险比实施国内项目要大并且不确定因素较多，从事海外业务的公司在项目上的计算方法通常是带轮子的设备 3 年摊完，不带轮子的 5 年摊完。投入的机械设备是否在项目中一次摊销（与项目的工期长短有一定关系），也可在权衡竞争与风险（包括接续项目的可能性）后自行酌定。

机械设备的价格按照：

1) 国内供应：由出厂价、国内运费、海运费、保险费、关税、港口费和当地运费组成；

2) 当地采购：由设备采购价和当地运杂费组成；

3) 第三国采购：由设备到岸价和当地运杂费组成。

需特别强调的是：以上材料费和机械费两项要注意考虑到 CIF Site，尤其是所有运输过程中的保险费，从而做到有效地防范风险。

二、其他直接费

施工用水、电所发生的费用，雨期施工增加费，工程施工干扰费，夜间施工增加费，材料二次搬运费，等。

三、间接费

1. 管理费

1）项目管理人员工资等费用；

2）办公用品费；

3）交通工具使用费；

4）通讯费；

5）国外交通差旅费；

6）劳动保护费；

7）国外医疗费；

8）炊具、卧具使用费；

9）检验试验费；

10）当地工人培训费；

11）当地工人保险费；

12）工具用具使用费；

13）学习文娱费；

14）外事活动费。

2. 投标阶段发生的费用

1）购买标书费；

2）现场考察费；

3）编制标书费用；

4）办理投标保函的费用；

5）投标代理人费用（如果有的话）。

3. 临时工程费

1）为进行施工、安装、调试工程等所必须修建的生产和生活用的临时建筑物、构筑物；

2）修建施工现场的临时进出场道路的费用和业主或当地政府部门规定的其他费用。

4. 中标后应考虑的办理履约保函的费用

5. 工程保险费(工程全险、第三者责任险、车辆相关保险等)

6. 设计费

7. 咨询监理的费用(如果项目有咨询工程师或业主监理的话,要为对方提供生活、办公、试验室、交通等设施)

8. 物价上涨因素

9. 货币升值或贬值的因素

10. 不可预见费

11. 当地各种税费

12. 当地可能发生的捐资助学类费用

13. 清关清税的费用要充分考虑

14. 上级单位管理费

15. 佣金(如果有的话)

16. 合理利润

利润与风险是并存的,而且互成反比关系。降低投标时的标价肯定有助于承包商中标,但随之也会增大项目风险,降低预期利润。由于受国际工程承包市场残酷竞争的影响,有的承包商恶性压价争标,不能很好地评估可能面对的潜在风险,甚至投标时考虑的问题严重脱离了技术上的可操作性,而有些更类似在进行一场赌博游戏,这是十分危险的事情。

个别承包商如果目前在手项目较多,境遇尚好,不十分急于求标,因此就会在投标时放入期望的合理利润。也有些承包商可能当地没有项目,或在手实施的项目已近尾声,急于得标,借以维持自己的生存,或遇到业主把一个大项目拆成若干期(Phase)分阶段滚动式发标,就可能采取如延长设备折旧摊销的年限等技术性手法,从而增加自己标价的竞争性,做到既能中标,又能通过选用合理得当的机械设备折旧方法,保证项目最后获得较为理想的盈利。但这样做时必须慎重考虑拿到衔接工程的机会和把握等实际问题。当竞争白热化时,承包商为争取投标取胜,就会压低利润率,甚至不计利润投标。

在判断风险时,大家都期望情况尽可能明朗,不过事态的明朗与机会同样也成反比关系。但可以肯定地说,决策者的最大风险就是议而不决,因为这将永远丧失机会。因此,应在可接受的最小利润(或无利润算标)与可承受的最大风险之间平衡做出决策,即必须选定盈亏平衡点(Breakeven Point),这也是承包商在计算标价时理论上的风险安全点。承包商在被动接受"价低者得"这一客观现实时,不宜在盈亏平衡点以下报价,从而确保在激烈竞争中永远立于不败之地,否则一旦出点纰漏,就会必亏无疑,甚至难以收场。

国际工程项目合作面面观

根据 FIDIC "红皮书" 1999 年第一版的第 1.14 款:

如果承包商的构成是（符合适用法律的）联营体、合包集团或两个及两个以上的当事人组成的其他松散的组合，则:

(a) 所有当事人在履行合同时对业主承担的责任是相互关联的;

(b) 所有当事人应把有权约束承包商及其中每个当事人的牵头公司告知业主;

(c) 事先未经业主同意，承包商不得改变其原有构成或法律地位。

该条款主要与承包商通过联营体、合包集团或者任何一种业主可以接受的合作方式联合起来共同承建项目有关，这个内容在 1977 年第三版和 1987 年第四版的 FIDIC 合同中都未曾涉及。

承包商之所以会选择组成联营体、合包集团或其他各种合作方式一起投标和承接项目，是由多方面原因促成的。

首先,由于工程项目所在国政府或国际金融组织的政策性限制,如果业主在标书中对当地承包商提供了一定的优惠条件(Local Preference),而且这种优惠通常会占到投标总价的7.5%。尽管这属于非关税壁垒的一种形式(多见于某些第三世界国家),但外国承包商通过与当地承包商共同组建联营体或合包集团等方式,不仅可以享受到这种优惠政策,而且还能有效利用当地公司的社会关系和办事渠道,从而为夺标和项目实施创造更为便利的条件。

其次,业主有时为了防范风险,或者考虑到由任何一家承包商单独承揽项目,可能会在资源、资金、技术、管理和经验等方面出现问题并面临困难,因此业主也会在大型项目上做出明确规定,承包商必须组成联营体才能参与竞标,这种要求甚至从资格预审阶段就已经开始。例如香港的工程承包市场自由化程度历来就比较高,运作也相当规范,尤其是自上马香港新机场、西部铁路、东部铁路、九号货柜码头和迪斯尼主题公园等项目以来,无论实力多强的承包商,单枪匹马一般很难通过这类资格预审,所以承包商必须联合竞投。

第三,长期以来承包商一直通过竞标的方式获得项目,相互间通常都为竞争对手。由于竞争异常激烈,往往使得承包商为了获得一份合约不惜借助多种手段,争相压价,结果导致某些承包商严重亏损,甚至最终倒闭。随着市场竞争程度的加剧以及市场机制的不断发育,明智的承包商逐渐认识到,如果只由一家企业独立参与项目,虽然可以做到决策速度快,管理相对独立,自主性较强,但在大型项目上,却可能因资质这一个因素就丧失许多机遇。而相互联合的形式既可以变竞争对手为合作伙伴,又能做到资源共享、借船过河、扬长避短、扩大规模以及分散风险。承包商在权衡各方利弊后,感到包容的力量是很大的,决定相互协作,发挥群体力量,从而使得团队成员的工作关系得到明显改善,并最终使共同合作获得成功。

在这种情况下的联合实际上是出自商业上的考虑，大家的合作属于一种更理性的竞争，也是更高层次的竞争，尤其对于大型项目来说更是如此。这时，合作各方的机会相对较多，弹性也较大。在彼此处于双向选择的条件下，其关键是要找到利益的平衡点。

当合作各方走到一起时，目标都很明确：为减少竞争对手而"联合"；为增强竞争实力而"联合"；为规避经营风险而"联合"；为减少各种形式的资源浪费而"联合"。通过联合挖掘资源价值，提高生产力和附加值，最终改善各方的获利能力。

本文所谈的联合应该区别于处在从属地位的工程分包和劳务合作等，这种联合主要分为以下几种形式：

联营体(Joint Venture)

这种联营体通常由两家或两家以上的承包商临时组合，为共同承揽某个具体项目进行短期合作，合作期的长短原则上等同于项目工期，工程结束后，合作各方清理完工程财务，联营体也就清盘终止了。参加联合的承包商选定一个牵头公司，代表联营体与业主进行沟通，大家共同对业主负责，并协调相互联合时的内部关系。但是，各承包商仍是独立经营的企业，只是在共同承包的工程项目上，根据预先达成的协议分别承担各自的工作，分享各自的权益，但在法律上和经济上对业主承担连带责任。

有人说联营体是某种程度上的一种合并(a kind of merger)，英文里还有 Integrated JV 这样的表述形式，其最大特点是一种紧密型的合作，在商业上相互承担连带责任(joint and several liabilities)。也就是说，这是一种在项目中标的情况下大家共同发挥总承包商作用的承包形式(而不管内部分工如何)，共同的目标把相关各方融合成一个同舟共济的团队，所有的参与者最终要么都将成为赢家，要么就都是输家。如果从不利的方面讲，当出现极端情况时，参与其中的合作伙伴可能要面对因他人过失而带来的意外风险。其实，承包商在国际工程承包市场的激烈竞争中，无时无刻不在冒风险，国外同行把它称作是"不冒险，无所获(Nothing ventured, nothing gained)"，这甚至成为一家国际知名企业的广告词。而 Joint Venture 从英文字面上理解，就有"大家共冒风险"的意思。

值得特别一提的是，许多中国公司容易模糊或误解"连带责任(joint and several liability)"的概念，这种连带责任引发的结果有时相当危险，因为业主会通过要求承包商出具银行保函来对此加以保障。与业主签订合同时，有关各方还要签字确认并承担这种连带责任，或指定牵头公司一家代表大家签约。但在授权书上都要由各自的母公司签字画押，业主在签约之前会对授权书的内容进行认真核查，如有问题，必须按照业主的要求做出修改。各方母公司或最终控股公司也要出具担保承诺书，以确保化解项目的责任风险。

例如，甲、乙、丙、丁四家承包商组成一个联营体，四家公司分别占40％、20％、30％和10％的股份，并分别按照合同规定向业主提供了连带责任的履约保函。如果在项目履约过程中，甲承包商因自身问题而出现破产，业主通常会找到余下公司中最大的一家承担甲方遗留的所有责任。至于内部如何承接甲公司的经济责任则是联营体内部日后自行处理的问题，与业主无关，并依此类推。如果出现了甲、乙、丙、丁四家公司都倒闭并且追讨无望的情形，业主就只能自认倒霉，并另行为项目招标。

合包集团(Consortium)

合包集团属于一种松散的联合，其特点是：在集团内部实行比较独立的分工，对外也仅按股份比例就自己实施的工程分别对业主承担相应的责任与义务，而并不承担合包集团其他伙伴对业主的连带责任。正是由于法律关系上相对松散的特点，尤其是分别承担各自的责任，在国际工程承包中承包商更倾向采用这种合作形式。

通常，合包集团应该在协议或章程中对每个成员公司的责任、义务和权利等做出明确规定，甚至将各成员承担任务的内容细节都写明。属于各自范围内的周转资金、风险和利润都由各自负责，各公司仅提供一部分管理费供合包集团的总管理机构开支。

有些业主并不严格要求承包商要以合包集团的名义在当地注册为独立法人，只要求参加联合体的各个公司分别具有法人资格即可。这种方式的弊端是，上层管理机构仅决定一些主要的政策性问题，而在经常性的项目管理上内部企业各自为政，有时代表不同成员公司的管理人员彼此很难沟通，缺乏相互审核机制，在编标报价阶段很可能就对方报价提出异议，如果内部成员在标价上无法协调，联合体将很难中标。为了解决这个问题，有的合包集团采取了事先约定同意内部竞价的办法。不足之处是，若价格优先，有时发挥不了合作伙伴各自的综合优势。在承揽交接面复杂的工程时，合包集团面临许多内部、外部和内外纠合在一起的各种矛盾，有时还可能因为出现交接面而引发额外支出，甚至出现履约中彼此索赔的现象。

联营体与合包集团都属于联合的一种，但差别还是很大的，而且各有利弊。一般而言，在项目规模大，工程结构复杂，而对合作方又并非十分了解的情况下，承包商原则上多愿意采用松散型的合包集团这种合作方式，反之，则多采用紧密型的联营体。

合作管理(Partnership)

其实，承包商在项目运作时，上述"联营体"和"合包集团"是两种最常见的联合经营方式。当然承包商还可以采取其他形式与业主结成契约关系，例如土建施工、设计咨询、设备制造与安装、管理指导等性质不同的公司，先在内部相互做好约定，再通过某种方式与业主按照"交钥匙"方式签订某个项目的合同。对于业主来说，是以合作管理的名义建立合约关系，而项目承接方内部则强调发挥各自的资源优势，积极合作与协调，提高内部工作效率，激励创新，改善服务质量，努力令客户满意。

这种合作不仅限于承包商内部的联合，甚至还包括了业主与承包商之间的协调合作，目的都是要建立一种伙伴关系，从而减少和消除敌对意识，提高项目执行的绩效。现在国际上以PPP (Public Private Partnership)形式运作的项目已经成为一种成功的新型工程管理方式。实际上，在发达国家采取PPP比BOT (Build-Operate-Transfer)的形式更加普遍，这是因为PPP形式的最终关注焦点放到了业主的需求上，并可尽量避免在BOT项目移交给业主以后出现的一些潜在问题。在这种合作方式下，承包商通常是融资一方，而项目业主(Public)与承包商(Private)处于一种对立统一的关系，大家确立共同的目标，彼此认同并理解对方的期望与价值。大家通过有效沟通与协调，形成一个项目团队，共享资源和信息，化解冲突与内耗，通过合作变利益对抗为实现多赢，提高项目各方正确处理项目要素关系的积极性。这里附上一个有关合作的三角形，可供参考。

注意的问题

"联合"的概念是在无情的市场竞争中应运而生,也是公平竞争经济环境下的必然产物。市场竞争要求优势互补,而不能只是盲目鲁莽的单打独斗。面对一个大型项目,如果承包商为了减少竞争,寻求新的利润增长点,决定选择"联合"的道路,那么寻找良好的合作伙伴就是成功的关键。合作伙伴的选择是一个很重要的工作,这也是在操作层面上首当其冲要解决的实际问题。承包商首先可以寻找与业内口碑良好的公司进行合作,某种程度上说,口碑是一种市场的资格预审。因为口碑实际上也体现了一个市场的认可度,这种认可是靠专业完善的服务给客户留下的美好印象而长期沉淀下来的效应。

联合本身是利弊兼容并蓄的。不同承包商,其自身利益各不相同。尽管他们愿意通过这种或那种形式进行联合,形成了所谓的利益共同体,但如果他们各自的利益之间,或者各自利益与共同利益之间的关系处理不当,就可能最终给各方造成合作之前意想不到的损失。

承包商应该注意对潜在的合作伙伴提前进行考察,有时在投标前相当长的一段时间就要开展这项工作,通过互访,增进彼此的了解和信任。考察时不但要对其综合实力进行研究,而且还应注意考察有关的综合经历,甚至包括性格作风等。一般来说,合作方代表之间建立良好的个人关系十分重要。

其次,承包商应该建立一种良好的心态,通过合作一项工程,交一方朋友,拓一个市场,增一分信誉。虽然建立合作关系的基础是相互信任,但事先签好合约/联营协议十分重要。在这些协议中(尤其是自标前协议就开始),要写明各方有义务及时向合作方披露己方可能会对联合投标或承包产生不利影响的信息条款。必须综合考虑到诚信互助与经济制约的互动作用,合作精神与利益冲突的关系，注意把握好经济纽带和相互间的合同约束关系。合作方的内部协议，在严格规范各方权利义务的前提下，应该增加相互间的透明度，并尽量减少敌对性的条款，强调协作解决问题，实现共同目标。

在合作项目上，最好能够实现实际操作管理方式的柔性化，也就是说，不要过多地依赖协议来维持各方有效的合作关系，否则成本将会很高。合作各方要把合作、沟通和共赢作为行动指南，以目标实现为核心建立结构机制，减少内部冲突，避免资源浪费，提高工作效率。无论任何一种合作，应该是建立在协议约束下，信任基础上的交易活动。另外，股份一定要有差异，那怕只有1%，这样才能确保重大决议中的权重，否则无人决策，就会议而不决，拖延误事。

第三，要注意控制合作伙伴的数量，掌握合作伙伴的数量不宜太多，并通过成功的合作建立日后的长期关系。笔者建议联合经营的合作伙伴或2个、或3个，可根据项目规模大小、复杂程度和工程类别而定，太多了内部协调起来比较耗费精力。选择合作伙伴是双向的，所以要经过多次的相互选择、考核、磨合才可以确定彼此间优势互补的合作关系。信任是建立在稳定合作机制和策略的基础之上的，如果从交易成本来考虑，合作性资源只能通过各方合作才能产生，合作的程度越深，合作性资源越多，综合效益也就越大。所以不要频繁地变动合作关系，最好是精选那些有过成功合作经验的合作伙伴，在一个较长时期内进行合作。

值得注意的是，当我们与国际承包公司合作时自身的素质非常重要。不仅要求公司的内部管理要适合国际合作的需要，而且我们的项目主要负责人的自身素质，如性格、管理能力、交际方式、文化素养以及个人魅力等，在组织合作、完成工程、化解矛盾的过程中都起着至关重要的作用，甚至决定着项目合作的成败。因此选用称职的项目第一负责人是我们与国际承包商合作成功的关键因素之一。

合作也是生产力。承包商会对不同的项目选择不同的合作方式,并且在形式上也在日益成熟和完善,而一个对相关各方有利,同时又便于操作的合作方式是大家合作成功的重要因素之一。即便组成了联营体或合包集团,合作的方式仍然可以灵活多样,以下提供一些实际案例以供读者参考。

案例一:

牵头费(Leader Fee)的支付。FIDIC合同第1.14款的(b)条中规定:承包商在组成联合体后向业主承揽项目时,应该指定他们当中的一家公司作为牵头公司,并将牵头公司通知业主,这家牵头公司将有权约束其他承包商。业主在日常工作中将主要与牵头公司进行联络。

通常,牵头公司是持股比例最大的公司,并要收取履约金额的0.5%~5%作为牵头费。该费用可根据项目的大小决定,但原则上应与合同金额成反比关系。大家在项目上共同投资、共同管理、共担风险、共享利润,虽然牵头公司要得到赢利的大头,但其他承包商也可以共享资源,获得相应回报,同时小公司由于股份比例相对较低,一般情况下也不会面临太大风险。

例如,海外某铁路项目合同金额为5410万美元,牵头公司收取牵头费2%,但其他合作伙伴原先预计的支付比例为0.8%。最后各方妥协的结果是,在合作协议里规定,项目在实现赢利后,所创赢利的10%首先分给牵头公司,然后再按股份比例进行分红。甲、乙、丙三方股份比例为45%、30%和25%。最终,项目实施的盈利总额为711万美元(13%),甲、乙、丙分别赢利360万美元(另加牵头费108万美元,已列入项目成本)、191万美元和160万美元(各方投入资金分别为54万美元、36万美元和30万美元,资金占用半年时间)。

实例二:

沉默合作伙伴(Sleeping Partner),也有人称之为"休憩合作"。在这种方式中,有时休憩一方可以获得"不战而屈人之兵"的效果。例如,海外某机场设施项目的合同金额为2546万美元,甲乙双方共同投标并中标后,甲方提出由于自己有相对优势,因此请求乙方休憩。双方为此经过协商后签订了协议，在操作上是验工计价款进入双方的联名账户，再由乙方于规定的时间内扣除应得部分后将款项转到甲方账户。项目实施得相当顺利，最终乙方获得休憩费64万美元(2.5%)，而甲方全权负责实施并赢利135万美元(5.3%)。

实例三：

海外某填海项目的合同金额为4708万美元，由于甲方单方的施工资质难以满足业主的要求，因此甲乙两方共同组成联营体并通过了资格预审。双方在投标前就商定由甲方负责项目实施，而乙方为休憩的合作伙伴，并为此签订了标前协议。项目中标后由甲方全责进行实施，项目顺利竣工并移交业主，结果甲方通过实施获得盈利211万美元(4.5%)，而乙方收获休憩费47万美元(1%)。

实例四：

这是一个失败的例子。海外某房建项目的合同金额为3170万美元。在对外签约后，甲方当时认为自己在项目实施中有明显优势，另外乙方缺乏海外工程经验，并主动建议给乙方休憩费31.7万美元(1%)，另外甲方预测项目实施完毕后可盈利115万美元(3.6%)，而乙方并不同意，坚持要自己参与。结果在履约中，乙方的管理和流动资金等都出现了明显问题，此时乙方又向甲方请求撤出，想要再回到甲方当初建议的休憩位置，但双方最终没能就此达成一致。结果是甲乙双方都造成了亏损。必须充分认识到在联合承包的过程中，有一个原则应该是永远发挥作用的，就是联营体的利益始终要大于各个成员公司自身的利益，这样项目的合作伙伴才能进行有效沟通。

笔者在任中国土木工程（香港）公司总经理的近7年时间内，共在香港签订近百亿港元的合同额，其中涉及到两家或两家以上合作的项目就达到近60亿港元，占总额的60%左右，由此亦可看出国际工程项目上相互合作的重要性。这些合作项目的特点多为整体规模大、施工难度高、专业技术强的大型工程，合作伙伴涉及多国别和不同文化。通过成功完成一个大型的合作项目，不仅可以锻炼队伍，培养人才，还可以提高公司的社会信誉、经济效益和知名度，增强公司的综合竞争力。

国际承包商的经营目的是追求商业利益的最大化，而合作方式的选择只是形式和操作上的一些细节问题，这些都可以根据具体情况适当进行变通。随着国际工程承包市场竞争的日趋激烈，在一些大型工程上，为避免恶性竞争，充分发挥群体优势，减少和避免经营和商业风险，几家志同道合的公司联合起来参与竞争、组织经营的形式将会越来越普遍，这种联合承揽项目也是"走出去"的必然。

在加入世界贸易组织后，随着中国经济的发展和腾飞，伴随着中国市场向世界全面开放，内地建设工程的机会也越来越多，许多外商也希望能找到在华合作的机会，通过与中国有实力的承包商组成合作公司，走联合的道路，享受优惠。有人诙谐地说，中国的国鸟一定是鹤。因为在中国随处可见建筑工地和塔吊〔在英文中 Crane（塔吊）的另一含义是鹤〕。

EPC——没有咨询工程师的合同管理

EPC 是英文 Engineering，Procurement and Construction 的缩写，中文有人译作"设计、采购和施工"。笔者认为 Engineering 一词在翻译时除了含有"设计"的意思以外，还应有"项目规划、工程策划"等概念在里面（甚至包括了科技含量）。

EPC 合同在 FIDIC 文件里通常叫做"银皮书"，实际上是由承包商负责设计的总承包合同，也就是承包商要对项目负全责，属于一种交钥匙项目，正式英文名称叫 Conditions of Contract for EPC/Turnkey Projects，可以说是"设计+施工"(D+B)合同方式的一种延伸。

一、EPC 在国内、国外工程承包市场中的发展趋势及其利弊

EPC 的最大特点是固定总价合同，英文叫 Lump Sum Contract 或 Fixed Price Contract，

而与FIDIC"红皮书"的单价合同（Unit Price Contract）不同。业主与承包商双方要先说好价钱（当然对应着就有一个较长的谈判过程，而单价合同的这个过程很短也相对要简单得多），但签约时一定要一次包死，因此承包商的价格中难免含有一定水分，或者说留有相当余地，以达到防范风险的目的（这是可以理解的），而不像"红皮书"那样，以"波纹理论"为原则去处理问题，只要求承包商考虑你知道的。

在EPC合同的条件下，承包商承担的风险比"红皮书"、"黄皮书"来得大，因为把价格一次包死后就很难再索赔，例如不良地质条件之类的未知因素（unexpected），在EPC中是由承包商承担的（而"红皮书"中很明确是属于索赔的范畴）。这使得承包商在面对一头包死的硬性规定时，只能想办法从设计上去找"费用"（cost）（而在"红皮书"中又是绝对不可能的）。

EPC为什么采用固定总价合同的方式呢？因为EPC通常与融资（Financing）有着密切关系，因此也有FEPC之说。由于偏重于融资安排的缘故，融资人要求的是项目成本一定要有确定性，不能敞着口；并且还要有前瞻性，以保证融资金额的相对固定和安全，否则融资人的风险就会很大。EPC签约双方的议标比较漫长，实际上是一个讨价还价的过程，而且很重要。

EPC还有一个明显的特点，就是合约中没有咨询工程师这个专业监控角色和独立的第三方，所以不再是"红皮书"条件下的三角关系。因此，必须承认EPC对承包商的监管比较弱，业主的参与力度也很小，而且在"银皮书"的序言（Introductory Note）里也在讲"业主基本不干涉承包商的工作"这种原则（The Employer should in general not interfere with the Contractor's work），此外在前言（Foreword）里还说到了"业主少参与"（with little involvement of the Employer）。这主要与EPC及BOT的特点和融资有关：承包商说我带钱来支持这个项目，你为什么还要找人看着我？这时变甲乙双方的爷孙关系为相对平等的对话关系，否则承包商就有权把资金投向更好条件的方向，这是大背景。如果说EPC合同中业主有什么权力，就是有一个业主代表(Employer's Representative)(3.1款)，而他的实权主要是在监控进度上，当发现实际进度比计划进度拖慢了，则业主代表有权要求承包商采取补救措施。

采用EPC合同的前提是承包商必须要事先证明其设备和成套设备(Equipment and Plant)的可靠性，世界银行在招标EPC类项目时通常分成两步走：第一步是技术标，通过了技术标后的第二步才是价格标。这样可以确保业主的目标：获得的首先是质量，其次才是价格。

再有，EPC的付款方式是"里程碑"式的，而不是验工计价。

值得一提的是EPC很重视"竣工试车(Tests on Completion)"的重要性，只有试车成功才能谈最终验收，否则必须做"再试车"(Retesting)(9.3款)，这反证了EPC实质上更适用于成套设备为主的项目。

EPC在国外主要用于生产型的成套设备(Process Plant)(当然还有"黄皮书"，但涉及到融资时就用EPC)，也可能包括涉及到运营调试类的大型项目，通常是一个Package，而像土木建筑工程这类相对简单的项目普遍采用"红皮书"。

这里谈谈EPC与BOT和PPP(公营与私营合作项目，英文来源是Public Private Partnership)之间的关系，以及当今世界上最新的发展趋势。

BOT是一种商业风险投资(Commercial Venture)，通常是固定总价合同，投资人在谈判时喜欢采用"一揽子包死"(Package)的方式，超支部分由承包商负担。BOT里的重点和难点是"O"，也就是运营管理，例如一个铁路项目的"O"就很麻烦，并且持续时间长，风险很大，是个复杂的系统工程，而一个公路项目的"O"就相对简单些，只要设个卡子收费就行了，当然也还有防范跑冒滴漏的措施等问题。

欧美和日本、韩国、澳大利亚等西方业主经过实践，认识到BOT的缺陷，因此现在对于有融资要求的项目，基本上以PPP

方式取而代之,强调业主的监控和管理作用,总之是要介入!这是最新的发展趋势,可以说是一种回潮,更确切地说是一种螺旋式的上升和前进,是一个认识不断发展完善的过程,对于今天考虑 EPC 的应用问题有一定的借鉴意义。

PPP 源于 20 世纪的 80 年代初,在 90 年代中期开始兴起。这种合同方式是从"私营融资经营"PFI〔(Private Finance Initiative),最典型的如公立医院的私营经营〕演变而来的,业主的初衷是要做到物有所值。PPP 的持续时间较长,通常在 20～30 年,原则是各类风险应该由最能驾驭它的一方去分别承担,并且在合同中特别突出强调对业主的售后服务。业主在招标时提出参数和规范要求,并且进行全程监控,所有的偿还付款都与履约好坏和连续性等挂钩,付款机制是要待运营达到满意后才开始支付承包商的融资。谈到融资就可能会涉及到是采用 LIBOR 加上个点数(如 0.5～1.5 或更高)作为浮动利率,还是 CIRR 固定利率(要参考 ECDG 定期公布的数据,如 2～5 年期为 3.27、8.5 年以上的为 4.65);保险及保费(是否也构成了融资的一部分)和保费的偿还时间(是在建设期内还,还是随着向银行的分期还款到最后一次才还完)等问题,因为离开本文主题太远,这里就不再多讲了。

关于 EPC 的利弊问题,主要取决于项目的性质,实际上涉及到各方利益和关系的平衡,例如 EPC 给承包商提供了相当的弹性空间,这就有两重性。用好了就是"利",用不好就是"弊"。

先谈"利":

业主的管理相对简单,因为由单一总承包商牵头,承包商的工作具有连贯性,可以防止设计者与施工者之间的责任推诿,提高了工作效率(包括设计 vs 施工),减少了协调工作量。由于总价包死,基本上不用再支付索赔及追加项目费用(当然也是利弊参半,业主转嫁了风险,同时增加了造价),但最大的风险是以质量作为潜在的代价,因为承包商要把风险量化后放入标价中。

再谈"弊":

尽管理论上所有工程的缺陷都是承包商的责任，并且按照普通法（国际上的法律体系可划分成普通法和大陆法两大类，这里不再赘述）的规定，一般合同的缺陷保修期为1~2年，这在国外叫做 Teething Period（萌芽期保修）。对于工程的潜伏缺陷（Latent Defects），业主有权向承包商进行索赔，但业主对承包商的索赔必须在一定时间内做出。对于业主提出索赔的时限，视合同签订的形式而有所不同，一般有两种情况：单用签字形式的合同认定为6年，而以签字盖章形式（Deed）的合同认定为12年。此外，一些特殊工程如防水等，通常都是10年。

但实际在很大程度上，质量的保障全靠承包商的职业道德以及自觉性，他可以通过调整设计方案包括工艺等来降低成本（另一方面则会影响到长远意义上的质量），我们不能回避这个客观现实。因此，业主对承包商监控手段的落实十分重要，而EPC项目中业主又不能过多地对设计方面的细节提出要求并参与意见。另外，承包商获得业主变更令以及追加费用的弹性也很小。

比较现实的问题是，业主的招标书要编制充分，承包商对项目情况包括现场情况必须要有充分的了解，这都会增加双方的标前费用。世界银行通常限定在6家承包商参与EPC项目的竞标，因此某种程度上可以说竞争并不十分充分（而土木工程"红皮书"的投标时10~20家参与属于很常见）。

再有，因为是一次包死价，风险很难在业主与承包商之间均衡分配，而是要由承包商自己预估并承担。当然业主说了我可多付，但还是有个上限！承包商的报价一定会含有防范风险的费用，如果没有发生，就形成了水分。这毕竟导致业主额外支付更多的钱。承包商可以多赢利，但面对的风险也大。

二、项目采用EPC的可行性及适合推行EPC的项目类型

关于可行性，可说利弊参半。笔者认为不能一种模式套用到

所有情况，要对项目各自的特点做出具体分析。先谈一下不适合，这在"银皮书"的序言中有些内容应有指导意义。以下情况不适合采用EPC：

"如果投标人没有足够的时间或资料，以仔细研究和核查业主要求，或进行他们的设计、风险评估(特别是考虑第4.12款和第5.1款)；

如果建设内容涉及相当数量的地下工程，或投标人未能调查的区域内的工程；

如果业主要严密监督或控制承包商的工作，或要审核大部分施工图纸；

如果每次期中付款的款额要经官员或其他中介机构的确定。"

再说说适合：

(1) 要确实能够做到总价包死，别承包商事后又来索赔；

(2) 大型复杂的生产型成套项目，技术含量高的项目、特殊性项目。

笔者倾向：

(1) 对土木建筑工程项目建议仍采用"红皮书"，国际上也是这么做的；

(2) 而生产型的成套设备和大型复杂的工业项目、技术含量高的项目等可采用EPC，原则上供货部分的比例应该超过60%或70%，具体可以商量；

(3) 规模特别小的项目，另外有明确的工期要求和费用规定，业主管理简单，又从某种程度上可转嫁风险；

(4) 业主在使用EPC方式运作项目时绝对不能没有监管，这是要坚持的原则，因为没有监管的合同会是无力的，结果一定令人失望，这也是为什么国际上PPP方式现在开始占上风的客观原因；

(5) 在国内做项目时操作上要合作与制约共存，如强制组成联营体(JV)(港府大型项目都这么要求，目的是防范风险)，其中涉及四个大的方面：1)项目管理协调。2)施工经验。3)设计经验。4)财务实力。尤其要注意设计单位与施工单位应是两个独立法人,然后再组成JV,这种形式上的联合还可以防止为了一家利益在设计上做文章而导致业主日后麻烦,甚至造成损失。要注意EPC合同本身是与承包商签约的方式而存在,而不是与咨询公司签约。

三、探讨符合EPC管理需要的主要合同条件

如果"洋为中用",想在国内的项目上采用EPC模式,当然应该以FIDIC"银皮书"作为参考蓝本,再做出中国特色,如仲裁与中国项目的适用性等关系。

另外,笔者觉得不管采用什么样的合同条件,业主一定不能放弃监管。总承包的自由度与合同的制约都很重要,但这是一对矛盾,解决好的关键是找到利益平衡点,十分重要。所有的经济实体都是受利益驱动的,因为他们存在的目的就是追求利润的最大化,为股东提供最大的投资回报。这是无法改变的客观现实,只有通过合约监管和经济制约才能达到双赢的目的。

四、构建EPC招标及实施监管模式

国外业主在选择承包商时主要是看其财务状况、高层管理人员的履历(尤其是项目经理的履历)和以往类似项目的履约经历(最近3年、5年或10年的)。这些对于中国业主运作类似项目也应有一定的参考价值。

FIDIC合同条件鼓励可形成优势互补的公司组成联营体(Joint Venture),通过合作参与竞争,在利益共享中一起发展。这在新版的"红皮书"、"银皮书"中都是特别加入的内容,联营体与"连带责任"(joint and several liabilities)绑起来,可共同承担风险,发挥各方面的优势,共同分享利润,对业主利大于弊,并且承担风险的单位增多。靠机制和制度来约束,很有效。

对业主来说，增加了透明度，可以有效防止转包和层层分包。标价降下来了，风险也小了，不会出去后麻烦多多，然后再回来要求追加费用。业主要确保 JV 是承担连带责任，并与牵头公司单独对话，有职有权，减少多头交流。

关于实施监管模式：

EPC 本身的特点就是弱化监管，但笔者认为作为业主一定要加强监管，这一点必须坚持并要配有相应的保障措施，具体就是体现在合同上，通过独立的第三方（中介机构、国外叫"外部服务机构 External Service"）以适当的方式来做专业监控，做到花小钱保大钱，例如可否考虑采用一种类似 EPC＋PM（项目管理公司）的模式？

如果受制于技术条件，参与投标的公司竞争不充分，业主的成本会很大，因为承包商的报价原则上会高起来。

"绿皮书"浅释

一、引言

FIDIC 在总结前人经验的基础上，经过多年编整和反复修订，形成了一套规范性的商务合约文件，业内人士鉴于这些文件封皮的颜色各异，常将整个合同条件通称为"彩虹系列"。

"彩虹系列"目前得到了广泛的应用，世界银行、亚洲开发银行、非洲开发银行、沙特阿拉伯基金会和科威特基金会等国际金融组织的贷款项目以及许多国家的国际工程项目，包括绝大多数的外资在华投资项目，都要求强制使用 FIDIC 合同条件。可以说，FIDIC 合同条件已经成为国际工程承包项目的标准范本，因此学好用活 FIDIC 合同条件十分现实。

过去人们接触的 FIDIC 合同条件大部分是老四样："红皮书"、"黄皮书"、"橙皮书"和"白皮书"，最常见的是土木工程施工方面的，正式名称为《土木工程施工合同条件》(Conditions of Contract for Works of Civil Engineering Construction)，由于封皮是红色的，海外通常叫做"红皮书"；还有黄色封皮的，是机电工程方面的，正式名称为《机电工程合同条件》(Conditions of Contract for Electrical and Mechanical Works)，常叫"黄皮书"；再有就是白色封皮的，是设计咨询方面的，正式名称为《业主与咨询工程师服务协议模式》(Client/Consultant Model Service Agreement)，也叫"白皮书"；交钥匙项目专有一个"橙皮书"，正式名称为《设计、施工及交钥匙合同条件》(Conditions of Contract for Design-Build and Turnkey, 1995)，其主要特点就是规定从设计至施工完毕，所有责任全都集中到承包商身上——当然另一方面这也给承包商提供了更大的活动余地。"橙皮书"通常适用于 BOT 类型的项目。

尽管具体项目可能会对"红皮书"、"黄皮书"、"橙皮书"和"白皮书"在特殊条件里进行补充修改，有时甚至改动很大，但如能掌握它们的许多原则和思路，应该有助于更好地理解和用好FIDIC 合同条件。

此外，FIDIC 在 1999 年又出版了 EPC 合同，正式名称为《设计、采购及施工合同条件》(Conditions of Contract for Engineering, Procurement and Construction)，也叫"银皮书"，并建议可作为"橙皮书"的一个替代范本。还有就是下面将要重点探讨的简短合同格式(The Short Form of Contract)，通常叫"绿皮书"。"银皮书"和"绿皮书"实际上是要对过去的"老四样"做出一种补充，目的在于增强 FIDIC 合同条件的通用性和广泛性。

"绿皮书"的全称是"简短合同格式"，顾名思义，旨在提供一个简洁而具有弹性的合同，以便应对不同的管理和结算需要。这是 FIDIC 历史上第一次出版这类合同，主要用于小型项目，特点是针对那些相对简单、重复性的工程，涉及到的施工时间也相对较短，并且一般无需雇佣分包商，通常认为适用合约金额在

50万美元以下、工期不超过6个月的项目。当然，有时根据工程类型、所处环境以及业主的要求，"绿皮书"也可能被用在金额相对较大的项目上。本文主要探讨"绿皮书"方面的一些问题。

值得一提的是，"绿皮书"与其他FIDIC"彩虹系列"的合同条件差异很大，并且一改过去的传统作风，在尽可能简化合同内容的理念支配下，给人以一种更加国际化的感觉。最大的变化是业主不一定必须雇佣独立的咨询工程师（当然也可选择仍然雇佣咨询工程师），即便决定采取雇佣咨询工程师的方式来管理合约的话，也不再强调咨询工程师要公正无偏。此外，不再要求强制使用工程量价单（Bill of Quantities），并提供了可以比选的计价方式。

二、咨询工程师的作用

FIDIC"彩虹系列"在以往的编制过程中，都沿用了传统的英国合约管理方式，尤其受英国土木工程师学会的ICE合同影响很重，法律体系更基本受制于英、美使用的普通法框架。其中在运作层面上包括了两个极具英国特色的内容，一个是咨询工程师，另一个是工程量价单，中国公司对这些通常需要一个适应过程。

"绿皮书"并没提到指定的咨询工程师及其作用，反而业主可根据第3.2款（业主代表）的规定，任命一家公司或某位个人作为其代表而履行某些义务。业主可以在附录里写明其代表，或者是书面随时通知承包商，同时还要把他们的授权范围告知承包商。这实际上是对咨询工程师原有地位和作用的一种明显削权，可以看出已经偏离了传统的FIDIC运作方式。1999年以前的"红皮书"版本中一直保留了英国式的咨询工程师的地位和作用，并在形式上比较突出其独立性、中立性和公正性。而1999年第一版"红皮书"中首次承认由于咨询工程师受雇于业主的缘故，业主对他施加更直接的影响亦属正常,因此实际上他很难做不到不偏不倚。"绿皮书"又在此基础上向前迈出了一大步——根本就不要咨询工程师,并且也不再空讲什么业主代表要独立行事这类泛泛之谈了。

这种转变固然与"绿皮书"属于一个简短合同有关,但也体现了FIDIC面对客观现实的勇气和更加实用主义的态度。笔者相信所有参与过FIDIC合同条件项目管理和实际运作的人们,都会有一个相同的感受:咨询工程师在合同中的独立性的理想成分远大于现实意义。当然,也许有人坚持认为这种改变可能太过激烈,仍希望业主与承包商之间存在一个中间人或可作为缓冲,并会建议在特殊条件里对业主代表这个角色做出一些公正行事的规范要求,其中涉及到合同文件的优先次序、承包商要按照规定行事、分包的批准(但"绿皮书"通常不雇佣分包商,因为工作简单的特点)、对承包商设计的批复、延长工期和工程的验收等方面。

不管任命咨询工程师与否,业主都要按照第3.1款(授权人)任命其人员来代替他行使权力。这个人可以在附录里明确任命,或者是另外书面通知承包商。注意掌握一个很简单的原则:承包商要被告之谁是得到了授权并可随时随地代表业主行事的人,而据此就无需在执行其指令前对其合法性总是做一些无谓的质疑。

三、风险分配的原则

"绿皮书"中对风险的分配原则没做大的改变,与其他FIDIC"彩虹系列"的合同条件一样,处理的基调仍然是由业主负责承接一个有经验的承包商无法合理预见和预测到的风险,因为他在报价时不可能把这些因素打入标价中,也不可能通过保险获得足额赔偿,而风险的出现又是超出签约双方控制的。最典型的比如未知地质情况的变化,就和"红皮书"一样,应由业主承担此类风险。

"绿皮书"的风险分配原则与"红皮书"相同，绝非一个纯粹的固定总价合同，它承认投标价与完工价的差异，并接纳承包商的索赔、工程变更、追加费用、延长工期，或者既延工期又补偿延期费用。承包商在报价时只需考虑自己知道的因素，目标应是使得投标价具有竞争力，同时认定总价并非固定不变，日后的索赔将构成经济补偿的一部分，这种国际承包工程的惯常做法并没在"绿皮书"中发生变化。因此，业主必须在决定授标给最低价的承包商并与之签约前认真想清楚，有时极低的标价可能从另一个侧面反映了承包商没能正确地评估风险，因此在项目实施的过程中，承包商会靠不断地索赔来弥补其原报价与实际成本之间的差距。

四、"绿皮书"的主要特点

"绿皮书"倾向投标和签约时都只使用单一合同，而不用再附加合同特殊条件，并认为简短合同格式中的内容应能满足一般情况。当然，如果具体项目需要，双方可将谈妥的内容作为特殊条件附在合同后面。与所有的"彩虹系列"合同条件一样，特殊条件管着一般条件，这也维持了FIDIC合同条件的传统原则和习惯做法。

协议书是一份简单文件，但属于关键性文件，是合同格式的核心。除了业主名称、承包商名称、项目名称等信息性资料外，主要包括了投标人的"报价(Offer)"和业主对该报价的"接受(Acceptance)"。它采用了很简单的两段文字描述，写明投标的报价和接受报价就构成了合同，目的之一是为了避免"中标通知书"和"中标意向书"可能产生的圈套，更想提供一个清晰和不相互矛盾的操作程序。协议书应该一式两份，投标的承包商在两份协议书上签字盖章并写上日期后呈交给业主，从承包商收到返回的经业主签字盖章并填上日期的其中一份协议书原件之日起，双方的合同就开始正式生效，因为业主的行为就意味着接受了报价并构成合约关系。

协议书的附录部分提供了几乎与合同相关的所有量化信息，并力图建立一个可因应合同差异而能随时改动的具有弹性的一种格式，例如履约保函的金额和具体内容、合同条款的优先顺序、结算的基础、延期损害赔偿费等。对此要特别重视，认真研读。尤其值得一提的是对合同条款的优先顺序千万不可掉以轻心，因为对于一个内容相对简单的简短合同，这种解释上的顺序前后可能会改变一切。例如当承包商在施工过程中提出一个比选设计方案，业主对此又很喜欢，并宁愿废弃投标时的设计方案，这时业主的付款或补差就与规范与设计图纸的前后顺序有关，因为采纳比选设计方案后会导致规范的相应修订，而这些都与承包商获得的补偿金额密切相关。

普通法严格的形式主义特点使得它只承认正式合同，即制成了书面文件并有签字盖章的文件，而不保护非正式合同。这使得在有关合同的诉讼中诉讼当事人之间只能通过规定的、写进签字盖章的正式合同的办法，来建立一种可以依法强制实施的法律关系。未签字盖章的协议根本不存在诉权。

因此签约双方都要特别小心。尽管业主在筛选后可能找几家或者只找一家承包商议标，并且经过议标的内容可以采用比较简单的方式进行处理或加以确认，例如双方在相关达成一致的地方做出修改并共同予以小签，但日后很难不因此而引起麻烦，因为议标的结果毕竟与当初发标的文件有所出入。

笔者倒是认为项目规模小根本不应成为不去认真准备正式合同的借口，因为简单必然导致疏漏，合同文件在文字上的处理不当、歧义模糊等都会形成争端，有时小毛病引发大问题，而为解决这些问题需要花费精力，也许还会增加项目成本，对此绝不能掉以轻心。与其日后纠缠在麻烦不断的争端中，不如从一开始就充分重视，把正式合同编好、整好、签好。因此，建议处理这类事情的最稳妥办法，就是重新准备一套全新的文件，其中要充分反映投标后达成的一致意见和补充修订，双方在这样一份文件上共同签字盖章并填上日期,应是一种最安全和最放心的选择。

五、设计责任

"绿皮书"的关键理念之一是应由业主进行工程设计,并要对设计负责,而第5款(由承包商设计)又提到承包商要做设计,两者似乎有些矛盾。这部分内容实际上与"红皮书"里涉及到的承包商要做设计的思路一致。例如FIDIC"红皮书"第7.2款(由承包商设计的永久工程)规定,土建项目中永久工程的施工图和加工图要由承包商做。承包商要把这些设计提交给业主,获得其反馈意见及评价、业主对此必须有一个明确的态度,要么批复,要么拒绝,期限是14天。但遗憾的是,对于提交和批复的次数均未做明确限定,这在项目实施中难免出现潜在问题。另外,正如"红皮书"的原则一样,业主的确认并不解除承包商应该承担的责任。当然,这种责任主要还是从施工者也要对设计负责这个侧面来限定承包商,并不是说业主就不用再对设计中的重大问题负责,因为图纸和原始设计毕竟由业主提供,有时出现问题也难逃其责。如果业主仍选择采用咨询工程师的方式,则永久工程的设计通常是由咨询工程师负责,这与"红皮书"中第8.2款(现场作业和施工方法)里所反映的情况相似。咨询工程师作为设计者,对设计中出现的问题可通过向业主提供专业赔偿险(Professional Indemnity Insurance)加以保障。咨询工程师对于设计上的关键问题有义务做到心中十分有数。

有时业主会删掉有关业主要批复承包商呈交的设计文件这类内容,目的明显是想把设计风险全部转嫁给承包商。第5.2款(设计责任)规定承包商要对其设计负责,并应符合合同中规定的预期目的,承包商还要对设计专利或版权引发的任何侵权负责。但当合同中没有说明或规定设计的预期目的时,承包商就无须为此承担任何设计责任。这方面有时确实很难说得清楚,出现问题后会各执其词。笔者认为通常以承包商按照业主、业主代表或咨询工程师提供的设计负责施工的情况居多,并且为了避免争议,最好的解决办法是签约前在技术规范里说明什么部分应该怎么办,并且要掌握好大的判断原则:就是承包商的设计工作无论如何都要有一个限度,业主不能抓住并利用"绿皮书"的这个条款,让承包商在这种简短合同格式的条件下去做"设计—施工标"的工作。如果业主的出发点是搞这种项目,那么从第一天就应该选用"橙皮书"才比较合适。

另外,第5.2款(设计责任)还规定了业主要对规范和图纸负责,因此对涉及到设计与图纸相互出现交叉的地方要小心处理。

六、风险和保险

业主承担的风险在第6款(业主的责任)中有明确规定,其中包括通常无法办理保险的风险,例如战争、敌对行动、放射性污染、不可抗力,等等。第6款(业主的责任)在列出风险事项时力争尽可能全面并包罗万象,涉及到业主占用工程(除非合同中另有规定)、业主负责工程设计、有经验的承包商无法合理预见到的实际障碍、变更导致的拖期、签约后法律变更带来的问题等。

要注意天气条件并没列入其中,也就是说这类风险应由承包商承担。

合同条件第14款(保险)中规定了承包商的保险义务,附录里也有相关细则,但笔者认为遗憾的是好像并不十分明确。该款只是在说承包商要"对工程、材料、生产设备和承包商设备的损失或损害"投保,可以理解成保险一般由承包商负责办理,但并没准确列出具体内容,似乎在暗示对于小型合同,保险可主要限于办理承包商全险(因为通常这类保单的范围已经包括了上述内容),也就是说只要满足附录里的要求即可。

第14款(保险)的原本用意是要把第6款(业主的责任)的业主设计责任保险排除在外。但是如果平铺直叙地去看文件,该款也可能被解释成保险要囊括业主的全部风险(这实际上又不可能），除非对附录里列明的其他内容不必保险。笔者认为这里写得不太清楚，对承包商的保险责任最好还应再做细化和明确。

七、竣工责任

承包商要在附录里规定的时间完工。也许因为"绿皮书"只是适用于工期较短的小项目，因此条款里没有分段移交的内容。如果项目确有这类要求，建议可在特殊条件里加以具体说明。

第 8.2 款（接收通知）准许业主有权在工程没有全部完成的情况下，通知承包商可以接收项目，并注明相应的日期。应该注意的是这与业主被迫提前占用工地不一样，例如承包商违约造成业主进驻工地的情形（简短合同格式中没有此类条款）。按照业主的接收通知函，从接受之日就完成了风险从承包商向业主的转移，例如据此要发放保留金，而承包商在完工后应承担的其他义务也都随之滚动前移。

如果承包商没能在合约规定的时间内完工，使得业主蒙受了损失，那么根据普通法的原则，业主作为当事人，有权诉求损害赔偿。晚完工自然就要引发延期损害补偿费，但附录里对此的描述会产生操作上的困难。如何确定延期损害赔偿费的金额呢？在附录里是这样规定的："每天××××（金额），并且不超过协议书注明总额的 10%（业主可适当修改）"。这里对"协议书注明总额"的理解就引出了问题。所谓"协议书"，只不过是在合同一般条件前面的一个两页纸的文件，其中关键是在说明"报价"和"接受"，并确认承包商将按照在"协议书"中填入的具体金额或"根据合同可能确定的其他金额"负责项目实施。但是，当真的要确定延期损害赔偿费的上限时，到底是采用哪个数字："协议书"中填入的具体金额？还是"根据合同可能确定的其他金额"？或是"原始投标价（也可能就是合同总价）"？或是随着项目进展而根据合同规定不断调整着的实际付款金额？这里明显地出现了歧义现象！而延期损害赔偿费所涉及到的又都并非小金额，因此这些不确定因素就会导致不同结果,最终出现争端、仲裁等激烈行动。因此,重要的是从一开始就避免这种模糊描述。

笔者认为解决这类问题的办法很简单:不要去谈参考协议书中的什么金额,或是采用一个金额的百分比这种表达方式,而是明确写上一个具体数字,包括每天的罚款和最终上限。这样简单明了,一目了然,可以避免许多无用功。

八、结算和支付

"绿皮书"在结算和计价方式上提供了相当弹性的处理原则,不再像"红皮书"那样,坚持只沿用英国式的工程量价单这种单价合同作为付款的唯一方式。附录里列明了可以选择总价合同、带费率表的总价合同、带工程量价单的总价合同、带工程量价单的再测量(验工计价)方式和成本补偿等几种形式进行结算。因此,项目的具体付款方式要以附录里的规定为准,可见"绿皮书"中附录的重要性。

合同第 11 款(合同价格和付款)包括了一些通用的付款标准,而这些与采用什么方式并没有太大关系,关键是要看附录里的具体规定。例如,第 11.2 款(月报表)主要还是涉及到根据验工计价按月支付工程款,另有按附录里注明的在合理时间内运抵现场的材料和设备价值百分比进行付款。对于纯粹的包干总价合同,或包干价与单价验工混付的合同,必须要有明示的可操作的付款办法,例如根据现金流预测的分期付款或里程碑式的付款。当然,还有一种办法就是彻底修改第 11 款(合同价格和付款)的内容,以适应项目的具体需要。

特别值得一提的是,由于"绿皮书"主要用于小型项目,通常工期不会太长,因此就没有涉及人工、材料等物价上涨方面的条款。如果在项目工期内这类因素影响较大,可以在特殊条件里加入相关内容,进行价格调整。

笔者感觉在签约前,承包商值得就以下几点"绿皮书"的原本说法与业主认真商讨,或者说是讨价还价。

1. 保留金是按两个 50％发放的,第一个 50％是在工程竣工接收通知书后的 14 天内,另一个 50％是在项目保修完成后的 14 天内;
2. 没有用保留金保函换回保留金现金的条款;
3. 没有任何预付款;
4. 付款采用单一货币。

九、变更、索赔和补救措施

"绿皮书"里的变更和索赔条款比起"彩虹系列"的其他文本要简单得多。第 10 款(变更和索赔)只是简单地规定了业主可以发出变更令,而变更的定义是对规范和图纸做出的改动。变更的估价有五种:

1. 按双方商定的总价包死;
2. 参照合同中已有的费率;
3. 如果没有适当费率,可参考合同中的类似费率作为基价;
4. 按照可能商定的或业主认为合适的新费率;
5. 如果业主要求,遵指示按点工计价收费。

索赔程序也同样简捷。当承包商意识到他无法控制的外部因素会造成干扰或导致拖延工期时,必须提早发出预警并记录索赔,同时要求为此追加费用。如果承包商对此反应迟钝,业主有权因无法及时获取相关信息并尽早对此采取措施这类理由而减少补偿金额。

第 10.3 款(提早通知)的实际操作可能出现潜在问题。业主有权对承包商未能及时告知索赔事件所造成的影响而缩短延期并减少经济补偿,因为业主无法(包括指令承包商)采取合理措施去将诸如拖延、干扰和费用等这类影响减至最小。但是,业主如何就具体情况量化这些扣减因素?就算业主采取了补救措施,是否有效?费用控制能否完全达到预期效果?也都是见仁见智(不得而知)的问题。这都是些逻辑问题,因此是否可以写成"按照假设没有发生索赔事件时的情形而进行处理"。

笔者感觉"绿皮书"在索赔问题上对业主来说写得简单了点,这使得承包商进行索赔时有相对的优势。然而业主有时会通过迂回处理的方式来保护自身利益,路径是这样的:第2.3款(业主的指示)要求承包商必须遵守业主发出的"有关工程"的全部指示,"有关工程"当然包括所有的变更,而第10.1款(工程的估价)赋予业主发出任何变更令的权利。精明的业主会在合同中适当的地方写明:"现在指示,以后支付(Instruct now pay later)",或者是类似的规定,从而留有余地。

十、违约和终止合同

第12款(违约)涉及到违约导致终止合同的情况。所列出的程序是惯用理念和通常做法的浓缩版,原则是当一方违约,另一方在通过一段时间的多次发函警告并要求采取补救措施而无效后,有权终止合同。如果出现一方资不抵债或濒临破产的情况,另一方可立刻引用该条款而终止合同。

业主和承包商对于第12.4款(终止时的付款)都要引起相当重视,因为它是关于终止合同后的付款问题。特别是当业主因承包商违约而终止合同时,业主应有权得到20%,现实情况是业主还会依据合同向承包商额外追索"业主有权得到的任何其他费用",也就意味着业主可以拿回拖期损失等。而如果承包商因业主违约而终止合同,只是有权得到10%的款额,另外加上暂停和撤离的费用,有时还会包括合理利润(但这种要求实际操作上十分困难)。

两方获得的补偿金额明显不对等,20%与10%形成了明显反差。除买方市场这个主要因素外,业主有权得到20%款额的另一个理由是要为按时完工预留一定的余地,从而有效地防范承包商拖延工期造成的损失,以及用于一旦拖期,可以保障能通过合同收回延期损害补偿费。

即便这样,业主还会认为拿10%来补偿承包商未免都有些太过宽松,因为实际上经过市场的充分竞争,承包商在报价中所列的利润率应该远低于此。另外,从潜在支出的角度来分析,一种普遍的观点是业主雇佣他人进行施工的风险要比承包商的利润损失来得大。有鉴于此,业主通常还会调整这个补偿百分比,并通过把降低了的百分比(有时远低于10%)写入特殊条件的形式来制约承包商。

十一、争端的解决

除非双方能够友好解决,"绿皮书"强制要求按照合同所附的《裁决规则》先把争端提交裁决。

通常的裁决委员会由三人或一人组成,但由于"绿皮书"主要适用于小型的项目,因此采取一人裁决方式。争端双方可能会就一人裁决员寻求一致,如果无法达成统一,则由FIDIC指定裁决员,并且这种指定是最终的。

有人说这种裁决方式给人的感觉是"粗率、迅速和结果未卜"(rough, ready and uncertain),并具有如下特点。

1. 首先,《裁决规则》假定的前提是在签约时没能一致指定裁决员,但是认为一旦在FIDIC选定了裁决员以后,他就将不仅限于开展第一次的裁决工作,此后他将会一直是这个项目的裁决员,并提供全程服务。因此,双方在正式签订合同前最好能平和地就裁决员达成一致,尽量不要等到项目实施过程中再为选定裁决员而耗费时间和精力,因为那时大家的关系已经因为争端而搞到了相当紧张的程度;

2. 其次,笔者感觉对任命裁决员的终止条件似乎不太明确。《裁决规则》的第5款是这样说的:"裁决员的任命可以通过双方协议终止。当工程竣工,或者提交裁决员的任何争端已被撤回或是获得了裁决,这两者中较晚的那个日期一到,裁决员的任命就算废止。"如果照此推理,合同中的一方完全可能在工程竣工后,同时又在仍有争端问题未获裁决的情况下,通过不断提交新的诉求,从而达到在理论上永远延续使用原裁决员的目的。其实大家普遍希望的是工程竣工后就不要再老是纠缠在裁决上,因为考虑到施工过程中采用裁决的方式迅速而高效,这样可以使得项目进展不被中断。项目一旦竣工后,也许会考虑更正式和永久的解决办法,比如回避裁决作为仲裁的一种强制性前奏而直接付诸仲裁,或者考虑以调解的方式解决争端。因此建议这里可以改为"任命的裁决员有效期到竣工为止,或在争端提交给了裁决员之后",从而使得条款更加清晰;

3. 再有,裁决员在收到委托后的 56 天之内,他必须向各方发出其书面的决定通知,包括裁决依据的理由。"绿皮书"中明确规定,在仲裁前要先经过裁决这一过程,如果一方对裁决员的裁决不满,可以在接到起其裁决的 28 天内提出仲裁,寻求最终了断。仲裁是一种解决争端的非法庭民事方式,并不需要复杂的司法程序,较民事诉讼来得简单。国际仲裁的特点在于它既有依法解决争端的严肃性,又有相对较大的灵活性。因此,与法院判决的司法程序相比,仲裁方式更适合于解决国际商业活动中的争端;

4. 最后,进入仲裁后的程序与 FIDIC 其他合同条件大同小异,只是"绿皮书"限定了要采用一人仲裁庭,这明显是因为合同小的缘故。此外,还可以选择采用联合国国际贸易法委员会(UNCITRAL)或国际商会(ICC)仲裁规则、适用法律、仲裁地点等,关键要注意在附录里事先写明。

十二、结语

希望上述内容能对读者理解和应用"绿皮书"有一些帮助。

正如 FIDIC 的初衷那样,"绿皮书"只是一个简单的小型合同,其特色是尽量体现工程合约的核心问题,应该适用于小项目，并能从操作上满足这方面的实际需求。相信随着时间的推移，会赢得承包商的认可和赞同。当然，这种合同也可以用在一些规模相对较大、工期相对较长的项目上，但前提应是必须掌握住，不能太复杂。

这种合同并不适用于较复杂的工程项目，例如涉及到了承包商要做大量设计、分段移交和部分交工等。当然，有时合同简单化的代价就是成本的失控，可能会因为模糊或缺乏确切的描述而出现负面影响，更可以通过附录的形式，把一些风险转嫁给承包商。尤其应该引起注意的是当项目涉及到多个并行的承包商（不是分包商）时，并没做出相关规定，因此与其他承包商之间的协调问题需要补充，还有就是对机电设备和加工项目的试车问题也没涉及。

简言之，"绿皮书"并不是为重大项目所编制的一份合同范本，而是应对具体环境，适用于小型、简单、重复性的工程，属于一种短小精悍的合同文本，使用时要注意在这个大背景下去处理出现的问题，相信它在"彩虹系列"中能够发挥其应有的作用。

FIDIC 合同条件应用实务

（讲义提纲）

一、国际工程承包的原则（价责对筹）

> The Contractor gets paid for the work he performs and the Employer gets the work he is paying for.

- "承包商工作得到支付，业主付款获得工程"。
- 承包商与咨询工程师并无直接的合同关系，但普通法认定双方存在着一种"特殊关系"，因为承包商履约的前提是必须相信咨询工程师所提供的信息并按其指令行事，所以得到了侵权行为法（The Law of Tort）的保护。
- 第 60 款/99 版第 14 款的重要性。
- 参见《FIDIC 合同条件实用技巧》一书 p2，中国建筑工业出版社。
- 参见本书 p24~p40。

二、业主、咨询工程师和承包商间的三角关系

- 咨询工程师(第2款/99版第3款)。"借你的表,然后再告诉你几点钟的人"。
- 常称为"三位一体",英文叫 The trinity of the Employer, the Consulting Engineer and the Contractor,但这个三角关系并非是等边三角形。
- 咨询工程师与承包商的关系:过滤层,有些类似婚姻关系。
- 咨询工程师 vs 监理工程师,中外理解上的差异。
- 最大的风险:Professional Indemnity Insurance(专业责任赔偿险)这种保险。
- 参见《FIDIC合同条件实用技巧》一书 p1~p13,中国建筑工业出版社。
- 参见本书 p41~p66。

三、合作的重要性

- 合作就是联姻,一家人。
- Partnership — the philosophy of alliance.
- We are on the same boat.
- Win-Win or No Deal.
- Be Unconditional Constructive.
- Extend Cooperation.
- Communicate, Communicate, Communicate!
- Good communication builds trust in the relationship.
- 小赢在智,大赢在德。
- 与其不争,故天下莫能与之争。

"合作三角"(The Partnering Triangle)参见本书 p292。

《蓝海战略》vs British Airways 的实例。

《蓝海战略》："没有永远卓越的产业,""没有永远卓越的企业。"

波士顿矩阵(经营多项业务，评估投资组合)

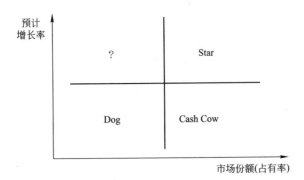

- 高市场份额意味着该项业务是所在行业的领导者。
- 美国通用电器公司的 CEO 杰克·韦尔奇的理论是："要么不做，要做就要做到本行业的第一或第二。"(Be No.1 or No.2 in its arenas, or be gone.)

四、FIDIC 合同条件是国际通用文件

- FIDIC 是法文 Fédération Internationale des Ingénieurs-Conseils 的缩写，中文常译为"菲迪克"。
- 走出去，要接轨。
- 源于英国的 ICE 合同，英文是工作语言，第 5.1 款/99 版第 1.4 款(银皮书第 1.4 款)。例如，在第 60 款/99 版第 14 款中(银皮书第 1.4 款)，Interim Statement, Interim Certificate, Interim Payment 与中文"验工计价"的不同。
- 99 年版做了明显修改，变为 20 个条款(红皮书与银皮书都是 20 个条款)。

- FIDIC 的彩虹系列(见附表)。
- 优先次序(第 5.2 款/99 版第 1.5 款,银皮书第 1.5 款)。在一个项目的合约中,FIDIC 合同一般条件最简单的表现形式可以只是一张纸。
- 逆编者释义原则(Contra Proferentum Rule)。

FIDIC 的彩虹系列

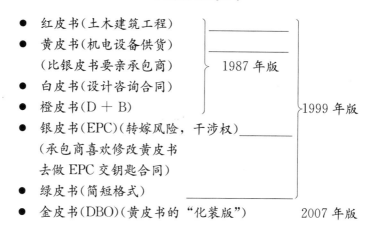

- 红皮书(土木建筑工程)
- 黄皮书(机电设备供货)
  (比银皮书要亲承包商)   1987 年版
- 白皮书(设计咨询合同)
- 橙皮书(D+B)   1999 年版
- 银皮书(EPC)(转嫁风险,干涉权)
  (承包商喜欢修改黄皮书
  去做 EPC 交钥匙合同)
- 绿皮书(简短格式)
- 金皮书(DBO)(黄皮书的"化装版")   2007 年版

黄皮书的特点

- 英文全称:

Conditions of Contract for Electrical and Mechanical Works including Erection on Site (3rd Edition 1987)

Conditions of Contract for Plant and Design-Build(1999 First Edition)

- 什么时候用黄皮书?
- 比银皮书要亲承包商(pro-Contractor)(部分敞口合同,有变更及调价条款,至少土建有机会)。
- 承包商负责设计,还要负责所有现场操作及工程施工的方案技术标准和法规:(第 15.2 款合同一般条件/99 版第 5.4 款)符合项目所在国的(!)vs 中国规范。

- 评标分两步走：技术标＋商务标。
- JV 很普遍(优势互补，风险共担)。
- 共 53 个条款 vs 红皮书 72 个条款，99 版全部为 20 个条款。
- 设备供货 vs 使用/维修手册 vs 爆破图(要小心！)。
- 试车 vs 最终验收(项目风险 vs 经济制约)。

黄皮书与红皮书的主要差别

- 重视专利和知识产权(第 16 款/99 版第 17.5 款)。

实例：不侵权之宣/Prior Art/已属先有技术了。

- 承包商的设备(Equipment) vs 设备 Plant (黄) vs 永久设施(红)。
- 现场/发货前的监制 vs 利弊。
- 付款方式。

计价单 Schedule of Prices(黄/第 1.1.27 款/99 版第 14.4 款 Schedule of Payments)

  vs 工程量价单 Bill of Quantities(红)

  L/C 更类似贸易合同

en route(第 33.2(b)款的语言和描述 in respect of Plant shipped and en route to the Site，对 Site 的定义要十分谨慎，99 版第 14.5 款 Plant and Materials … have been shipped to the Country, on route to the Site … in a clean shipped bill of lading or other evidence of shipment … freight and insurance …)

- 付款时限（定量制约）。

14 天＋28 天(黄/第 33 款/99 版第 14.7 款 业主在咨询工程师收到单证后 56 天内必须付款，而咨询工程师在收到单证后 28 天内要批出给业主)。

  vs 28 天＋30 天(红)；比较一下：哪个好？

如果延误了付款？plus 本国中央银行贴现率(or Libor)＋3%(黄/第 33.6 款/99 版第 14.8 款)＋其他权利；

所谓"其他权利",包括了 14 天通知(停工)+28 天,即行终止合同(第 33.7 款/99 版第 16 款)。

五、FIDIC 合同条件的强制性和严肃性

● 奥地利经济学家 Friedrich A. von Hayek(诺贝尔经济学奖得主)说:

"从好人假设出发,只会设计出坏制度;从坏人假设出发,才会设计出好制度"。因此,需要假设人人都坏的好制度。英国人也有类似的说法。

● 强制性,第 63 款 vs 第 69 款/99 版第 15 款 vs 第 16 款(银皮书第 15 款 vs 第 16 款)。

● 严肃性,十分注重证据(evidence, substantiation, verification)。因此,a lot of paper work。

● 参见本书 p1~p40。

● 要证明事实与条款相符(Fait Accompli),螺栓~螺母咬合原则。

六、文字交往为准

● 口头指令转变为书面指令,77 版是第 1.2(3)款与第 51.2 款两条合用解释 order,87 年版第 2.5 款是用 instruction,最长都是 7 天+7 天=14 天(1+7=8 天),对承包商自我保护的现实意义。

● 99 年版第 3.3 款用 instruction:更缩短为 2 天+2 天=4 天(1+2=3 天)。

● 银皮书第 1.3 款和第 3.4 款,但取消了定量规定,对承包商欠公平!

● 英文 within 在中文翻译与理解上的误差,以上对应最短的为 8 天和 3 天。

- 法律上对一天的定义。

七、FIDIC 合同条件(红皮书)是单价合同

- 特点是"单价合同,量价分离,验工计价,据实付款",英文叫"再测量合同"(Re-measurement Contract)。
- B.Q 单的结构和用途(第 55 款/99 版第 12 款)。
- 2003 年 7 月 1 日,GB 50500—2003 工程量清单(vs 工程量价单)的推行与价格市场化,突破了传统的定额计价方式。经验是可比定额低 15%~20% 不等(主要取决于个体工效)。
- 文字(words)管着数字(figures)。
- Measurement Standard(测量核验标准)。
- Quantity Survey(Q.S)工作的重要性,这是英国特色的东西。

REHABILITATION OF FLOOD AFFECTED BRIDGES AND CULVERTS ON THE LINK LINE

Item No.	BILL NO. 3 REPLACEMENT OF CULVERT AT KM 22+800				
	Description	Unit	Quantity	Rate	Amount(TSh)
	SUB-TOTAL BROUGHT FOR-WARO FROM PREVIOUS PAGE Reinforced				
3.2.17	Ground siab thickness 150~300mm; grade C25 cement to BS12, 20mm aggregate	m³	38		
3.2.18	Walls thickness 150~300mm; grade C25 cement to BS12. 20mm aggregate	m²	30		
3.2.19	Base (concrete apron) thickness 150~300mm; grade C25 cement BS12, 20mm aggregate Formwork	m³	42		

续表

BILL NO. 3 REPLACEMENT OF CULVERT AT KM 22+800					
Item No.	Description	Unit	Quantity	Rate	Amount(TSh)
3.2.20	Formwork rough finish F1 plane vertical; exceeding 1.22m	m^2	248		
3.2.22	Reinforcement Fabrication of members for steel ribs 150×150×23.4kg at 1500mm centres; columns curved on plan	t	4.50		
3.2.23	Steel fabric ta BS 4483 nominal mass 10.9kg/m^2; reference B1131	m^2	272.00		
3.2.24	Steel fabric to BS 4483 nominal mass 8.14kg/m^2; reference B785	m^2	872.00		
3.2.25	Steel fabric to BS 4483 nominal mass 5.93kg/m^2; reference B503	m^2	644.00		
	Defomed high yield steel bars to BS 4449				
3.2.25	Diameter 10mm	t	2.7		
3.2.26	Diameter 12mm	t	5.6		
3.2.27	Diameter 16mm	t	2.8		
	Concrete ancillaries				
	Joints				
3.2.30	SIKA PVC waterstop; DR-25average width 260mm or similar approved	m	68		
	Inserts				
	PVC pipes diameter 75mm, length 450mm, in reinforced walls; weep holes	nr	16		
3.2.31	24mm diameter PVC sleeve	m	66		
	Part 3 External works				
3.2.32	Stone pitching 150mm thick on 50mm thick mass concrete	m^2	100		
3.2.33	Box gabion, 1×1×2m, 3mm× 80×100mm galvanised wire mesh, excavated rock size 120~220mm	nr	25		
3.2.34	Backfill existing culverts with approved material	m^2	120		
3.2.35	Demolition of existing culverts entrances and block with concrete plug	L. sum			
TOTAL OF BILL NO. 3 CARRIED TO SUMMARY					

SWK

BILL 3-STRUCTURES AND DRAINACE

Item NO.	Description	Quantity	Unit	Rate	NRs.	P.
	PART 3/F INSITU CONCRETE					
3/F1.	Concrete grade 100/20 blinding NRs. One thousand three hundred and seventy-8ix.	500	cu. m.	1376	688000	00
3/F2.	Concrete grade 200/40 to masonry wall ba888. NRs. Two thouaand two hundred and thirty-seven.	9.200	cu. m.	2237	20580400	00
3/F3.	Concrete grade 200/10 to in aitu connection of precast culvert. NRs. Two thousand two hundred and thirty-seven.	5	cu. m.	2237	11185	00
3/F4.	Concrete grade 200/20 to culvert roof extensions and parapet beams NRs. Two thousand two hundred and thirty-seven.	220	cu. m.	2277	492140	00
3/F5.	Concrete grade 200/20 to culvert roof elab thickenlng. NRs. Two thousand two hundred and thirty-seven.	50	cu. m.	2237	111850	00
3/F6.	Concrete grade 200/20 to culvert wall cappings. NRs. Two thousand two hundred and thirty-seven.	5	cu. m.	2237	11185	00
3/F7.	Concrete grade 100/20 as back-filling to confined 8pace8. NRs. One thousand three hundred and seventy-six.	30	cu. m.	1376	41280	00
	TOTAL CARRIED FORWARD		NRs.		21936040	00

BILL 5-LANDSLIDE AND SLOPE PROTECTION WORKS

Item No.	Description	Quantity	Unit	Rate	NRs.	P.
	PART 5/A EARTHWORKS					
5/A1.	Excavate in all materials other than rock for new culvert channels drop atructures on drainage works. NRs. Forty-six.	3800	cu. m.	46	174800	00
5/A2.	Excavate soil on existing sloges and dispose NRs. Thirty-five.	350	cu. m.	35	12250	00
5/A3.	Excavate rock on slopes by blasting and dispose NRs Forty-three.	100	cu. m	43	4300	00
5/A4.	Excavate rock by means other than blasting NRs. Forty-three.	250	cu. m.	43	10750	00
5/A5.	Form Agricultural terracing on road side and also un Clay core Area. NRs. Five.	47000	sq. m.	5	235000	00
5/A6.	Provlde and place soft fill material NRs. Fifty-two.	900	cu. m.	52	46800	00
5/A7.	Provide and place pervious back filling to gabions masonry and dry stone walls. NRs. fifty-two.	450	cu. m.	52	23400	00
	TOTAL CARRIED FORWARD		NRs.		507300	00

Sheet 33 fo 41

八、报价技巧

> Gaps and Loopholes
> Front Loading
> 要注意掌握适度
> （利之所至，弊亦随之）

- Tendermanship。
- Riders/Qualifications(中国人在汉译英时常翻为Conditions，欠妥)vs Responsive/Conforming Tender。
- 参见本书 p93~p99。

九、波纹理论(The Ripple Theory)及索赔案例

- 在 FIDIC 合同条件 77/87 版中，当发生 Force Majeure(但条款里的表述用词是 force of nature，Clause 20.4，any operation of the forces of nature against which an experienced contractor could not reasonably have been expected to take precautions)后，与一般的贸易合同处理原则不同，不是各自分担，而是划到了业主违约的范畴里面(Clause 20，Clause 65，Clause 69)。
- 99 版第 19 款里正式使用了 Force Majeure 的说法；银皮书第 19 款。
- 参见《国际经济合作》杂志 2001 年第 3 期，对外贸易经济合作部国际经济合作杂志社。

十、承包商创收的三大支柱

- 要特别注意可操作性。

- 1) V.O(第 51 款和第 52 款/99 版第 13 款；银皮书第 13 款)；
- 2) 调价公式(第 70 款/99 版第 13.8 款；银皮书第 13.8 款，但业主通常以总价合同为理由而删掉)；
- 3) 索赔(77 版第 52.5 款/87 版第 53 款/99 版第 20.1 款；银皮书第 20.1 款，但比红皮书来得难很多)。
- 参见《FIDIC 合同条件实用技巧》一书 p79～p87，p100～p130，中国建筑工业出版社。
- 参见本书 p117～p157。

The Vickrey Auction(Uniform second-price)

- The uniform second-price auction is commonly called the Vickrey Auction, named after William Vickrey, winner of the 1996 Nobel Prize in Economic Sciences, who classified it in the 1960s. It is a sealed-bid English auction (ascending-price; vs Dutch auction, descending price) with an important concept that the highest bidder wins but only pays at the second-highest bid price. Why is the Vickrey Auction significant? Because it is designed to induce truthful-revelation. This variation over the normal bidding procedure is supposed to encourage bidders to bid the largest amount they are willing to pay.

- Most auctions are first-price auctions with either open-outcry or sealed bid format. The winner is the highest bidder, and correspondingly pays their bid.

- Like the first-price auction, each bidder is ignorant of other bids while the bids are sealed (instead of open-outcried, NOTE: it is imperative to seal the bid). But the item is awarded only to highest bidder at a price equal to the second-highest bid (or highest unsuccessful bid).

- In a sealed-bid auction, bidders generally try to shade

their bids slightly under their true valuation of the product, thereby creating an opportunity to win the auction and pay less than their valuation (profit-oriented). Bidders do this to avoid the problem of "winner's curse": an idea that the winner of an auction generally overvalues the product and he will be the final loser. Nonetheless, auction sellers do not wish for players to shade their bids and have developed alternative-style auctions (William Vickrey's observation and Theory).

- In other words, a winner pays less than the highest bid. If, for example, bidder A bids $10, bidder B bids $15, and bidder C offers $20, bidder C ($20) would win, however he would only pay the price at the second-highest bid ($15), namely bidder B.

Q and A

- BUT What about changing the format just a little and having a second-price, open-outcry auction? In such a case, participants could bid in the ascending (say English way) format and the winner would ultimately pay the price of the second-highest bid. One might imagine that such an auction would have much the same results as a typical English (ascending, open-outcry) auction, but, in fact, an auction like that would be easy to manipulate. Imagine bidder A bidding $25 for an item worth $100. Some other bidder could quite easily and safely bid $750, knowing that no one will bid more and that he will safely get it by only paying $25. It is clearly imperative to seal the bid in a Vickrey Auction instead of open-outcry.
  - Again expounding Example of William Vickrey Theory:
  - Assume a Vickrey Auction for 2 Super Bowl Tickets (National Football League, USA).

- Your own personal valuation of these tickets is $3000.
- What would happen if you place a bid greater than $3000 (for example, $3100) hoping to increase your chances of winning, and knowing that you only need to pay the second highest bid if you win?
- 1st scenario: the second highest bid is $2800; you win the tickets with your bid of $3100, and pay $2800. This is the same outcome if you had bid $3000.
- 2nd scenario: the second highest bid is $3050; you win the tickets with your bid of $3100, but you pay $3050. This price is greater than your valuation and therefore is a bad outcome.
- 3rd scenario: the second highest bid is $3200; you lose the tickets with your bid of $3100. But you would have lost with a bid of $3000 as well.
- Now assume that your bid is less than $3000 (for example, $2900) hoping to win the tickets at a lower price.
- 1st scenario: the second highest bid is $2800; you win the tickets with your bid of $2900, and pay $2800. This is the same outcome if you had bid $3000.
- 2nd scenario: the second highest bid is $2950; you lose the tickets with your bid of $2900. You would have won with a bid of $3000.
- 3rd scenario: the second highest bid is $3200; you lose the tickets with your bid of $2900. But you would have lost with a bid of $3000 as well.
- CONCLUSION: Under a Vickrey Auction, all players have the optimal strategy to truthfully reveal their personal valuation of the auctioned product.

十一、英国点工与 VO

● 参见《合约工程中临时发生的点工计费标准》一书,中国建筑工业出版社。
● 第 52.4 款(Daywork)和第 58 款(PS,备用金)/99 版第 13.5 款(PS)和第 13.6 款(Daywork)的实用性;银皮书第 13.5 款和第 13.6 款。
● 参见《FIDIC 合同条件实用技巧》一书 p211~p213,中国建筑工业出版社。
● 参见本书 p129~p133。

十二、EOT

● 第 14.1 款(Programme to be Submitted)vs 第 44.1 款(Extension of Time for Completion)/99 版第 8.3 款 vs 第 8.4 款;银皮书第 8.3 款 vs 第 8.4 款。
● Warnings(77 版)vs warning(87 版)vs Milestones(银皮书)。
● 延期补偿(管理费 12.5%,"英国点工计费标准"作为支持性文件)。
● 参见《FIDIC 合同条件实用技巧》一书 p88~p99,中国建筑工业出版社。
● 参见本书 p223~p229。

十三、汇兑风险

● 第 71 款和第 72 款/99 版第 14.15 款;银皮书第 14.15 款。
● 例如,Guilder(荷兰盾)vs US Dollar。
● 人民币升值。

- Professional Advice 的重要性。
- 参见《建筑》杂志 2000 年第 1 期，建设部建设杂志社。
- 参见本书 p233～p237。

十四、国际仲裁

- 第.67 款/99 版第 20 款(仲裁与重大索赔的关系)，银皮书第 20 款("索赔、争端和仲裁"，与 99 版"红皮书"思路相同)。
- 仲裁规则，ICC、UNCITRAL 和 AAA 等。
- 仲裁员 vs 律师。
- 仲裁可能出现的多种结局。
- 参见《FIDIC 合同条件实用技巧》一书 p199～p210，中国建筑工业出版社。
- 参见本书 p254～p262。

十五、税收

- 世界银行、亚洲开发银行和非洲开发银行等国际金融组织融资的项目均为免税，但不免除公司和个人所得税。
- 清关(Customs Clearance)。
- 清税(Tax Clearance)。
- 参见《国际经济合作》杂志 2001 年第 10 期、第 11 期，对外贸易经济合作部国际经济合作杂志社。

十六、保函、保险

- 保函的种类。
- Authentication vs Endorsement/Counter-guarantee，转递行(通知行)通常只收 10～200 美元。
- 总承包商应争取采用与投标总价表述相同的当地软货币

开出保函(避免用美元或欧元等硬通货),可减少承包商未来面对的风险(时间导致贬值)。

- 保险的实用性。
- 项目的启动是从保函开始的。
- 保险公司通常要求保单在经过律师的确认之后才会做保险。
- 若保函中没有写明适用法律,则发生争端后适用的是担保银行所在地法律。
- 第 21～25 款/99 版第 18 款;银皮书第 18 款。
- 参见本书 p184～p189。

十七、联营体 vs 合包集团

- 通常由 Local Preference 7.5% 的招标条件引出。
- 许多业主为防范风险,在大项目上要求由 JV 投标。
- Joint Venture(联营体)— a kind of merger,99 版第 1.14 款(unincorporated grouping of two or more persons);银皮书第 1.14 款。重要:连带责任(joint and severa liabilities)。
- Consortium(合包集团)— 仅按股份比例就自己实施的工程范围分别对业主承担相应的责任与义务,而并不承担合包集团其他伙伴对业主的连带责任。
- 思维方式的转变:算好自己的,不要老算别人的!
- CC606 项目实例:2% Leader Fee(比大比小,5% vs 0.8%),然后 10% 先分给牵头公司,再按比例分成。
- 沉默合作者(Sleeping Partner)。
- 注意回报与风险的匹配关系。

【实例】

- 牵头费(Leader Fee)。某铁路项目,5410 万美元,牵头费 2%(比大比小:0.8% vs 5%),不算低。赢利的 10% 还要先分给牵头公司,再按比例分成。甲、乙、丙三方股份比例为

45%∶30%∶25%，总盈利711万美元(13%)，分别赢利360万(另加牵头费108万，已列项目成本)∶191万∶160万美元(仅投入54万∶36万∶30万美元，半年)。

● 沉默合作伙伴："不战而胜"。某机场设施项目，2546万美元，乙方睡觉费64万美元(2.5%)，甲方实施赢利不详。

● 失败的例子：某房建项目，3170万美元。乙方开始想不开，不同意睡觉，坚持要自己参与，而甲方愿给睡觉费31.7万美元(1%)，甲方预测实施可盈利115万美元(3.6%)。履约中乙方的管理和流动资金等出现问题，又向甲方请求撤出，想要睡觉。结局是乙方亏损15万美元，甲方亏损38万美元(原合作比例三七开)。

● 成功的例子：某填海项目，4708万美元，乙方睡觉费47万美元(1%)，甲方实施盈利211万美元(4.5%)。

十八、分包

● FIDIC合同第4款和第59款(指定分包商)/99版第4.4~4.6款和第5款(指定分包商)；银皮书第4.4~4.6款。

● 特点：不得100%转包，事先知会业主。

● Coordination-Site Coordinator，99版第4.6款(Co-operation)。

● 对分包商的制约，back to back sub-contracting。以银行信用(保函)代替商业信用(合同)，例如，取消provided that……这类对分包商有利的"稻草条款"，反保函必须写明"不延期即索赔"，并注意预留充足的索赔时间等。

● 分包时的几个原则。

● 参见本书p207~p212。

十九、总承包项目

1. 合同种类

- Design-bid-Build(FIDIC)。
- 单一总包牵头 vs 多头承包商对业主(费用可降低,但管理难、风险大,因此引出下面的 Construction Management 方式)。
- Construction Management(CM) vs Management Agreement/Contract(有时 Management Agreement 可免合同税)。
- Turnkey(D+B)(FIDIC 77/87 版)-EPC (FIDIC 99 版)。
- BOT/PPP,BOT 的可操作性 vs 房地产投资。

2. 报价方式
- Lump Sum(FIDIC 橙皮书、银皮书)。
- Cost Plus.
- Unit Price(FIDIC 红皮书)。

3. 付款方式
- Milestone Payments(可以有效防止 Front Loading)。
- Re-measurement or Progress Payments.

4. 工、料、机(进口设备为主)的管理。

二十、Turnkey-EPC Contract

- 通常有融资要求。
- 属于 Lump Sum Contract。
- 优点:

1. 责任单一,全在卖方。
2. 价格封顶,风险转嫁给承包商。
3. 没有咨询工程师,加速了订货过程。
4. 高效、无扯皮。
5. 大项目,JV 及减少业主风险。

- 缺点:

1. 业主失控(因此引出 PPP)。
2. 投标费用高,并最终转嫁给业主。
3. 承包商对所承接的风险在算账时一定会 Price Risks,将导致总价抬高(尤其是当竞争不充分时)。

二十一、FEPC(融资总承包项目)

- 买方信贷 vs 卖方信贷(加大企业负债率)

1. 普通出口信贷

浮动利率：LIBOR(5.68)＋margin(0.65～1.75 {商贷} 或更高)

固定利率：CIRR(Commercial Interest Reference Rate)

www.ecgd.gov.uk/index/cir_cc/ccirr.htm(变动中，多种货币)

举例　　US$：2 to 5 years credit　　　　5.97
　　　　　　over 5 to 8.5 years credit　　 6.00
　　　　　　over 8.5 years credit　　　　 6.03

年限：≤12年：3.5年(提款期)＋8.5年(还款期)

安排费(Management Fee)：0.3％～1％(一次性收取)

承诺费：0.3％～0.75％(每年按对没提款部分的实际天数计算)

2. 优惠出口信贷

利率　2％～3％左右

年限：12～15年：7年(或5年)(grace period 宽限期，只还息不还本；通常就是建设期)＋8年(还本付息)

☆ 主权担保＋One of the Top Three/Five Banks

获出口信贷机构(Export Credit Agency)认可—保险公司(6％～7％)

JBIC 银行利率很低：flat 0.5％～0.75％, 25＋10 年(grace period)

3. 商业贷款

Indicative Term Sheet

- Project：项目全称，包括其目的以及主要功能
- Owner：业主全称，包括政府主管部门全称
- Contractor：承包商(或联营体/合包集团)全称

- The Contract Price：合同总金额，例如 USD 1 billion（100%）
- Construction Period 工期月数，例如 41 months
- Possible Financing Structure：
- 1）ECA（Export Credit Agency）backed facility：USD 850m(85%)
- 2）Commercial loan（穆斯林不用该词）facility：USD 150m(15%)

NB：The a. m. figures are based on the availability of (i)提供主权担保, covering 85% of the Contract Price plus 85% of the respective Export Credit Agency(ies)'s premium and 85% of the capitalized Facility Charges accruing during the construction period of 41 months on the Export Credit Facility, (ii) an ECA backed facility representing 85% of the Contract Price plus 85% of the respective Export Credit Agency(ies)'s premium and 85% of the capitalized Facility Charges accruing during the construction period of 41 months related to this facility and a commercial facility representing the remaining 15% of the Contract Price.

Tranche 1：Export Credit Facility

- Borrower：项目所在国的当地五大银行之一（i）Bank AAA, (ii) Bank BBB, (iii) Bank CCC, (iv) Bank DDD or (v) Bank EEE.
- Lenders：The Export-Import Bank of China and 某国际大银行, as the case may be accompanied by one or more first rank international banks.
- Arranger：The Export-Import Bank of China
- Guarantor：项目所在国政府的财政部（或经济事务及财政部）或中央银行
- Facility Amount：subject to the approval of the Export-

Import Bank of China and the Chinese Export Credit Agency(SINOSURE):

- a) up to 85% of the Contract Price i.e. up to USD 850m
- b) up to 85% of the insurance premium of SINOSURE the respective cover policy
- c) 85% of the interest during construction
- Currency: USD
- Drawdown Period: Up to 42 months(因项目合同工期41个月，42个月÷12个月＝3.5年，提款期)after the fulfillment of the conditions precedent under the Export Credit Facility, which shall include the effectiveness of the Commercial Contract in accordance with the provisions thereof and, if applicable, the effectiveness of the Commercial Facility.
- Drawdown: Each advance under the Export Credit Facility shall be used to effect payments on behalf of the Owner, to the Contractor according to the payment terms of the Commercial Contract, and to SINOSURE as appropriate.
- Repayment: In up to 17 equal, consecutive half-yearly installments, the first of which being due 6 months after the "starting point of the facility" determined according to the prevailing "OECD Consensus" regulations, i.e. 6 months after the contractual provisional acceptance date for equipment to be erected under the responsibility of the Contractor; however, an ultimate date for the start of repayment will be fixed in the facility documentation. (17次×6个月÷12个月＝8.5年，还款期)

注：经济合作发展组织总部设在巴黎，有"富人俱乐部"之称，现成员国有30多个，其GDP占世界的2/3，中国现为观察员。

- Facility Charges：(把85%的出口信贷分成53固定利率：47浮动利率)
  - 1) floating rate

on the basis of the LIBOR for 6 months plus a margin of 0.75% p.a. (0.75 叫 70 个 bp) The floating rate will apply for a minimum amount of USD 450.5m. (85%的53%采用固定利率) and

- 2) fixed rate

If available, the fixed interest rate(CIRR). The CIRR will be determined by the corresponding CIRR provider in accordance with OECD Consensus regulations. For indicative purposes only, current CIRR for a USD financing and a term of 8.5 years stands at 6.0% p.a.. This fixed rate will apply to a maximum amount of USD 399.5m. (85%的47%采用浮动利率)

- Calculation of Facility Charges:

Facility Charges will be calculated on the amounts outstanding based on the actual number of days elapsed and a 360 day year and will be payable semi-annually in arrears(注意：事后付). The first Facility Charges payment will be due on the first January 21st or July 21st after the first drawdown date.

- Management Fee: 0.3% flat calculated on the total amount of the Export Credit Facility(applicable in case the cover granted by SINOSURE for commercial risk is at least 95%).

- Commitment Fee: 0.3% per annum calculated on the undisbursed amounts of the Export Credit Facility on the basis of the actual number of days elapsed and a 360 day year and payable semi-annually in arrears(注意：事后付) from the date of signing of the Export Credit Facility.

- Insurance Cover: Comprehensive cover of min. 95% political risk and 95% commercial risk.

- Insurance Premium: This premium is due to and will be fixed by SINOSURE on the basis of the terms of the requested Export Credit Facility. (通常在6%～7%)

Tranche 2: Commercial Loan Facility

- Borrower: 项目所在国的当地五大银行之一(i) Bank AAA, (ii) Bank BBB, (iii) Bank CCC, (iv) Bank DDD or (v) Bank EEE, and the bank selected should be same as that of Tranche 1.
- Lenders: 某国际大银行 or any of its affiliates, as the case may be accompanied by one or more first rank international banks.
- Arranger: 某国际大银行
- Facility Amount: The portion of the Commercial Contract not financed through the Export Credit nor through the Borrower for in total up to a minimum ratio of covered (amount of ExportCredit facility) to uncovered (amount of Commercial Loan Facility) portion of approx. 85∶15
- Currency: USD
- Drawdown Period: Up to 42 months after the fulfillment of the conditions precedent under the Commercial Facility, which shall include the effectiveness of the Commercial Contract in accordance with the provisions thereof and the effectiveness of the Export Credit Facility.
- Drawdown: Each advance under the Commercial Loan Facility shall be used to effect payments on behalf of the Owner, to the Contractor according to the payment terms of the Commercial Contract.
- Repayment: In up to 6 equal, consecutive half-yearly installments, the first of which being due 6 months after the "starting point of the facility" determined according to the prevailing "OECD Consensus" regulations, i.e. 6 months after the contractual provisional acceptance date for equipment to be erected under the responsibility of the Contractor; however, an ulti-

mate date for the start of repayment will be fixed in the facility documentation.

[(6次×6个月)÷12个月＝3年，商业贷款的还款期]

- Facility Charges: The Facility Charges will be the LIBOR for the related periods plus a margin of 1.75% p.a. (1.75叫175个bp) Facility Charges will be calculated on the amounts outstanding based on the actual number of days elapsed and a 360 day year. The first Facility Charges payment will take place 6 months after the first drawdown date. (15%的商贷部分即USD 150m全都采用浮动利率)

- Management Fee: 1.00% flat calculated on the Commercial Loan Facility Amount.

- Commitment Fee: 0.75% per annum calculated on the undisbursed amounts of the Commercial Loan Facility on the basis of the actual number of days elapsed and a 360 day year and payable semi-annually in arrears from the date of signature of the Commercial Loan Facility.

二十二、怎么看"低价拿标，靠索赔赚钱"的说法

1. 从理论上分析(数学推算)：(The 10 Day MBA)

"低价"的本质就是削减利润，那么

原来是25%的毛利，假设现在降到了15%，则要多做多少才能与原来的25%持平？

$(25\% - 15\%) \div 15\% = 10\% \div 15\% = 0.667$

如果降到12.5%，则要多做多少才能与原来的25%持平？

$(25\% - 12.5\%) \div 12.5\% = 12.5\% \div 12.5\% = 1$，即再多做一个

如果降到5%，则要多做多少才能与原来的25%持平？

$(25\% - 5\%) \div 5 = 20\% \div 5\% = 4$

如果降到1‰，则要多做多少才能与原来的25‰持平？
(25‰－1‰)÷1‰＝24‰÷1‰＝24　!!!　???

第一个问题：值吗？无法消灭对手的有生力量vs自残(倾向)

第二个问题：深层次上，对于多做的0.667、1、4、24个，如何看待时间跨度的延长、风险出现的或然率等多因素影响(vs Slogan Management)？

结论：价格竞争是下下策，只能是最后的选择！价格战多数没有好结果。

2. 从实践上探讨：案例(Naubise-Malekhu) vs Quizzes(成本、工期、索赔、结局)

结论：Winning Strategy＞So So Strategy(Swot or common sense)＞Slogan Management(Do better, Lower cost, Get big fast, Client first...)

战略需苦思，执行靠用心。多想一二！要问5W? vs Vision

二十三、合同的法律基础

● 普通法(Common Law)

崇尚合同的自由约定原则(I will do X if you will do Y)，通常不会为保障公平或已签合约中不利一方的利益而干预合同，因此很难以显失公允为理由去修改或删除已经签订的文字约定，因为英国法律不保护不公平交易下的合同不利一方。其商法极为发达。

衡平法则(Rules of Equity)

典型案例 Mortgage 抵押贷款

● 大陆法(Continental Law)

倾向于干涉不公平合同，并会为保护不公平合约中欠获公允对待一方的利益而对原合同进行修改，甚至认定所签订的不公平合同为无效合同。法官有较大的自由裁量权。

● 逆编者释义原则(Contra Proferentum Rule)。

二十四、合同文件的优先次序(第 5.2 款/99 版第 1.5 款,银皮书第 1.5 款)

(1) 合同协议书
(2) 中标通知书
(3) 投标文件
(4) 特殊条款
(5) 一般条款(最简单的表现形式可以只是一张纸)
(6) 特殊规范
(7) 一般规范
(8) 图纸 ⎫
(9) B. Q. 单 ⎬ 可能前后互置
(10) 补遗

几个应用实例

问题:MOM 的顺序地位 vs 优先次序条款

普通法及国际法 Pacta sunt servanda("有约必守"原则)

二十五、项目的"影响曲线(Influence Curve)"

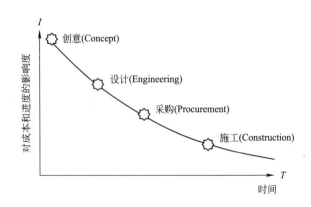

跋

自1984年起,笔者开始在海外的世界银行和亚洲开发银行等国际金融组织贷款项目上,接触并使用国际咨询工程师联合会编制的FIDIC土木工程施工合同条件,深感在国际工程承包项目的实施中,掌握FIDIC合同的运作技巧相当重要。在国际工程承包第一线的具体运作中,笔者亲身尝到过不少酸、甜、苦、辣,属于干中学,学中总结,总结后再干。面对各种挑战,最终能否突破,不仅需要努力,而且还应根据合同,找出最佳解决办法。每干完一个工程后,回想当时花尽心神,终于把项目中的难题解决掉,那种满足感实在非笔墨所能形容。

使笔者受益匪浅的是在1987年参与实施的一个世界银行融资的海外公路项目,该项目历时四年多,咨询工程师是英国伟信顾问公司(Scott Wilson Kirkpatrick Consulting Engineers)的彼得·埃里兹先生(Mr. Peter

S.Erridge），属于一个善于独立思考问题的咨询工程师。他能够结合项目具体情况，用好相关的FIDIC合同条件，应该说对业主和承包商还是比较公平和公正的。尽管我们互相之间经常为FIDIC合同中一些具体条款的适用与否各持己见，时而发生争辩，甚至相当激烈，但这也是"各为其主"，结果总能比较和谐地解决矛盾，并且最终两人成为朋友。通过实际工作，笔者从他那里也确实学到许多，加深了对FIDIC合同的理解。记得当时他有一句话给我的印象很深："通过这个项目的实施和在实践中的学习，在项目完工之日，相信你们公司可以培养出一批真正掌握FIDIC合同并能灵活运用有关条款的专家。"

本书的写作整理对自己来说，也是一个很好的学习、总结和提高的过程。所谈都是笔者使用FIDIC合同的一些实践体会，因此没有过多涉及理论性的内容，只想结合经历过的项目实例，从工程和法律两个方面，举其关键，述其大要，力争做到深入浅出，讲讲如何在项目现场应用FIDIC合同的有关条款，主要侧重于实务操作，也都是一些梗概性的东西，很不全面，可说是一己之见。

本书是《FIDIC合同条件实用技巧》的姊妹篇，该书在中国建筑工业出版社于1996年12月出版后，连续六次印刷，发行上万册。此后，不少读者给我来函，询问并希望能够比较系统地介绍有关FIDIC合同的操作问题。笔者于1999年到2002年期间曾应邀在《国际经济合作》杂志上举办《田威讲FIDIC》的专栏讲座，现经编整后形成了这本《FIDIC合同条件应用实务》。此书的好处就是不必从头到尾一口气读完，而是可以分篇随便抽出来看一下有关的题目，遇到问题后还可经常查阅涉及到的章节和条款号。另外，建议大家在看此书时，手头备有一本FIDIC合同的标准版本（最好是英文版的），对照着相应条款的具体内容，再结合书中所做的解释和实例，能够加深对实际运用FIDIC合同的理解。

希望本书能对大家在国际工程承包中实际用好FIDIC合同

有些帮助，不断增强市场竞争中的适应能力，尽量避免在以后的国际工程承包项目中付出不必要的"学费"，从而更多地占领海外工程阵地并走向世界，求得生存和发展。

由于笔者的经验和水平相当有限，如有不当之处，欢迎批评指正，在此顺致谢忱。

2002年2月26日于香港